汽车类职业技能鉴定应试宝典系列教程

汽车修理工

（中级）

杨华春◎主编

机械工业出版社
CHINA MACHINE PRESS

本书根据《汽车修理工（中级）考试大纲》规定的考点编写，涵盖了等级考试全部知识点，包括职业道德知识、汽车修理基础知识、汽车电源系统知识、汽车起动系统知识、汽车点火系统知识、汽车发动机知识、汽车底盘知识、汽车辅助控制系统知识、模拟考试等。

书中不但有各知识点的讲解，还有选择题、判断题以及模拟试卷供读者练习，适合职业院校汽车类相关专业的学生和从事汽车维修的人员作为考试的辅导用书。

图书在版编目（CIP）数据

汽车修理工：中级/杨华春主编 . —北京：机械工业出版社，2017. 7
（2023. 7 重印）

汽车类职业技能鉴定应试宝典系列教程

ISBN 978-7-111-57001-1

Ⅰ. ①汽…　Ⅱ. ①杨…　Ⅲ. ①汽车－车辆修理－职业技能－鉴定－教材　Ⅳ. ①U472. 4

中国版本图书馆 CIP 数据核字（2017）第 127102 号

机械工业出版社（北京市百万庄大街 22 号　邮政编码 100037）
策划编辑：杜凡如　连景岩　责任编辑：杜凡如　连景岩
责任校对：潘　蕊　杜雨霏　封面设计：马精明
责任印制：常天培
固安县铭成印刷有限公司印刷
2023 年 7 月第 1 版第 9 次印刷
184mm×260mm · 10 印张 · 236 千字
标准书号：ISBN 978-7-111-57001-1
定价：29. 00 元

电话服务　　　　　　　　　　网络服务
服务咨询热线：010-88361066　机工官网：www. cmpbook. com
读者购书热线：010-68326294　机工官博：weibo. com/cmp1952
　　　　　　　010-88379203　金　书　网：www. golden-book. com
封面无防伪标均为盗版　　　　教育服务网：www. cmpedu. com

"汽车类职业技能鉴定应试宝典系列教程"
编　委　会

主　任　潘伟荣（广东交通职业技术学院）

副主任　郑志锐（广东省瀚文职业培训学校职业技能鉴定所）

　　　　　杨华春（广州市技师学院）

委　员（按姓氏笔画排列）

　　　　　韦　奇（广州市花都区新华闪驰汽车维修部）

　　　　　杨华光（中山中裕兴雷克萨斯汽车销售服务有限公司）

　　　　　杨伟才（广州裕兴教育信息咨询有限公司）

　　　　　陈志文（广州市花都区新雅信裕汽车维修中心）

　　　　　郑　勇（广州市技师学院）

　　　　　钟国政（广州市技师学院）

　　　　　盘亮星（广州市机电技师学院）

　　　　　黄钊倬（广州南菱丰田汽车销售服务有限公司）

　　　　　蔡一凡（广州市技师学院）

　　　　　蔡奕斌（广州市技师学院）

　　　　　谭海阔（广州建驰汽车销信服务有限公司）

　　　　　戴勇辉（广州市花都区新华闪驰汽车维修部）

本书编写人员

主　编　杨华春

副主编　杨伟才　杨华光　黄钊倬

参　编（按姓氏笔画排列）

　　　　郑　勇　钟国政　盘亮星　梁　刚　蔡一凡

　　　　蔡奕斌　谭海阔

前　言

广州市职业技能鉴定指导中心自 2009 年开始，实施汽车修理工（中级、高级）无纸化考试，于 2014 年在无纸化考试的基础上，统一使用国家职业技能鉴定题库。为了提高学员的通过率，通过多方面收集和整理，编撰了笔者学校使用的校本教材，在近两年的考试里，本校学生理论部分的一次通过率达 98% 以上。

本书是根据国家职业技能鉴定标准，以校本教材为蓝本，同时通过多种不同的渠道收集各种汽车修理的相关资料，进行精心整理，编撰完成的。全书共分为九部分，内容包括职业道德知识、汽车修理基础知识、汽车电源系统知识、汽车起动系统知识、汽车点火系统知识、汽车发动机知识、汽车底盘知识、汽车辅助控制系统知识、模拟考试等。

因专业水平有限，书中或有不足之处，欢迎各位同行专家及广大读者指正。

杨华春
2017 年 3 月

本套教程配有"在线练习模拟考试系统"供学员及教师使用，扫一扫"汽修邦"微信公众号的二维码，关注并回复"在线练习"即可了解免费使用该系统的方法。

汽修邦

目　录

汽车修理工（中级）考试大纲

鉴定要求	考核范围	考核内容
职业道德及相关法律知识	1. 职业道德基础知识	职业道德的基本概念
		职业道德的功能
		企业文化的功能
		职业道德对企业的作用
		职业道德与个人事业的关系
		职业道德对人在社会活动中的行为要求
		爱岗敬业的概念及要求
		诚实守信
		办事公道的基本概念及要求
		勤俭节约的意义
		企业纪律的特点
		企业活动中对平等尊重的要求
		创新的概念
	2. 相关法律知识	劳动者的权力和义务
		劳动合同制度
		劳动保护制度和社会保险制度
		合同与合同法的概念
		合同的主体、形式及内容
		合同的变更、转让、终止和解除
		产品质量管理法
		消费者权益保护法
基础知识	1. 钳工基础知识	游标卡尺的规格
		游标卡尺的使用
		千分尺的规格和组成
		千分尺的使用
		百分表的规格
		百分表的使用
		台虎钳的规格和使用
		螺钉旋具的种类和使用
		扳手的种类和使用
		砂轮机的使用
		划线工具的使用
		錾削工具的规格和使用

（续）

鉴定要求	考核范围	考核内容
基础知识	1. 钳工基础知识	锯削工具的种类和使用
		锉削工具的类型和功用
		铰刀的使用
		刮削工具的使用
		研磨及研磨工具
	2. 汽车常用材料	金属材料的力学性能
		金属材料的工艺性能
		金属材料的分类
		碳素钢的牌号和应用
		合金钢的牌号和应用
		铸铁的牌号和应用
		铝和铝合金的牌号和应用
		铜和铜合金的牌号和应用
		汽油的牌号和性能
		柴油的牌号和性能
		车用润滑油的牌号、性能
		车用润滑脂的选用
		汽车常用工作液性能、种类及应用
		轮胎的分类
		轮胎的结构组成
		轴承的类型
		轴承的结构组成和代号
		螺纹的种类和代号
		螺纹的加工
	3. 机械识图	图线及其应用
		图纸幅面规格
		标题栏及字体的相关规定
		三视图及其投影规律
		零件的表达方法
		公差的基本概念
		偏差的基本概念
		配合的类型
		几何公差的概念
		形位公差的代号
		几何公差的标注
		表面粗糙度的概念
		表面粗糙度的代号和标注

（续）

鉴定要求	考核范围	考核内容
基础知识	4. 电工与电子基础知识	电流、电压和电阻的基本概念
		电路及其相关知识
		欧姆定律
		电功及电功率
		电容器的种类和功用
		磁场的基本概念
		磁场的基本物理量
		磁路和磁路定律
		电磁感应的基本概念
		正弦交流电的三要素
		交流电的有效值
		基尔霍夫定律
		半导体
		二极管
		晶体管
		晶体管的基本放大电路
		逻辑电路的基本原理
		电工与电子测量
	5. 液压传动基础知识	液压传动的基本原理
		液压传动系统的组成
		液压传动的特点
		压力控制回路
		速度控制回路
		方向控制回路
		液压传动在汽车上的应用
		举升器的种类、性能及使用
	6. 汽车维修机具基础知识	拆装工具的种类、性能及使用
		车轮平衡机的性能及使用
		汽车清洗设备的种类、性能及使用
	7. 汽车构造概述	汽车的类型
		国产汽车型号
		汽车的组成
		汽车的主要技术参数
		发动机的种类
		发动机的组成
		发动机的基本术语
	8. 汽车发动机	四冲程汽油机的工作原理

（续）

鉴定要求	考核范围	考核内容
基础知识	8. 汽车发动机	四冲程柴油机的工作原理
		曲柄连杆机构的功用
		曲柄连杆机构的组成
		配气机构的功用
		配气机构的组成
		汽油机燃油系统的功用
		汽油机燃油系统的组成
		柴油机燃料供给系统的功用
		柴油机燃料供给系统的组成
		冷却系统的功用
		冷却系统的组成
		润滑系统的功用
		润滑系统的组成
	9. 汽车底盘	传动系统的功用
		传动系统的组成
		离合器的功用
		离合器的组成
		变速器的功用
		变速器的组成
		万向传动装置的功用与组成
		驱动桥的功用与组成
		主减速器的功用与组成
		差速器的功用与组成
		车桥的功用与组成
		悬架的功用与组成
		转向车轮定位
		转向系统的功用与组成
		转向操纵机构
		转向器的功用与组成
		制动系统的功用与组成
		制动器的类型
		制动传动装置的类型
		驻车制动器的功用与组成
	10. 汽车电气设备	蓄电池的功用
		蓄电池的组成
		交流发电机的功用

鉴定要求	考核范围	考核内容
基础知识	10. 汽车电气设备	交流发电机的组成
		调节器的功用与组成
		点火系统的功用与组成
		起动机的组成
		起动机的类型
		电动喇叭
		电动刮水器
		汽车空调的组成
	11. 汽车电子控制装置	温度传感器的类型
		空气流量传感器的类型及功用
		压力传感器的类型及功用
		速度与位置传感器的类型及功用
		氧传感器的类型及功用
		ECU 的功用
		ECU 的组成
		电磁喷油器的功用
		电磁继电器的功用
		步进电动机的组成
	12. 安全生产与安全保护知识	汽车维修作业的安全操作规程
		钳工作业的安全操作规程
		电工作业的安全操作规程
		火灾的预防
		火灾安全急救常识
		车辆急救知识
		汽车排放物的危害
	13. 质量管理知识	全面质量管理的概念
		全面质量管理的特点
		汽车维修质量管理的方法
		全面质量管理的基本工作方法
		汽车维修质量的评价和控制
发动机	1. 发动机维护	汽车二级维护前配气相位技术要求
		汽车二级维护前动力性技术要求
		汽车二级维护前进气道真空度技术要求
		汽车二级维护前润滑系统、冷却系统技术要求
		发动机二级维护时常用检测设备及功能
		机油换油指标
		二级维护作业项目

（续）

鉴定要求	考核范围	考核内容
发动机	1. 发动机维护	汽车维护周期
		气门座圈修理技术要求
		曲轴、连杆轴承间隙调整的要点
		活塞环装配及技术要求
		曲轴轴向间隙的检查
		连杆轴承间隙的检查与调整
		飞轮齿圈的检查与拆装
		喷油泵供油提前角的调整
		几何公差的项目和符号
		汽车零件的检验分类
		汽车典型零件损坏的主要原因
		气缸的磨损规律
	2. 发动机修理	气缸盖异常损坏的原因
		发动机气缸体损坏的原因
		汽车基础件变形的概念
		曲轴异常损坏的原因
		凸轮轴异常损坏的原因
		缸盖组件的装配与调整
		发动机气缸体的检测
		汽车发动机曲轴的检测
		汽车发动机凸轮轴的检测
		气缸体与气缸盖修理的技术要求
		发动机曲轴修理的技术要求
		气门的检修
		配气机构的装配、检测与调整
		电动燃油泵的结构原理
		喷油器的结构原理
		空气流量传感器的结构原理
		温度传感器的结构原理
		节气门位置传感器的结构原理
		电动燃油泵的检测
		喷油器的检查
		检测、调整怠速控制装置
		检测、更换翼片式空气流量传感器
		检测、更换温度传感器
		蜡式节温器的结构与工作原理

（续）

鉴定要求	考核范围	考核内容
发动机	2. 发动机修理	硅油风扇离合器的结构与工作原理
		水泵的结构与工作原理
		机油泵的结构与工作原理
		检修冷却系统
		硅油风扇离合器的检测
		燃油泵的检查与修理
	3. 发动机故障诊断与排除	传统点火系统的构造和工作原理
		电子点火系统的组成和工作原理
		分电器主要部件结构与工作原理
		点火线圈结构与工作原理
		火花塞结构与工作原理
		点火系统线路检测
		分电器的检修
		检修点火线圈
		检修火花塞
		霍尔传感器的检测
		蓄电池的检修
		发动机起动困难的故障诊断
		发动机不能起动的故障诊断
		发动机怠速不稳的故障诊断
		发动机回火的故障诊断
		爆燃的故障诊断
		发动机功率不足的故障诊断
		连杆轴承异响的故障诊断
		正时齿轮异响的诊断
		气门异响的故障诊断
		发动机过热的故障诊断
		发动机缺火的故障诊断
		汽油发动机电控燃油喷射系统的组成
		电控燃油喷射系统的控制方式
		电控燃油喷射发动机的优点
		汽油发动机电控系统的工作原理
		有关汽车排放的法规和标准
		汽油发动机废气分析仪的使用
		电控燃油喷射发动机故障诊断程序
		电控燃油喷射系统的常见故障现象

（续）

鉴定要求	考核范围	考核内容
发动机	3. 发动机故障诊断与排除	电控燃油喷射系统的故障判断
		柴油机烟度计的作用方法和烟度测定
		车用万用表的功能和使用方法
		故障诊断仪（解码器）的种类、功能
		汽油机点火提前角的检测与调整
		点火开关电路的检测
		空气供给系统故障导致油耗高
		燃油系统引起柴油机烟度过大
		柴油机喷油器的调整
		汽油机燃油压力的检测
		电动燃油泵工作电压的检测
汽车底盘	1. 汽车底盘维护	前轮定位检测的技术要求
		转向系统检测的技术要求
		轮胎检测的技术要求
		行车制动系统的要求
		驻车制动系统的要求
		液压制动系统的要求
		气压制动系统的要求
		转向盘自由转动量的检测
		行车制动性能的检验
		应急制动性能的检验
		驻车制动性能的检验
		液压制动系统的检验
		气压制动系统的检验
		变速器的分解、组装与调整
		变速器的竣工验收
	2. 汽车底盘修理	膜片弹簧离合器的结构和工作原理
		检查离合器
		离合器踏板自由行程的调整
		制动器间隙的调整
		离合器的装配与调整
		手动变速器的结构和工作原理
		变速器轴的检修
		变速器齿轮的检修
		同步器的结构与原理
		汽车变速器修理技术条件

（续）

鉴定要求	考核范围	考核内容
汽车底盘	2. 汽车底盘修理	变速器的分解、组装与调整
		自动变速器的组成、分类
		自动变速器液压传动装置工作过程
		自动变速器失速实验注意事项
		主减速器的结构和工作原理
		差速器的构造和工作原理
		主减速器分解、组装与调整
		主减速器啮合印痕的调整
		汽车驱动桥修理技术条件
		万向节的结构和工作原理
		汽车传动轴修理技术条件
		装配传动轴总成
		汽车转向器的分类、结构与工作原理
		前桥及转向系统修理技术条件
		转向系统的检查与维修
		载货汽车行驶系统的结构和工作原理
		轿车行驶系统的构造和工作原理
		前、后悬架系统部分零件的检查
		转向轮定位角的作用和原理
		鼓式制动器的结构和工作原理
		盘式制动器的结构和工作原理
		真空增压液压制动传动装置的组成
		气压制动控制阀的结构和工作原理
		液压双管路制动总泵的结构和工作原理
		压力调节组合阀的结构和工作原理
		空气助力式液压制动传动装置的组成
		真空助力式液压制动传动装置的组成
		空气液压制动传动装置的分类
		制动器间隙的调整
		车轮制动器的装配与调整
		车轮制动器主要零件的检修
		汽车鼓式制动器检修
		汽车盘式制动器检修
		驻车制动器的结构与原理
		驻车制动器的检修

（续）

鉴定要求	考核范围	考核内容
汽车底盘	3. 汽车底盘故障诊断与排除	汽车离合器异响的诊断及排除方法
		汽车手动变速器异响的现象、原因
		汽车变速器异响的诊断与排除
		汽车万向传动装置异响的现象、原因
		汽车万向传动装置异响的诊断方法
		汽车后桥异响的现象、原因
		汽车后桥异响的诊断方法
		转向沉重的主要原因
		行驶跑偏的主要原因
		行驶时方向打摆的主要原因
		动力转向沉重的主要原因
		方向发飘或跑偏的主要原因
		左右转向力不一致的主要原因
		悬架系统损坏引起的常见故障
		车身倾斜的主要原因
		行驶中有撞击声或异响的主要原因
		汽车行驶跑偏的主要原因
		制动跑偏、甩尾的主要原因
		轮胎异常磨损的主要原因
		无气压或气压低引起气压制动系统制动失效的主要原因
		气压正常，而气压制动系统制动失效的主要原因
		气压制动系统制动不良的主要原因
		气压制动系统跑偏的主要原因
		制动甩尾的主要原因
		制动拖滞的主要原因
		液压制动系统制动不良、失效的主要原因
		液压制动系统卡死的主要原因
		传动系统疑难故障的判断与排除
		液压制动系统疑难故障的判断与排除
		气压制动系统疑难故障的判断与排除
汽车电气设备	1. 汽车电气设备维护	检查点火提前角
		检查分电器重叠角与触点闭合角
		检查点火电压
		检查起动电压、电流
		检查空调系统
		蓄电池电解液的检查

（续）

鉴定要求	考核范围	考核内容
汽车电气设备	1. 汽车电气设备维护	蓄电池放电程度的检查
		蓄电池充电
		电子点火系统的工作原理
		铅蓄电池的充电
		更换点火模块
		更换点火系统传感器
	2. 汽车电气设备检修	起动机的构造与工作原理
		起动机的检查与维护
		起动机的竣工验收
		交流发电机及调节器的构造与工作原理
		交流发电机的检修与调整
		发电机的竣工验收
		制冷剂的种类
		制冷剂的性能
		空调压缩机的结构原理
		空调压缩机的装配及检验
		冷凝器的结构原理
		蒸发器的结构原理
		膨胀阀的检修
		制冷系统的性能试验
		电流表的检修
		冷却液温度表的检修
		燃油表的检修
		车速里程表的检修
	3. 电气设备故障诊断与排除	充电电流不稳故障的诊断与排除
		起动机运转无力故障的诊断与排除
		火花塞间歇性跳火故障的诊断与排除
		高压无火故障的诊断与排除
		低速断火故障的诊断与排除
		发电机异响故障的诊断与排除
		起动机不能与飞轮结合故障的诊断
		喇叭不响故障的诊断与排除
		喇叭声响不正常故障的诊断与排除
		喇叭触点经常烧坏故障的诊断与排除
		喇叭长鸣故障的诊断与排除
		空调压缩机不运转故障的诊断

（续）

鉴定要求	考核范围	考核内容
汽车电气设备	3. 电气设备故障诊断与排除	空调压缩机不停转故障的诊断与排除
		冷却液温度过高警告灯故障的诊断与排除
		机油压力过低警告灯故障的诊断与排除
		气压不足警告灯故障的诊断与排除
		燃油不足警告灯故障的诊断与排除
		蓄电池液面过低警告灯故障的诊断与排除
		电子显示装置知识
		电动车窗故障的诊断与排除
		电动座椅故障的诊断与排除
		电动后视镜故障的诊断与排除
		中央门锁完全不工作故障的诊断与排除
		不能用驾驶人侧车门锁开关开启车门
		不能用驾驶人侧车门锁开关锁定车门
		不能用左后侧车门锁开关锁定车门
		不能用前排乘客侧车门锁开关开启车门
		不能用驾驶人侧车门锁按钮锁定车门
		不能用驾驶人侧车门锁按钮开启车门
		汽车综合电路故障的诊断与排除

一、职业道德知识　◀◀◀◀

（一）职业道德理论知识

爱岗敬业，诚实守信，办事公道，服务群众，奉献社会，素质修养。

1. 标准条件

（1）职业道德　良好的职业修养是每一个员工必备的素质，良好的职业道德是每一个员工必须具备的基本品质，这两点是企业对员工最基本的规范和要求。

1）早到公司。每天提前到公司可以在上班之前准备好必需的工作条件，调整好需要的工作状态。保证准时开始一天的工作，才叫不迟到。

2）搞好清洁卫生。做好清洁卫生，可以保证一天整洁有序的工作环境，同时也有利于保持良好的工作心情。

3）工作计划。提前做好工作计划有利于有条不紊地开展每天、每周等每一个周期的工作，自然也有利于保证工作的质和量。

4）开会记录。及时记录必要的工作信息，有助于准确地记载各种有用的信息，帮助日常工作顺利开展。

5）遵守工作纪律。工作纪律是为了保证正常工作秩序、维持必需的工作环境而制定的，不仅有利于工作效率的提升，也有利于工作能力的提高。

6）工作总结。及时总结每天、每周等阶段性工作中的得与失，可以及时调整自己的工作习惯，总结工作经验，不断完善工作技能。

7）向上级汇报工作。及时地向上级请示汇报工作，不仅有利于工作任务的完成，也可以在向上级的指示中学习到更多工作经验和技能，让自己得到提升。

职业习惯是一个职场人士根据工作需要，为了很好地完成工作任务主动或被动地在工作过程中养成的工作习惯，也是保证工作任务和工作质量必须具备的品质。良好的职业习惯，是出色地完成工作任务的必要前提，如果不具备良好的职业习惯就不能按照要求完成自己的工作，因此每一个人都需要一个良好的职业习惯。

（2）职业道德的内涵

1）职业道德是一种职业规范，受到社会普遍的认可。

2）职业道德是长期以来自然形成的。

3）职业道德没有确定的形式，通常体现为观念、习惯、信念等。

4）职业道德依靠文化、内心信念和习惯，通过员工的自律来实现。

5）职业道德大多没有实质的约束力和强制力。

6）职业道德的主要内容是对员工义务的要求。

7）职业道德标准多元化，代表了不同企业可能具有不同的价值观。

8）职业道德承载着企业文化和凝聚力，影响深远。

（3）对待工作

1）不利用工作之便贪污受贿或谋取私利。

2）不索要小费，不暗示、不接受客人赠送物品。

3）自觉抵制各种精神污染。

4）不议论客人和同事的私事。

5）不带个人情绪上班。

（4）对待集体　集体利益高于一切。集体主义是职业道德的基本原则，员工必须以集体主义为根本原则，正确处理个人利益、他人利益、班组利益、部门利益和公司利益的相互关系。

（5）对待客人　全心全意为客人服务。

2. 基本要求

概括而言，职业道德主要包括以下几方面的内容：忠于职守，乐于奉献；实事求是，不弄虚作假；依法行事，严守秘密；公正透明，服务社会。

（1）忠于职守，乐于奉献　尊职敬业，是从业人员应该具备的一种崇高精神，是做到求真务实、优质服务、勤奋奉献的前提和基础。从业人员，首先要安心工作、热爱工作、献身所从事的行业，把自己远大的理想和追求落到工作实处，在平凡的工作岗位上做出非凡的贡献。从业人员有了尊职敬业的精神，就能在实际工作中积极进取，忘我工作，把好工作质量关。对工作认真负责，把工作中所得出的成果，作为自己的天职和莫大的荣幸；同时认真分析工作的不足和积累经验。

敬业奉献是从业人员的职业道德的内在要求。随着市场经济的发展，对从业人员的职业观念、态度、技能、纪律和作风都提出了新的、更高的要求。

广大从业人员要有高度的责任感和使命感，热爱工作，献身事业，树立崇高的职业荣誉感。要克服任务繁重、条件艰苦、生活清苦等困难，勤勤恳恳，任劳任怨，甘于寂寞，乐于奉献。要适应新形势的变化，刻苦钻研。加强个人的道德修养，处理好个人、集体、国家三者关系，树立正确的世界观、人生观和价值观；把继承中华民族传统美德与弘扬时代精神结合起来，坚持解放思想、实事求是，与时俱进、勇于创新，淡泊名利、无私奉献。

（2）实事求是，不弄虚作假　实事求是，不仅是思想路线和认识路线的问题，也是一个道德问题，而且是职业道德的核心。求，就是深入实际，调查研究；是，有两层涵义，一是是真不是假，二是社会经济现象数量关系的必然联系即规律性。为此，我们必须办实事、求实效，坚决反对和制止工作上弄虚作假。这就需要有心底无私的职业良心和无私无畏的职业作风与职业态度。如果夹杂着个人私心杂念，为了满足自己的私利或迎合某些人的私欲需要，弄虚作假、虚报浮夸就在所难免，也就会背离实事求是原则这一最基本的职业道德。

作为一个工作者，必须有对国家、对人民高度的负责精神，把实事求是作为履行责任和义务的最基本的道德要求，坚持不唯书，不唯上，只唯实。从业人员要特别注意调查研究，经过去粗取精，去伪存真，由表及里，由此及彼的分析，按照事物本来面貌如实反映，有一说一，有二说二，有喜报喜，有忧报忧，不随波逐流，不看眼行事。

（3）依法行事，严守秘密　坚持依法行事和以德行事"两手抓"。一方面，要抓住国家法治建设的有利时机，进一步加大执法力度，严厉打击各种违法乱纪的现象，依靠法律的强制力量消除腐败滋生的土壤。另一方面，要通过劝导和教育，启迪人们的良知，提高人们的道德自觉性，把职业道德渗透到工作的各个环节，融于工作的全过程，增强人们以德行事的意识，从根本上消除腐败现象。

严守秘密是职业道德的重要准则。保守国家、企业和个人的秘密。

（4）公正透明，服务社会　优质服务是职业道德所追求的最终目标，优质服务是职业生命力的延伸。

3. 特点

（1）职业道德具有适用范围的有限性　每种职业都担负着一种特定的职业责任和职业义务。由于各种职业的职业责任和义务不同，从而形成各自特定的职业道德的具体规范。

（2）职业道德具有发展的历史继承性　由于职业具有不断发展和世代延续的特征，不仅其技术世代延续，其管理员工的方法、与服务对象打交道的方法，也有一定历史继承性。

（3）职业道德表达形式多种多样　由于各种职业道德的要求都较为具体、细致，因此其表达形式多种多样。

（4）职业道德兼有强烈的纪律性　纪律也是一种行为规范，但它是介于法律和道德之间的一种特殊的规范。它既要求人们能自觉遵守，又带有一定的强制性。就前者而言，它具有道德色彩；就后者而言，又带有一定的法律色彩。就是说，一方面遵守纪律是一种美德，另一方面，遵守纪律又带有强制性，具有法令的要求。例如，工人必须执行操作规程和安全规定；军人要有严明的纪律等等。因此，职业道德有时又以制度、章程、条例的形式表达，让从业人员认识到职业道德又具有纪律的规范性。

4. 作用

职业道德是社会道德体系的重要组成部分，它一方面具有社会道德的一般作用，另一方面它又具有自身的特殊作用，具体表现如下。

（1）调节职业交往中从业人员内部以及从业人员与服务对象间的关系　职业道德的基本职能是调节职能。它一方面可以调节从业人员内部的关系，即运用职业道德规范约束职业内部人员的行为，促进职业内部人员的团结与合作。如职业道德规范要求各行各业的从业人员，都要团结、互助、爱岗、敬业、齐心协力地为发展本行业、本职业服务。另一方面，职业道德又可以调节从业人员和服务对象之间的关系。如职业道德规定了制造产品的工人要怎样对用户负责；营销人员怎样对顾客负责；医生怎样对病人负责；教师怎样对学生负责等等。

（2）有助于维护和提高本行业的信誉　一个行业、一个企业的信誉，也就是它们的形象、信用和声誉，是指企业及其产品与服务在社会公众中的信任程度，提高企业的信誉主要靠产品的质量和服务质量，而从业人员职业道德水平高是产品质量和服务质量的有效保证。若从业人员职业道德水平不高，很难生产出优质的产品和提供优质的服务。

（3）促进本行业的发展　行业、企业的发展有赖于高的经济效益，而高的经济效益源于高的员工素质。员工素质主要包含知识、能力、责任心三个方面，其中责任心是最重要的。而职业道德水平高的从业人员，其责任心是极强的，因此，职业道德能促进本行业的发展。

（4）有助于提高全社会的道德水平　职业道德是整个社会道德的主要内容。职业道德一方面涉及到每个从业者如何对待职业，如何对待工作，同时也是一个从业人员的生活态度、价值观念的表现；是一个人的道德意识、道德行为发展的成熟阶段，具有较强的稳定性和连续性。另一方面，职业道德也是一个职业集体，甚至一个行业全体人员的行为表现，如果每个行业、每个职业集体都具备优良的道德，对整个社会道德水平的提高肯定会发挥重要作用。

5. 特征

（1）**职业性**　职业道德的内容与职业实践活动紧密相连，反映着特定职业活动对从业人员行为的道德要求。每一种职业道德都只能规范本行业从业人员的职业行为，在特定的职业范围内发挥作用。

（2）**实践性**　职业行为过程，就是职业实践过程。只有在实践过程中，才能体现出职业道德的水准。职业道德的作用是调整职业关系，对从业人员职业活动的具体行为进行规范，解决现实生活中的具体道德冲突。

（3）**继承性**　取业道德是在长期实践过程中形成的，会被作为经验和传统继承下来。即使在不同的社会经济发展阶段，同样一种职业因服务对象、服务手段、职业利益、职业责任和义务相对稳定，职业行为的道德要求的核心内容将被继承和发扬，从而形成了被不同社会发展阶段普遍认同的职业道德规范。

（4）**多样性**　不同的行业和不同的职业，有不同的职业道德标准。

（二）选择题

1.（　　）是国家对消费者进行保护的前提和基础。

A. 消费者的义务　　　　　　　　　　B. 消费者的权力

C. 消费者的生产资料　　　　　　　　D. 消费者的生活资料

2.（　　）是合同内容的载体。

A. 合同的主体　　B. 合同的形式　　C. 合同的订立　　D. 合同的解除

3.（　　）是确定合同双方当事人权力义务关系的根本依据，也是判断合同是否有效的客观依据。

A. 合同的形式　　B. 合同的主体　　C. 合同的内容　　D. 合同的订立

4. 职业道德具有的特点包括（　　）。

A. 适用范围的无限性　　　　　　　　B. 表达形式的唯一性

C. 发展的历史继承性　　　　　　　　D. 没有纪律性

5.（　　）是指调整劳动关系与劳动关系密切联系的其他社会关系的法律规范的总称。

A. 狭义的劳动法　　B. 广义的劳动法　　C. 职业道德　　D. 道德规范

6.《合同法》规定的合同当事人应遵守的原则有（　　）。

A. 平等原则　　　　B. 自愿原则　　　　C. 公平原则

D. 平等原则、自愿原则、公平原则都正确

7.《消费者权益保护法》不包括消费者的（　　）权。

A. 劳动　　　　　　B. 安全　　　　　　C. 知情　　　　　　D. 自主选择

8.《消费者权益保护法》规定的经营者的义务不包括（　　）的义务。

A. 接受监督　　　　　　　　　　　　B. 接受教育

C. 提供商品和服务真实信息　　　　　D. 出具购货凭证

9. 对《劳动法》规定理解正确的是（　　）。

A. 享有所有权力　　　B. 只享有平等就业的权力

C. 既享有一定的权力，又要履行一定的义务

D. 不享有社会保险和福利的权力

10. 对被撤销的合同理解正确的是（　　　）。

A. 刚订立时有法律效力　　　　　　　B. 撤销前有法律效力

C. 从开始时就无法律效力　　　　　　D. 撤销后不再有法律效力

11. 对待职业和岗位，（　　　）并不是爱岗敬业所要求的。

A. 树立职业理想　　　　　　　　　　B. 干一行、爱一行

C. 遵守企业的规章制度　　　　　　　D. 一职定终身，不改行

12. 对合同的转让理解不正确的是（　　　）。

A. 合同权力的转让　　　　　　　　　B. 合同义务的转让

C. 合同权力义务的一并转让　　　　　D. 只是对合同内容的变更

13. 对全面质量管理方法的特点描述恰当的是（　　　）。

A. 单一性　　　　　B. 机械性　　　　　C. 多样性　　　　　D. 专一性

14. 对社会保障制度理解不恰当的是（　　　）。

A. 是一种物质帮助制度

B. 是一种精神帮助制度

C. 是一种物质补偿制度

D. 是一种在较特殊情况下的物质帮助制度

15. 各种职业道德往往采取简洁明快的形式，对本职业人员提出具体的道德要求，以保证职业活动的顺利开展，这体现了职业道德的（　　　）。

A. 稳定性　　　　　B. 专业性　　　　　C. 具体性　　　　　D. 适用性

16. 关于创新的正确论述是（　　　）。

A. 不墨守成规，但也不可标新立异

B. 企业经不起折腾，大胆地闯早晚会出问题

C. 创新是企业发展的动力

D. 创新需要灵感，但不需要情感

17. 坚持办事公道，要努力做到（　　　）。

A. 公私分开　　　　B. 有求必应　　　　C. 公正公平　　　　D. 公开办事

18. 企业创新要求员工努力做到（　　　）。

A. 不能墨守成规，但也不能标新立异

B. 大胆地破除现有的结论，自创理论体系

C. 大胆地试、大胆地闯，敢于提出新问题

D. 激发人的灵感，遏制冲动和情感

19. 企业生产经营活动中，要求员工遵纪守法是（　　　）。

A. 约束人的体现　　　　　　　　　　B. 由经济活动决定的

C. 人为的规定　　　　　　　　　　　D. 追求利益的体现

20. 企业员工在生产经营活动中，不符合平等尊重要求的是（　　　）。

A. 真诚相待，一视同仁　　　　　　　B. 互相借鉴，取长补短

C. 长幼有序，尊卑有别　　　　　　　　　　D. 男女平等，友爱亲善

21. 全面的质量管理是把（　　）和效益统一起来的质量管理。

A. 产品质量　　　　　B. 工作质量　　　　　C. 质量成本　　　　　D. 使用成本

22. 全面质量管理的基本工作方法中（　　）阶段指的是总结阶段。

A. A　　　　　　　　B. C　　　　　　　　C. D　　　　　　　　D. P

23. 全面质量管理这一概念最早在（　　）由美国质量管理专家提出。

A. 19 世纪 50 年代　　　　　　　　　　　　B. 20 世纪 30 年代

C. 20 世纪 40 年代　　　　　　　　　　　　D. 20 世纪 50 年代

24. 为了促进企业的规范化发展，需要发挥企业文化的（　　）功能。

A. 娱乐　　　　　　　B. 主导　　　　　　　C. 决策　　　　　　　D. 自律

25. 维修质量指标一般用（　　）表示。

A. 生产率　　　　　　B. 合格率　　　　　　C. 返修率　　　　　　D. 效率

26. 未成年工是指（　　）的劳动者。

A. 小于 16 周岁　　　　　　　　　　　　　　B. 已满 16 周岁未满 18 周岁

C. 小于 18 周岁　　　　　　　　　　　　　　D. 等于 18 周岁

27. 我国对违反《产品质量法》的行为规定（　　）。

A. 只要违法就予以惩罚

B. 未对消费者造成损失的违法行为，也要予以惩罚

C. 采取追究民事责任、行政责任和刑事责任相结合的制裁方式

D. 以上三项都对

28. 下列关于勤劳节俭的论述中，不正确的选项是（　　）。

A. 企业可提倡勤劳，但不宜提倡节俭

B. "一分钟应看成是八分钟"

C. 1997 年亚洲金融危机是"饱暖思淫欲"的结果

D. "节省一块钱，就等于净赚一块钱"

29. 下列关于勤劳节俭的论述中，正确的选项是（　　）。

A. 勤劳是人生致富的充分条件　　　　　　　B. 节俭是企业持续发展的必要条件

C. 勤劳不如巧干　　　　　　　　　　　　　D. 节俭不如创造

30. 下列选项属于职业道德范畴的是（　　）。

A. 人们的内心信念　　　　　　　　　　　　B. 人们的文化水平

C. 人们的思维习惯　　　　　　　　　　　　D. 员工的技术水平

31. 下列选项中，关于职业道德与人的事业成功的关系的正确论述是（　　）。

A. 职业道德是人事业成功的重要条件

B. 职业道德水平高的人肯定能够取得事业的成功

C. 缺乏职业道德的人也会获得事业的成功

D. 人的事业成功与否与职业道德无关

32. 下列选项中属于企业文化功能的是（　　）。

A. 整合功能　　　　B. 技术培训功能　　　　C. 科学研究功能　　　　D. 社交功能

33. 下列选项中属于职业道德作用的是（　　）。

A. 增强企业的凝聚力 　　　　　　　B. 增强企业的离心力

C. 决定企业的经济效益 　　　　　　D. 增强企业员工的独立性

34. 在商业活动中，不符合待人热情要求的是（　　　）。

A. 严肃待客，不卑不亢 　　　　　　B. 主动服务，细致周到

C. 微笑大方，不厌其烦 　　　　　　D. 亲切友好，宾至如归

35. 正确阐述职业道德与人的事业的关系的选项是（　　　）。

A. 没有职业道德的人不会获得成功

B. 要取得事业的成功，前提条件是要有职业道德

C. 事业成功的人往往并不需要较高的职业道德

D. 职业道德是人获得成功的重要条件

36. 职工对企业诚实守信应该做到的是（　　　）。

A. 忠诚所属企业，无论何种情况都始终把企业利益放在第一位

B. 维护企业信誉，树立质量意识和服务意识

C. 保守企业秘密，不对外谈论企业之事

D. 完成本职工作即可，谋划企业发展由有见识的人来做

37. 职业道德的稳定性和连续性是（　　　）。

A. 绝对的 　　　　　　　　　　　　B. 相对的

C. 不受当时社会经济关系的制约 　　D. 不受其他道德原则的影响

38. 职业道德是一种（　　　）。

A. 处事方法 　　　B. 行为规范 　　　C. 思维习惯 　　　D. 办事态度

39. 职业道德是一种（　　　）的约束机制。

A. 强制性 　　　　B. 非强制性 　　　C. 自愿 　　　　　D. 随意

40. 职业道德通过（　　　），起着增强企业凝聚力的作用。

A. 协调员工之间的关系 　　　　　　B. 增加职工福利

C. 为员工创造发展空间 　　　　　　D. 调节企业与社会的关系

41. 职业道德与人的事业的关系是（　　　）。

A. 职业道德是人成功的充分条件

B. 没有职业道德的人不会获得成功

C. 事业成功的人往往具有较高的职业道德

D. 缺乏职业道德的人往往也有可能获得成功

42. （　　　）负责全国产品监督管理工作。

A. 地方政府 　　　　　　　　　　　B. 各省产品质量监督管理部门

C. 地方技术监督局 　　　　　　　　D. 国务院产品质量监督管理部门

43. （　　　）是保证和提高维修质量的先决条件。

A. 加强教育 　　　　　　　　　　　B. 抓技术管理

C. 应用新技术 　　　　　　　　　　D. 推行管理新经验

44. 办事公道是指从业人员在进行职业活动时要做到（　　　）。

A. 追求真理，坚持原则 　　　　　　B. 奉献社会，助人为乐

C. 公私分开，实事求是 　　　　　　D. 有求必应，服务热情

45. 不属于《产品质量法》对产品质量管理标准的规定的是（　　　）。

A. 国家及行政标准　　　　　　　　　　B. 作坊自定标准

C. 产品质量认证制度　　　　　　　　　D. 企业质量体系认证制度

（三）判断题

（　　　）1. 《消费者权益保护法》是在 1998 年通过的。

（　　　）2. A 阶段是全面质量管理的基本工作方法的计划阶段。

（　　　）3. D 阶段指的是全面质量管理的检查阶段。

（　　　）4. 办事公道是指从业人员在进行职业活动时要做到助人为乐，有求必应。

（　　　）5. 各行各业的职业道德具有相同的内容。

（　　　）6. 国家技术监督局负责全国产品监督管理工作。

（　　　）7. 合同是一种刑事法律行为。

（　　　）8. 合同主体不能做合同订约的个体。

（　　　）9. 就维修质量而言，全面质量管理就是维修企业为了保证和提高维修质量，企业全体员工齐心协力，综合运用管理技术、专业技术和科学方法所进行的系统的维修质量管理活动的总称。

（　　　）10. 劳动安全卫生制度包括：安全技术规程、工业技术卫生规程、职工安全卫生行政管理制度、劳动保护监督制度等。

（　　　）11. 劳动合同只要一订立即具有法律约束力，当事人必须履行劳动合同规定的义务。

（　　　）12. 企业活动中，师徒之间要平等和互相尊重。

（　　　）13. 企业文化对企业具有整合的功能。

（　　　）14. 勤劳是现代市场经济所需要的，而节俭则不宜提倡。

（　　　）15. 市场经济条件下，应该树立多转行、多学知识、多长本领的择业观念。

（　　　）16. 维修质量分析应该是定期的、有限的。

（　　　）17. 在日常接待工作中，根据性别给予服务符合平等尊重要求。

（　　　）18. 在蒙特利尔协议书中 CFC134a 被列为第二批禁用物质。

（　　　）19. 总质量不大于 3500kg 的低速货车在 30km/h 的初速度下采用行车制动系统制动时，满载检验时制动距离要求不大于 8m。

（　　　）20. 做到严肃待客、不卑不亢是符合职业道德规范要求的。

（　　　）21. 职业道德是人的事业成功的重要条件。

（　　　）22. 职业道德是指从事一定职业的人们，在长期职业活动中形成的一种行为规范。

（　　　）23. 职业道德在形式上都比较具体、简明扼要、通俗易懂，具有具体性的特点。

（　　　）24. 职业纪律是企业的行为规范，职业纪律具有随意性的特点。

（　　　）25. 职业纪律中包括群众纪律。

（　　　）26. 服务也需要创新。

（　　　）27. 合同的形式是合同内容的载体。

（　　　）28. 全面质量管理这一概念最早由中国质量管理专家提出。

（　　　）29. 未成年工是指不满 16 周岁的劳动者。

（　　　）30. 有无权力的义务，也有无义务的权力。

二、汽车修理基础知识

（一）汽车修理基础理论知识

1. 汽车维护的基本原则

1) 严格执行技术工艺标准，加强技术检验，实现检测仪表化。

2) 汽车的维护主要包括清洁、补给、检查、润滑、紧固和调整等。

3) 汽车维护应严密作业组织，严格遵守操作规程，广泛应用新技术、新材料、新工艺，及时修复或更换零部件，保证配合状态和延长使用寿命。

4) 在汽车全部维护工作中，要加强科学管理，建立和健全维护的原始记录统计制度。

2. 汽车维护的分类

（1）例行维护　例行维护的内容和时机与汽车行驶里程无关，如日常维护、停驶维护、换季维护和走合期维护等。

（2）计划维护　计划维护的内容和时机与汽车行驶里程有关，如一级维护、二级维护等。在计划维护中，维护作业按计划强制执行的称为定期维护；如果维护作业是按定期检查的结果按需执行的称为按需维护。

3. 汽车维护的作业内容

安全事项：不要在通风不良的车库或室内试运转发动机。不要在汽油等易燃物质附近吸烟，以防发生火灾。在清洗蓄电池时要戴防护目镜。维修工具应放在固定地方。

日常维护是各级维护的基础，是属于预防性的作业。其作业内容是清洁、补给和安全检查，及时发现和排除运行中的故障，确保每日的正常运行安全。

（1）一级维护　一级维护是由专业人员负责执行的，其中心内容除日常维护作业外，以清洁、润滑、紧固为主，并检查有关制动、操纵等安全部件。一般根据车型要求在汽车行驶 2000 ~ 3000km 时进行。

（2）二级维护　二级维护除一级维护作业外，以调整和检查为中心内容，由专业维修人员负责执行。间隔里程一般是一级维护间隔里程的 4 ~ 5 倍。

（3）走合期维护　汽车在新车出厂或大修（包括发动机大修）后，初期行驶一定里程（一般 1000 ~ 1500km）称为走合期。在这段时间内的维护，称为走合期维护。

4. 汽车修理的分类

汽车修理分为汽车大修、总成大修、汽车小修、零件修理。

汽车零件的损伤：零件磨损（粘着磨损、磨料磨损、表面疲劳磨损、腐蚀磨损）；零件疲劳（零件的疲劳是零件在长时间内由于交变载荷的作用，产生断裂的现象。金属零件疲劳损坏实质上是一个累积损伤过程）；零件变形（零件的变形是汽车零件在使用过程中，零件要素中的形状和位置要素发生变化的现象）；零件腐蚀（化学腐蚀、电化学腐蚀）；汽车上具有典型老化过程的零件是橡胶零件和塑料密封件。

5. 汽车零件的分类

通过检验，根据修理技术条件，按零件技术状况，将汽车零件划分为：

（1）可用零件　可用零件是指虽有一定的损伤，但其尺寸、形状和位置误差均在允许范围内，符合大修技术标准，仍可以继续使用的零件。

（2）待修零件　待修零件是指损伤已超出允许范围，不符合大修技术标准，经过修复可以继续使用的零件。

（3）报废零件　报废零件是指损伤已超出允许范围，不符合大修技术标准，经过修复也不能继续使用的零件。

6. 汽车零件的检验

零件外观检验：零件外观的检验是不用量具、仪器，仅凭检验人员的感官感觉和经验来鉴别零件的技术状况的方法。

零件外观的检验具有方法简便，精度不高，不能进行定量检验的特点，适用于分辨缺陷明显或精度不高的零件。外观检验包括破裂、划痕、锈蚀的检验等。

（1）圆度与圆柱度检验

1）圆度误差值：以同一横截面上测得的最大与最小直径差的一半作为圆度误差值。

2）圆柱度误差值：圆柱度误差的测量，在汽车维修中常以沿轴线长度上任意方位和任意截面测得的最大、最小直径差的一半作为圆柱度误差值。

（2）轴线直线度检验　轴线的直线度是指轴线中心要素的形状误差。在实际的检测中，轴线的直线度误差常用简单的径向圆跳动来代替，这样获得的检测结果是近似的，但是在汽车维修检测中，已经能够满足技术要求的精确度。直线度的检测多用于轴类零件或孔类零件的检测，特别是在工作时受力易于产生弯曲变形的零件上。

（3）零件隐伤的检验

1）磁力探伤：磁力探伤适用于铁磁材料隐伤的检验，在零件表面撒以磁性铁粉，铁粉便被磁化并吸附在零件表面，从而显现出裂纹的形状和大小。

2）渗透探伤：用于非磁性材料零件的开口缺陷的检验。将清洗过的零件浸泡在具有高度渗透能力的渗透剂中，然后用温水将表面多余的渗透剂冲刷并烘干，再均匀涂上一层显像剂。在显像剂的毛细作用下，残余在缺陷中的渗透剂被吸附到表面上来，从而显示出缺陷。

3）水压试验：发动机缸体、缸盖和散热器等零件的裂纹的检验，通常采用水压试验的方法进行。

（二）选择题

1. （　　）由维修企业进行，以清洁、紧固、润滑为中心内容。

A. 日常维护　　　　B. 一级维护　　　　C. 二级维护　　　　D. 三级维护

2. 改善喷油器喷雾质量可降低柴油机排放污染物中（　　）的含量。

A. 碳烟　　　　　　B. 水　　　　　　　C. 二氧化硫　　　　D. 氮

3. （　　）的助力源是压缩空气与大气的压力差。

A. 真空助力器　　　B. 真空增压器　　　C. 空气增压器　　　D. 空气助力器

4. （　　） 的最大的特点是不含氯原子，ODP 值为 0，GWP 也很低，大约为0. 25 ~ 0. 26。

A. HFC12　　　　　B. HFC13　　　　　C. HFC14　　　　　D. HFC134a

5. （　　） 的作用是将两个不同步的齿轮连接起来使之同步。

A. 同步器　　　　　B. 差速器　　　　　C. 离合器　　　　　D. 制动器

6. （　　） 的作用是检测自动变速器油温度。

A. 自动变速器油温传感器　　　　　　　　B. 空档开关

C. 车速传感器　　　　　　　　　　　　　D. 输入轴转速传感器

7. （　　） 具有较高的强度和良好的韧性，在汽车上主要用于制造受热、受磨损和冲击载荷较强烈的零件。

A. 合金结构钢　　　　B. 合金工具钢　　　　C. 特殊性能钢　　　　D. 碳素钢

8. （　　） 可导致柴油机排放污染物中碳烟浓度过大。

A. 喷油器喷雾质量过差　　　　　　　　　B. 高压油管压力过小

C. 喷油泵泵油压力过小　　　　　　　　　D. 低压油管压力过小

9. （　　） 轻柴油适合于高寒地区严冬使用。

A. －50 号　　　　　B. －10 号　　　　　C. 0 号　　　　　D. 10 号

10. （　　） 是车身倾斜的原因。

A. 后桥异响　　　　　　　　　　　　　　B. 主销变形

C. 车架轻微变形　　　　　　　　　　　　D. 单侧悬架弹簧弹力不足

11. （　　） 是车用电子控制系统的输出装置。

A. 输入回路　　　　B. A/D 转换器　　　　C. 执行器　　　　D. 微型计算机

12. （　　） 是导致转向沉重的主要原因。

A. 转向轮轮胎气压过高　　　　　　　　　B. 转向轮轮胎气压过低

C. 汽车空气阻力过大　　　　　　　　　　D. 汽车坡道阻力过大

13. （　　） 用于测试导线短路。

A. 万用表　　　　　B. 气压表　　　　　C. 真空表　　　　　D. 油压表

14. （　　） 与血液中的血红蛋白结合，形成碳氧血红蛋白，从而使这部分血红蛋白失去送氧的能力，使人体缺氧。

A. CO　　　　　B. HC　　　　　C. NO_X　　　　　D. 微粒

15. 1988 年颁布的国家标准汽车型号由 （　　） 部分构成。

A. 2　　　　　B. 3　　　　　C. 4　　　　　D. 5

16. 1995 年 7 月 10 日后定型柴油汽车，烟度值排放应小于 （　　） FSN。

A. 5　　　　　B. 4. 5　　　　　C. 4　　　　　D. 3. 5

17. A4 图纸幅面的宽度和长度是 （　　）。

A. 594 × 841　　　　B. 420 × 594　　　　C. 297 × 420　　　　D. 210 × 297

18. CFC12 对大气臭氧层破坏作用最大，臭氧层破坏系数 "ODP" 值为 （　　），温室效应 "GWP" 值达 3 左右。

A. 1　　　　　B. 2　　　　　C. 3　　　　　D. 4

19. ECU 主要包括 （　　） 两部分。

A. 输入回路和输出回路　　　　　　　　　B. 转换器和执行器

C. 输入回路和微型计算机　　　　　　D. 硬件和软件

20. 百分表的分度值为（　　　）。

A. 0.01　　　　　　B. 0.02　　　　　　C. 0.001　　　　　　D. 0.002

21. 百分表是一种比较性测量仪器，主要用于测量工件的（　　　）。

A. 公差值　　　　　B. 偏差值　　　　　C. 实际值　　　　　D. 极值

22. 半导体二极管按（　　　）可分为硅二极管和锗二极管两类。

A. 用途　　　　　　B. 结构　　　　　　C. 尺寸　　　　　　D. 极片材料

23. 半导体压力传感器的硅膜片，一面接触的是真空室压力，一面接触的是（　　　）压力。

A. 排气管　　　　　B. 进气歧管　　　　C. 空气　　　　　　D. 燃油

24. 车用液压制动系统中控制制动蹄的液压元件是（　　　）。

A. 制动总泵　　　　B. 制动分泵　　　　C. 制动踏板　　　　D. 推杆

25. 齿轮的工作面腐蚀斑点及剥落面积超过齿面的（　　　），或齿轮出现裂纹，应予更换。

A. 1/8　　　　　　B. 1/4　　　　　　C. 3/8　　　　　　D. 1/2

26. 齿长磨损不得超过原齿长的（　　　）%。

A. 20　　　　　　B. 25　　　　　　C. 30　　　　　　D. 35

27. 待修件是指具有较好（　　　）的零件。

A. 修理工艺　　　　B. 修理价值　　　　C. 使用价值　　　　D. 几何形状

28. 当采用基孔制时，其基本偏差是（　　　）。

A. 上偏差　　　　　B. 下偏差　　　　　C. 零偏差　　　　　D. 不能确定

29. 当采用基轴制时，其基本偏差是（　　　）。

A. 上偏差　　　　　B. 下偏差　　　　　C. 零偏差　　　　　D. 不能确定

30. 当用一段导体切割磁力线时，下列说法正确的是（　　　）。

A. 一定有感应电流　　　　　　　　　　B. 有感应磁场阻碍导线运动

C. 会产生感应电动势　　　　　　　　　D. 有感应磁场

31. 对形状公差进行标注时，不必考虑的选项是（　　　）。

A. 指引线的位置　　B. 项目符号　　　　C. 基准代号字母　　D. 公差值

32. 对于油压千斤顶，重物应置于（　　　）。

A. 大液压缸上

B. 小液压缸上

C. 单向阀的一侧

D. 大液压缸上、小液压缸上、单向阀的一侧均不对

33. 发光二极管的英文缩写是（　　　）。

A. LBD　　　　　　B. LCD　　　　　　C. LDD　　　　　　D. LED

34. 符号⊕代表（　　　）。

A. 平行度　　　　　B. 垂直度　　　　　C. 倾斜度　　　　　D. 位置度

35. 符号∥代表（　　　）。

A. 平行度　　　　　B. 垂直度　　　　　C. 倾斜度　　　　　D. 位置度

36. 符号⊥代表（　　）。

A. 平行度　　　　　　B. 垂直度　　　　　　C. 倾斜度　　　　　　D. 位置度

37. 关于灭火器的使用，正确的是（　　）。

A. 应将灭火器放在离可能发生火灾最近的地方

B. 不要把灭火器放在靠近门口的地方

C. 拉开灭火器开关前应使自己尽可能远离火源

D. 灭火器要专物专用，定期保养

38. 滚动轴承的代号由（　　）构成。

A. 基本代号、前置代号、后置代号

B. 内径代号、前置代号、后置代号

C. 基本代号、类型代号、内径代号

D. 类型代号、前置代号、后置代号

39. 国产柴油的牌号按（　　）分类。

A. 密度　　　　　　B. 凝点　　　　　　C. 熔点　　　　　　D. 十六辛烷值

40. 划线时，放置工件的工具称为（　　）。

A. 划线工具　　　　B. 基准工具　　　　C. 辅助工具　　　　D. 测量工具

41. 绘图时，尺寸线和尺寸界线所用的线型是（　　）。

A. 细实线　　　　　B. 粗实线　　　　　C. 细点画线　　　　D. 虚线

42. 加工螺纹时为了便于断屑和排屑，板牙转动一圈左右要倒转（　　）圈。

A. 2　　　　　　　　B. 1　　　　　　　　C. 0.5　　　　　　　D. 0.25

43. 将非电信号转换为可测电信号的电子器件是（　　）。

A. 放大器　　　　　B. 整流器　　　　　C. 继电器　　　　　D. 传感器

44. 进行汽车二级维护前，检测分电器重叠角，国家标准规定分电器重叠角应不大于（　　）°。

A. 3　　　　　　　　B. 5　　　　　　　　C. 7　　　　　　　　D. 9

45. 锯条锯齿的大小以（　　）mm 长度内所包含的锯齿数表示，此长度内包含的齿数越多，锯齿就越细。

A. 15　　　　　　　B. 15.4　　　　　　C. 25　　　　　　　D. 25.4

46. 轮毂轴承螺栓、螺母的拆装适宜选用（　　）。

A. 内六角扳手　　　B. 方扳手　　　　　C. 钩型扳手　　　　D. 专用套筒扳手

47. 若轮胎的尺寸为 34×7，其中×表示（　　）。

A. 低压胎　　　　　B. 高压胎　　　　　C. 超低压胎　　　　D. 超高压胎

48. 配备测试卡的诊断仪，测试不同的车时，应选用（　　）的测试卡。

A. 故障诊断　　　　B. 相同　　　　　　C. 不同尺寸　　　　D. 不同型号

49. 任何两个彼此绝缘而又相互靠近的导体，都可以看成是（　　）。

A. 电阻器　　　　　B. 电容器　　　　　C. 继电器　　　　　D. 开关

50. 容积式液压传动属于（　　）液压传动。

A. 动力式　　　　　　　　　　　　　　B. 静力式

C. 组合式　　　　　　　　　　　　　　D. 动力式、静力式、组合式都不对

51. 桑塔纳2000、一汽奥迪、神龙富康轿车的转向系统均采用（ ）。

A. 液压助力式　　　B. 循环球式　　　　C. 齿轮齿条式　　　D. 指销式

52. 使用汽车空调时，下列选项中，（ ）影响制冷效果。

A. 乘客过多　　　　B. 汽车快速行驶　　C. 大负荷　　　　　D. 门窗关闭不严

53. 台虎钳的丝杠、螺母及其他活动表面（ ），并保持清洁。

A. 要随用随加润滑油　　　　　　　　B. 要经常加润滑油

C. 不用加润滑油　　　　　　　　　　D. 不准加润滑油

54. 细刮比粗刮时（ ）。

A. 刀痕要窄，行程要长　　　　　　　B. 刀痕要宽，行程要长

C. 刀痕要窄，行程要短　　　　　　　D. 刀痕要宽，行程要短

55. 下列刮刀中属于曲面刮刀的是（ ）。

A. 手握刮刀　　　　B. 挺刮刀　　　　　C. 钩头刮刀　　　　D. 蛇头刮刀

56. 下列零件中不属于单级主减速器的零件是（ ）。

A. 调整垫片　　　　B. 主动圆锥齿轮　　C. 调整螺母　　　　D. 半轴齿轮

57. 下列排放物中危害眼、呼吸道和肺的是（ ）。

A. CO　　　　　　　B. HC　　　　　　　C. NO　　　　　　　D. NO_2

58. 下列式子中不能用来计算电功的是（ ）。

A. $W = UIt$　　　　B. $W = I^2Rt$　　　C. $W = U^2t/R$　　D. $W = UI$

59. 下列事项中属于办事公道的是（ ）。

A. 顾全大局，一切听从上级　　　　　B. 大公无私，拒绝亲戚求助

C. 知人善任，努力培养知己　　　　　D. 原则至上，不计个人得失

60. 下列选项是有色金属的是（ ）。

A. 碳素钢和轴承合金　　　　　　　　B. 碳素钢和铸铁

C. 轴承钢和铸铁　　　　　　　　　　D. 铝合金

61. 下列选项属于形状公差的是（ ）。

A. 圆度　　　　　　B. 平行度　　　　　C. 垂直度　　　　　D. 同轴度

62. 下列选项中不属于金属材料工艺性能的是（ ）。

A. 可锻性　　　　　B. 可焊性　　　　　C. 耐磨性　　　　　D. 韧性

63. 下列选项中可以承担整车大部分载重的是（ ）。

A. 离合器　　　　　B. 变速器　　　　　C. 万向传动装置　　D. 驱动桥

64. 向不平行于零件任何基本投影面的平面投影所得到的视图称为（ ）。

A. 旋转视图　　　　B. 局部视图　　　　C. 斜视图　　　　　D. 剖视图

65. 形状公差是指零件的实际形状相对于零件的（ ）所允许的变动量。

A. 理想位置　　　　B. 理想形状　　　　C. 极限形状　　　　D. 极限位置

66. 氧传感器检测发动机排气中氧的含量，向ECU输入空燃比反馈信号，进行喷油量的（ ）。

A. 开环控制　　　　B. 闭环控制　　　　C. 控制　　　　　　D. 开环或闭环控制

67. 氧化钛型氧传感器的半导体材料二氧化钛的阻值大小取决于（ ）。

A. 周围环境的氧浓度　　　　　　　　B. 周围环境的二氧化碳浓度

C. 周围环境温度的高低　　　　　　　　　　D. 周围环境气压的高低

68. 液晶显示器的英文缩写是（　　）。

A. LBD　　　　　　B. LCD　　　　　　C. LDD　　　　　　D. LED

69. 以下（　　）总成，在 FIAT650 型汽车制动传动装置中装备有此装置。

A. 真空助力器　　　B. 真空增压器　　　C. 空气增压器　　　D. 空气助力器

70. 以下属于预防性维护作业的是（　　）。

A. 日常维护　　　　B. 一级维护　　　　C. 二级维护　　　　D. 三级维护

71. 以下诊断仪中属于大众公司专用诊断仪的是（　　）。

A. Tech – 1　　　　B. V. A. G1551　　　C. 电眼睛　　　　　D. 修车王

72. 用手工刮削的轴承要求接触面积不小于轴承内部面积的（　　）%。

A. 45　　　　　　　B. 60　　　　　　　C. 75　　　　　　　D. 90

73. 用数字式万用表的（　　）档检查点火线圈的电阻。

A. 欧姆　　　　　　B. 电压　　　　　　C. 千欧　　　　　　D. 兆欧

74. 用于高寒地区冬季使用的清洗机是（　　）。

A. 门式清洗机　　　　　　　　　　　　　B. 盘式清洗机

C. 常温高压清洗机　　　　　　　　　　　D. 热水清洗机

75. 用诊断仪读取故障码时，应选择（　　）。

A. 故障诊断　　　　B. 数据流　　　　　C. 执行元件测试　　D. 基本设定

76. 用诊断仪对发动机进行检测，点火开关应（　　）。

A. 关闭　　　　　　B. 打开　　　　　　C. 位于起动档　　　D. 位于锁止档

77. 由基尔霍夫第二定律可知，当电阻的电流方向与回路和绕行方向相同，则电阻上的电压降（　　）。

A. 取正　　　　　　B. 取负　　　　　　C. 取零　　　　　　D. 不能确定

78. 由基尔霍夫第一定律可知，对于任何节点，流入的净电流为（　　）。

A. 正数　　　　　　B. 负数　　　　　　C. 零　　　　　　　D. 不确定的数

79. 游标卡尺上游标的刻线数越多则游标的（　　）。

A. 结构越小　　　　B. 长度越短　　　　C. 分度值越大　　　D. 读数精度越高

80. 有关錾削叙述正确的是（　　）。

A. 不需戴任何眼镜　　　　　　　　　　　B. 不得錾削淬火的工件

C. 錾子头部需要淬火　　　　　　　　　　D. 一般情况使用高速钢做錾子

81. 运动型轿车和方程式赛车多采用的布置形式是（　　）。

A. 发动机后置后轮驱动　　　　　　　　　B. 发动机中置后轮驱动

C. 发动机前置前轮驱动　　　　　　　　　D. 发动机前置后轮驱动

82. 在满足工件表面功能要求的情况下，应尽量选用（　　）表面粗糙度数值。

A. 较大的　　　　　B. 较小的　　　　　C. 不同的　　　　　D. 相同的

83. 在实际工作中，常采用模拟信号发生器的（　　）来断定模拟信号发生器的好坏。

A. 电流　　　　　　B. 电压　　　　　　C. 电阻　　　　　　D. 动作

84. 在一定的温度下，导体的电阻与导体的长度（　　），与导体的截面积（　　）。

A. 成反比，成正比　B. 无关，成反比　　C. 成正比，成反比　D. 成正比，无关

85. 在圆柱或圆锥外表面上所形成的螺纹是（　　）。

　　A. 粗牙螺纹　　　　　B. 细牙螺纹　　　　　C. 外螺纹　　　　　D. 内螺纹

86. 真空荧光管的阳极接至电源（　　）极，阴极与电源（　　）极相接时，便获得了一定的电压，从而显示出所要看到的内容。

　　A. +，-　　　　　　B. -，+　　　　　　C. +，+　　　　　　D. -，-

87. 真空荧光管的英文缩写是（　　）。

　　A. VCD　　　　　　B. VDD　　　　　　C. VED　　　　　　D. VFD

88. 直线度属于（　　）公差。

　　A. 尺寸　　　　　　B. 形状　　　　　　C. 位置　　　　　　D. 形位

89. 中心引线为负极，管壳为正极的二极管是（　　）。

　　A. 负极二极管　　　B. 励磁二极管　　　C. 正极二极管　　　D. 稳压二极管

90. 主要对汽车进行局部举升的装置是（　　）。

　　A. 举升器　　　　　B. 千斤顶　　　　　C. 木块　　　　　　D. 金属块

91. 主要用于汽车零件清洗的清洗机是（　　）。

　　A. 刷子式　　　　　B. 转盘式　　　　　C. 门式　　　　　　D. 喷射式

92. 用排列图法所确定的影响因素中（　　）表示主要因素。

A. A　　　　　　　　B. B　　　　　　　　C. C　　　　　　　　D. A. B. C. 都不对

（三）判断题

（　　）1. HFD 类制冷剂包括 R23、R32、R41、R125、R134、R143、R152。

（　　）2. L-EQB 水分含量大于 0.1%。

（　　）3. 百分表不仅能作比较测量，也能用作绝对测量。

（　　）4. 测量误差通过改善测量方法可以消除。

（　　）5. 尺寸公差是指允许尺寸的变动量，等于最大极限尺寸与最小极限尺寸代数差的绝对值。

（　　）6. 纯铜主要用于制造导电器材。

（　　）7. 代号 M24×1.5 表示直径为 24mm、螺距为 1.5mm 的细牙普通螺纹。

（　　）8. 粗滤器并联于润滑系统内，用以滤去润滑油中较大的杂质。

（　　）9. 对于软金属可以用细锉刀锉削。

（　　）10. 对于新锉刀在使用时应两面同时交替使用。

（　　）11. 二级维护前检测桑塔纳 LX 型轿车，轮胎车轮动不平衡量为 0。

（　　）12. 二级维护由维修企业进行，以清洁、紧固、润滑为中心内容。

（　　）13. 发生 D 级火灾时，首先切断电源。

（　　）14. 符号 RAM 表示只读存储器。

（　　）15. 工件尺寸是游标卡尺尺身读出的整毫米数 + 游标刻度。

（　　）16. 合金钢根据成分不同可分为合金结构钢、合金工具钢和特殊性能钢 3 大类。

（　　）17. 基本尺寸相同的一批孔和轴共有两种配合形式，即间隙配合和过盈配合。

（　　）18. 铝合金可分为形变铝合金和铸造铝合金两类。

（　　）19. 梅花扳手的适用范围在 5～25mm 之间。

（　　）20. 偏差是一个代数量。

（　　）21. 剖面图又称剖视图。

（　　）22. 汽车二级维护的行驶里程为 2000～3000km。

（　　）23. 汽车通常由发动机、底盘、车身和电气设备四大部分组成。

（　　）24. 汽车维修质量合格率不是指所修汽车本身的状况，而是反映汽车在整个修理过程中的质量水平。

（　　）25. 汽车维修质量可以通过质量指标来评价。

（　　）26. 汽车最大总质量 = 整车装备质量 + 最大装载质量。

（　　）27. 汽车最小离地间隙是汽车在空载时，底盘部分最低点与地面间的距离。

（　　）28. 牵引汽车自身不装载货物。

（　　）29. 三视图中主视图反映了物体的长度和宽度。

（　　）30. 商用汽车包括乘用车。

（　　）31. 双柱式举升器主要用于举升 3t 以下的轿车或小客货车。

（　　）32. 通电导体与磁场平行时，导体电磁力最大。

（　　）33. 通电导体在磁场中总会受到磁场力的作用。

（　　）34. 为确保安全，燃油表传感器的电阻末端绝对不要搭铁。

（　　）35. 所有的汽车诊断仪都配备外置测试卡。

（　　）36. 稳压管是一种具有稳压作用的特殊晶体管。

（　　）37. 液晶显示器件的英文缩写是 LCD。

（　　）38. 应根据需要举升车辆的结构、重量选择相应的举升器。

（　　）39. 一般内曲面刮削常选用三角刮刀。

（　　）40. 用数字式万用表的欧姆档测量点火控制器端子的电压，可检查电子点火控制器的故障。

（　　）41. 用烟度计检查柴油车时，要检查柴油内是否加有消烟剂，如果没有，应予加上。

（　　）42. 用游标卡尺测量工件外径时，将活动量爪向内移动，使两量爪间距小于工件外径，然后再慢慢移动游标使两量爪与工件接触。

（　　）43. 用质量为 0.25kg 的锤子沿曲轴轴向轻轻敲击连杆，连杆能沿轴向移动，且连杆大头两端与曲柄的间隙为 0.17～0.35mm。

（　　）44. 游标卡尺按其测量功能不同，可分为 0.10mm、0.02mm 和 0.05mm 三种。

（　　）45. 有时六轮汽车的六个轮都是驱动轮。

（　　）46. 在液压传动过程中其工作容积必须密封但不能变化。

（　　）47. 錾削加工时应戴防护眼镜。

（　　）48. 正温度系数的热敏电阻，在环境温度升高时其阻值减小，反之则增大。

（　　）49. 电工登高作业宜使用竹木结构的梯子。

（　　）50. 电流表可以利用并联不同的电阻扩大其量程。

（　　）51. 电流所做的功与它加在负载两端的电压、通过负载的电流及负载通电时间成正比。

（　　）52. 进行汽车二级维护前，检测分电器重叠角，国家标准规定分电器重叠角应不大于9°。

（　　）53. 进行汽车二级维护前，检查发动机的转速为1200r/min时，单缸发动机断火转速下降应不小于90r/min。

（　　）54. 进行汽车二级维护前，检查发动机的转速为800r/min时，点火电压应为8～10kV。

（　　）55. 可焊性主要指金属熔化后的流动性和冷凝性。

（　　）56. 可以用磁力线的疏密程度表示磁场的方向，磁感应线的切线方向表示磁场的强度。

（　　）57. 普通电磁继电器由电磁铁和触点组成。

（　　）58. 汽车传动系统的基本功用是将发动机输出的动力传递给各车轮。

（　　）59. 汽车的驱动形式通常用全部的车轮数乘以驱动轮数来表示。

（　　）60. 汽车发动机电气性能测试仪用于测量进气歧管的真空度。

（　　）61. 汽车排放物是环境污染的重要因素。

（　　）62. 汽车拖带挂车时，解除挂车制动时，要晚于主车制动。

（　　）63. 汽车上采用的液压传动装置按工作原理分为动力式和容积式两种。

（　　）64. 气缸体工作时受热不均匀会导致气缸体变形。

（　　）65. 任何水都可以直接作为冷却液加注在汽车散热器内。

（　　）66. 四冲程汽油机可燃混合气需要点燃。

（　　）67. 砂轮机主要由砂轮、电动机和机体等组成。

（　　）68. 使用活塞环拆装钳拆装活塞环时用力必须均匀。

（　　）69. 步进电动机定子爪极的极性是可以变换的。

三、汽车电源系统知识

（一）汽车电源系统理论知识

1. 蓄电池的作用及工作原理

蓄电池是一种可逆的低压直流电源，它既能将化学能转化为电能，也能将电能转换为化学能。蓄电池在整车上的位置，如图 3-1 所示。

蓄电池可分为碱性蓄电池和酸性蓄电池两大类，其主要作用是起动发动机，汽车上一般采用铅蓄电池。汽车上装有蓄电池与发电机两个直流电源，全车用电设备均与直流电源并联连接，电路图如图 3-2 所示。

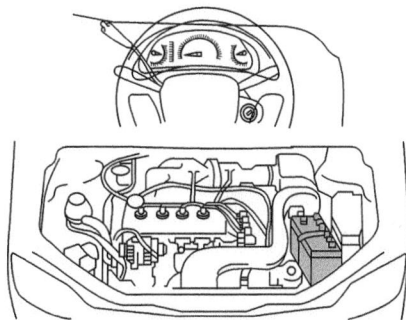

图 3-1 蓄电池位置

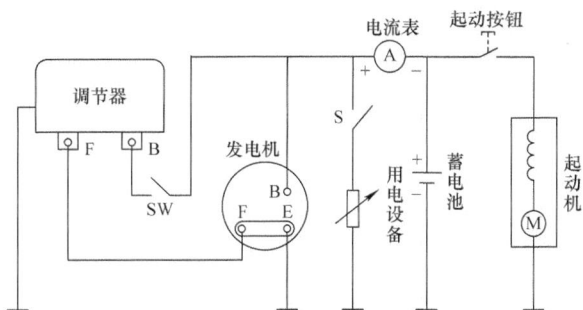

图 3-2 汽车并联电路

蓄电池具体作用如下：

1）发动机起动时，向起动机和点火系统供电。

2）发动机低速运转时，向用电设备和发电机磁场绕组供电。

3）发动机中、高速运转时，将发电机剩余电能转化为化学能储存起来。

4）发电机过载时，协助发电机向用电设备供电。

5）蓄电池相当于一个大电容器，能吸收电路中出现的瞬时过电压，保护电子元件，保持汽车电气系统电压稳定。

2. 蓄电池的基本结构

铅蓄电池主要由正负极板、隔板、电解液、外壳、极桩及加液孔盖等部分组成（图

3-3）。额定电压12V的蓄电池由6个单格串联而成，每单格的额定电压为2V。

3. 蓄电池的工作原理

蓄电池充、放电过程就是化学能与电能相互转化的过程：当蓄电池向外供电时，将化学能转化为电能；而当蓄电池与外部直流电源相连进行充电时，将电能转化为化学能。其电化学反应是可逆反应，可用如下总的反应方程式表示：

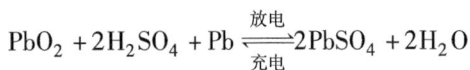

图3-3　蓄电池结构示意图

1—负极桩　2—加液孔盖　3—正极桩　4—穿壁连接
5—汇流条　6—外壳　7—负极板　8—隔板　9—正极板

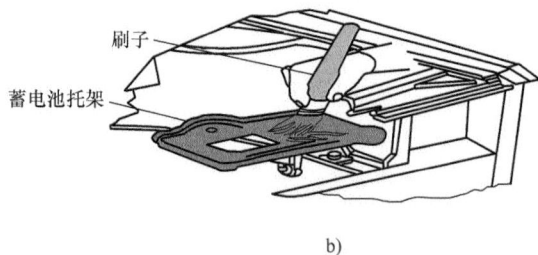

$$PbO_2 + 2H_2SO_4 + Pb \underset{充电}{\overset{放电}{\rightleftharpoons}} 2PbSO_4 + 2H_2O$$

4. 蓄电池的维护

1）保持蓄电池外表面的清洁干燥，及时清除极桩和电缆卡子上的氧化物，并确定蓄电池极桩上的电缆连接牢固。

清洗蓄电池时，最好从车上拆下蓄电池，用苏打水溶液冲洗整个壳体（图3-4a），然后用清水冲洗蓄电池并用纸巾擦干。对蓄电池托架，可先用腻子刀刮净厚腐蚀物，然后用苏打水溶液清洗托架（图3-4b），之后用水冲洗并干燥。托架干燥后，漆上防腐漆。

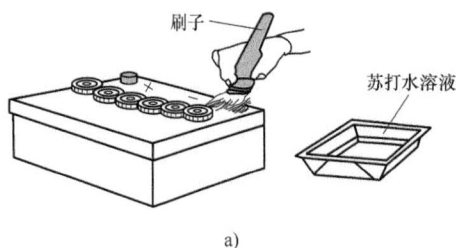

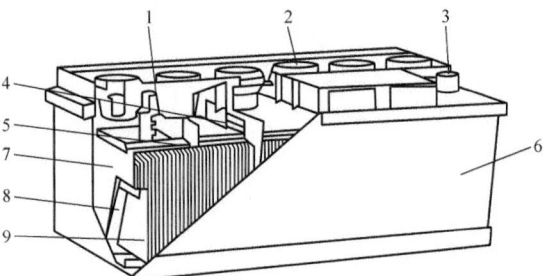

图3-4　蓄电池的清洁

对极桩和电缆卡子，可先用苏打水溶液清洗，再用专用清洁工具进行清洁，如图3-5所示。清洗后，在电缆卡子上涂上凡士林或润滑油防止腐蚀。

注意：清洗蓄电池之前，要拧紧加液孔盖，防止苏打水进入蓄电池内部。

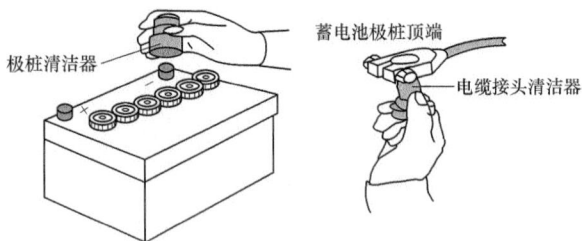

图3-5　极桩和电缆卡子的清洁

2）保持加液孔盖上通气孔的畅通，定期疏通。

3）定期检查并调整电解液液面高度，液面不足时，应补加蒸馏水。

4）汽车每行驶1000km或夏季行驶5～6天（冬季行驶10～15天），应用密度计或高率放电计检查一次蓄电池的放电程度，当冬季放电超过25%，夏季放电超过50%时，应及时将蓄电池从车上拆下进行补充充电。

5）根据季节和地区的变化及时调整电解液的密度。冬季可加入适量的密度为1～40g/cm³

的电解液，以调高电解液的密度（一般比夏季高 0.02~0.04g/cm³ 为宜）。

6）冬季向蓄电池内补加蒸馏水时，必须在蓄电池充电前进行，以免水和电解液混合不均而引起结冰。

7）冬季蓄电池应经常保持在充足电的状态，以防电解液密度降低而结冰，引起外壳破裂、极板弯曲和活性物质脱落等故障。

5. 交流发电机的结构

汽车用硅整流交流发电机由三相同步发电机和硅二极管整流器两大部分组成。其工作过程：交流发电机定子绕组中感应出交变电动势，再经硅二极管整流器整流，输出直流电。

交流发电机一般由转子、定子、整流器、前后端盖、风扇、带轮等组成。图 3-6 所示为普通交流发电机解体图。

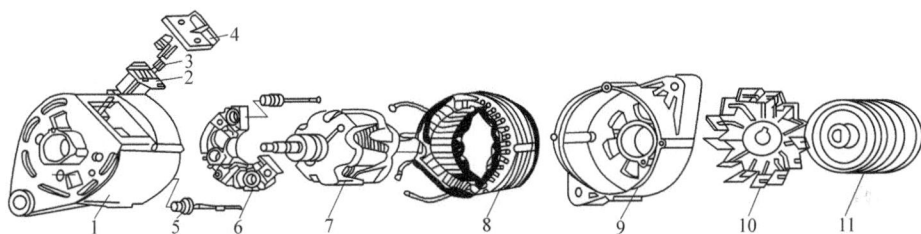

图 3-6 交流发电机解体图
1—后端盖 2—电刷架 3—电刷 4—电刷弹簧压盖 5—硅二极管 6—散热片 7—转子
8—定子 9—前端盖 10—风扇 11—带轮

（1）转子 转子的功用是产生旋转磁场。转子由爪极、转子铁心、磁场绕组、集电环、转子轴组成，如图 3-7 所示。

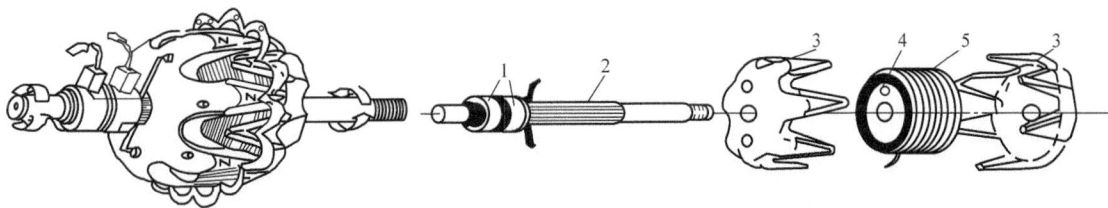

图 3-7 发电机转子的结构
1—集电环 2—转子轴 3—爪极 4—转子铁心 5—磁场绕组

（2）定子 定子的功用是产生交流电，如图 3-8 所示，由定子铁心和定子绕组两部分组成。

（3）整流器 整流器的功用是将三相绕组产生的交流电变为直流电，其整流二极管的特点是工作电流大、反向电压高。如图 3-9 所示，整流器由正、负整流板组成。

（4）端盖及电刷组件 端盖一般分为两部分（前端盖和后端盖），起支撑转子、定子、整流器和电刷组件的作用。端盖一般用铝合金铸造，一是可有效地防止漏磁，二是铝合金散热性能好。后端盖上装有电刷组件。

电刷组件由电刷、电刷架和电刷弹簧组成，如图 3-10 所示。

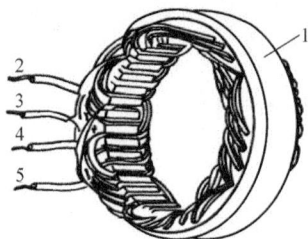

图 3-8　发电机定子的结构

1—定子铁心

2、3、4、5—定子绕组引线端

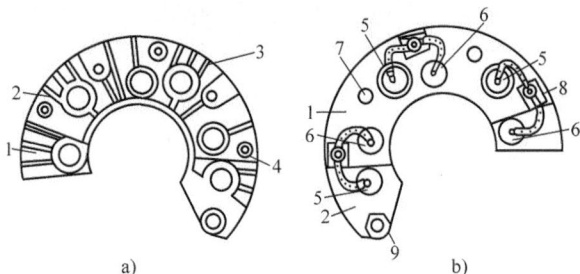

图 3-9　交流发电机整流器总成

a）整流板　b）整流器总成

1—负整流板　2—正整流板　3—散热片

4—连接螺栓　5—正极管　6—负极管

7—安装孔　8—绝缘垫　9—电枢接柱安装孔

电刷的作用是将电源通过集电环引入励磁绕组。两个电刷分别装在电刷架的孔内，借助弹簧压力与集电环保持接触。电刷一般与调节器装为一体。电刷和集电环的接触应良好，否则会因为磁场电流过小，导致发电机发电不足。

6. 交流发电机的工作原理

（1）发电原理　发电机定子的三相绕组按一定规律分布在发电机的定子槽中，内部有一个转子，转子上安装着爪极和励磁绕组。

如图 3-11 所示，当外电路通过电刷使励磁绕组通电时，便产生磁场，使爪极被磁化为 N 极和 S 极。当转子旋转时，磁通交替地在定子绕组中变化，根据电磁感应原理可知，定子的三相绕组中便产生交变的感应电动势。这就是交流发电机的发电原理。

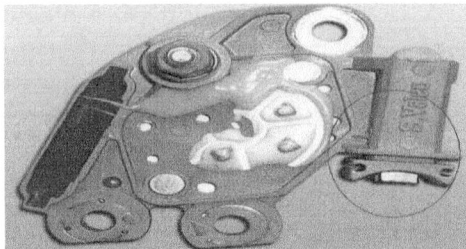

图 3-10　交流发电机电刷组件

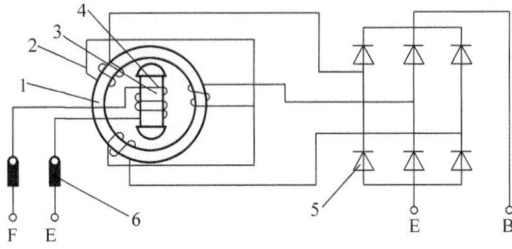

图 3-11　交流发电机发电原理示意图

1—定子铁心　2—定子绕组　3—转子

4—励磁绕组　5—整流二极管　6—电刷

（2）整流原理　交流发电机定子的三相绕组中，感应产生的是交流电，是通过 6 只二极管组成的三相桥式整流电路整流为直流电的，整流电路如图 3-12a 所示。

二极管具有单向导通性，当给二极管加上正向电压时二极管导通，当给二极管加上反向电压时二极管截止。将定子的三相绕组和 6 只整流二极管按如图 3-12b 所示的电路连接，发电机的输出端 B、E 上就输出一个脉动直流电压，如图 3-12c 所示，这就是发电机的整流原理。

三相桥式整流电路中二极管依次循环导通，当 3 只正二极管负极端连接在一起时，正极端电位最高者导通；当 3 只负二极管正极端连接在一起时，负极端电位最低者导通。使得负载 R_L 两端得到一个比较平稳的脉动直流电压。

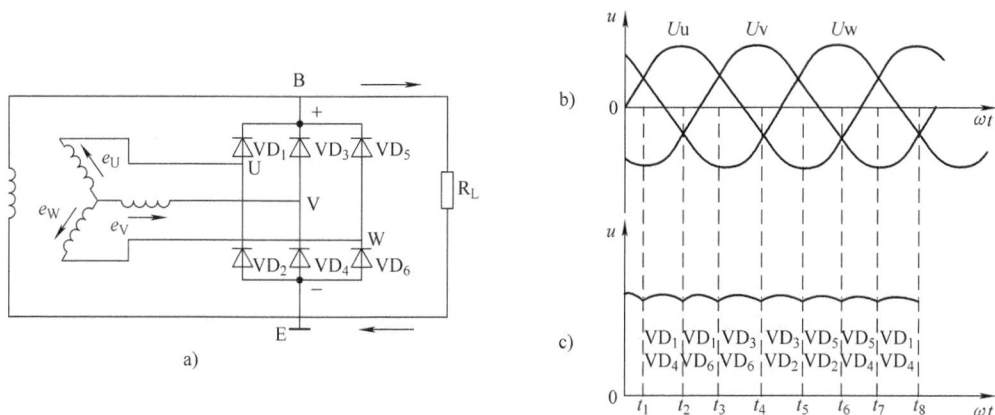

图 3-12　交流发电机整流原理

a）整流电路图　b）三相绕组电压波形图　c）整流后发电机输出

（3）交流发电机的励磁　除了永磁式交流发电机不需要励磁以外，其他形式的交流发电机都需要励磁，因为它们的磁场都是电磁场，必须给励磁绕组通电才会有磁场产生而发电，否则发电机将不能发电。

将电流引入到励磁绕组使之产生磁场称为励磁。交流发电机励磁方式有他励和自励两种。

1）他励：在发电机转速较低时（发动机未达到怠速转速），自身不能发电，需要蓄电池供给发电机励磁绕组电流，使励磁绕组产生磁场来发电。这种由蓄电池供给磁场电流发电的方式称为他励发电。

2）自励：随着转速的提高（一般在发动机怠速时），发电机定子绕组的电动势逐渐升高并能使整流器二极管导通，当发电机的输出电压 U_B 大于蓄电池电压时，发电机就能对外供电了。当发电机能对外供电时，就可以把自身发的电供给励磁绕组，这种自身供给磁场电流发电的方式称为自励发电。

交流发电机励磁过程是先他励后自励。当发动机达到正常怠速转速时，发电机的输出电压一般高出蓄电池电压 1～2V 以便对蓄电池充电，此时，由发电机自励发电。

不同汽车的励磁电路各不相同，但有一个共同特点是，励磁电路都必须由点火开关控制。交流发电机的励磁电路如图 3-13 所示。

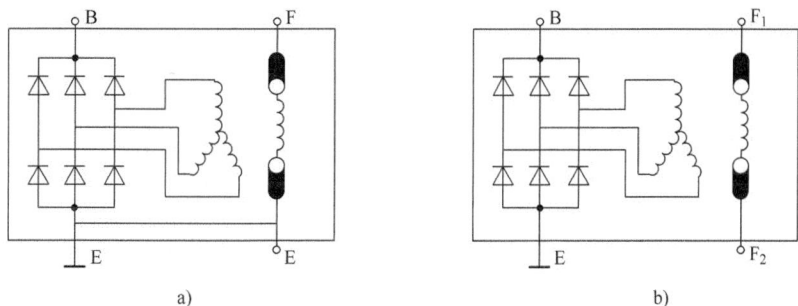

图 3-13　励磁控制形式

a）内搭铁　b）外搭铁

（二）选择题

1. （ ）的作用是将定子绕组产生的三相交流电变为直流电。
   A. 转子总成　　　　B. 硅二极管　　　　C. 整流器　　　　D. 电刷

2. （ ）可导致发电机异响。
   A. 转子与定子之间碰擦　　B. 电刷过短　　　　C. 定子短路　　　　D. 转子短路

3. （ ）用于测试发电机端电压。
   A. 万用表　　　　　B. 气压表　　　　　C. 真空表　　　　D. 油压表

4. 按蓄电池生产厂家的要求或气温条件，在蓄电池内加注规定密度的电解液，静置（ ）h后，再将液面高度调整到高出极板或"防护片"顶部 10～15mm。
   A. 6～8　　　　　B. 5～10　　　　　C. 15～20　　　　D. 20～25

5. 按蓄电池生产厂家的要求或气温条件，在蓄电池内加注规定密度的电解液，静置6～8h后，再将液面高度调整到高出极板或"防护片"顶部（ ）mm。
   A. 5～10　　　　B. 10～15　　　　C. 15～20　　　　D. 20～25

6. 不含电源的部分电路欧姆定律的表达式是（ ）。
   A. $I = U/R$　　　　B. $I = E_y(R + r)$　　　　C. $I = U^2/R$　　　　D. $I = E^2/(R + r)$

7. 不是"自行放电"而蓄电池没电的原因是（ ）。
   A. 电解液不纯　　　　　　　　　B. 蓄电池长期存放
   C. 正、负极柱导通　　　　　　　D. 电解液不足

8. 当蓄电池液面高度低于极限值时，传感器的铅棒（ ）正电位，警告灯（ ）。
   A. 无，亮　　　　　B. 有，不亮　　　　C. 无，不亮　　　　D. 有，亮

9. 当蓄电池液面高度正常时，传感器的铅棒上的电位为（ ）V，警告灯（ ）。
   A. 8，亮　　　　B. 8，不亮　　　　C. 6，亮　　　　D. 6，不亮

10. 电压调节器触点控制的电流是发电机的（ ）。
    A. 励磁电流　　　　B. 电枢电流　　　　C. 充电电流　　　　D. 点火电压

11. 对蓄电池安全操作正确的是（ ）。
    A. 配制电解液时应将硫酸倒入水中
    B. 配制电解液时将水倒入硫酸中
    C. 使用检查电解液用的仪器时应远离电解液注入口
    D. 蓄电池壳上可以放置较轻的物体

12. 发电机转子端隙应不大于（ ）mm。
    A. 0.1　　　　　B. 0.2　　　　　C. 0.25　　　　D. 0.3

13. 关于充电电流不稳故障的原因，甲说充电电流不稳的原因可能是发电机内部定子或转子线圈某处有断路或短路；乙说充电电流不稳的原因可能是电压调节器有关线路板松动或搭铁不良。你认为以上观点（ ）。
    A. 甲正确　　　　B. 乙正确　　　　C. 甲、乙都正确　　D. 甲、乙都不正确

14. 关于充电电流不稳故障的原因，甲说充电电流不稳的原因可能是风扇传动带打滑；乙说充电电流不稳的原因可能是充电系统连接导线接触不良。你认为以上观点（ ）。
    A. 甲正确　　　　B. 乙正确　　　　C. 甲、乙都正确　　D. 甲、乙都不正确

15. 关于充电电流不稳故障的症状，甲说充电电流不稳的症状是发动机在中速以上运转，电流表指示充电电流忽大忽小；乙说充电电流不稳的症状是发动机在中速以上运转，电流表指示时充时放，指针摆动大。你认为以上观点（   ）。

A. 甲正确   B. 乙正确   C. 甲、乙都正确 D. 甲、乙都不正确

16. 硅整流发电机的中性点电压等于发电机极柱直流输出电压的（   ）倍。

A. 1/2   B. 1   C. 1/3   D. 1/4

17. 交流电的有效值是根据（   ）来确定的。

A. 电流   B. 电压   C. 最大值   D. 热效应

18. 交流发电机单相桥式硅整流器的每个二极管，在一个周期内的导通时间为（   ）周期。

A. 1/2   B. 1/3   C. 1/4   D. 1/6

19. 交流发电机的（   ）是产生交流电动势的。

A. 定子   B. 转子   C. 铁心   D. 线圈

20. 解放 CA1091 型汽车发电机空转时，在转速不大于 10r/min 的条件下，电压为（   ）V。

A. 11   B. 12   C. 13   D. 14

21. 橡胶壳蓄电池电解液液面高度应高出极板（   ）mm。

A. 5 ~ 10   B. 10 ~ 15   C. 15 ~ 20   D. 20 ~ 25

22. 蓄电池电解液的浓度应为（   ）g/cm³。

A. 1.84   B. 1.9   C. 2   D. 2.8

23. 验收发电机时，检查其有无机械和电路故障，可采取（   ）试验。

A. 负载   B. 起动   C. 空转   D. 手动

24. 一般技术状况良好的蓄电池，单格电压应在（   ）V 以上，并在 5s 内保持稳定。

A. 0.5   B. 1   C. 1.5   D. 2

25. 一般技术状况良好的蓄电池，单格电压应在 1.5V 以上，并在 5s 内保持稳定。若（   ）s 内下降至 1.7V，说明存电量足。

A. 1   B. 3   C. 5   D. 7

26. 一般技术状况良好的蓄电池，单格电压应在 1.5V 以上，并 5s 内保持稳定。若 5s 内下降至（   ）V，说明存电量足。

A. 1.3   B. 1.5   C. 1.7   D. 1.9

27. 装于汽车发电机内部的调节器是（   ）。

A. FT61 型   B. JFT106 型   C. 集成电路调节器 D. 晶体调节器

28. 为保证车辆顺利起动，起动电流稳定值应该为（   ）A，蓄电池内阻不大于 20mΩ；稳定电压不小于 9V。

A. 20 ~ 50   B. 50 ~ 100   C. 100 ~ 150   D. 150 ~ 200

29. 为保证车辆顺利起动，起动电流稳定值应该为 100 ~ 150A，蓄电池内阻不大于（   ）mΩ；稳定电压不小于 9V。

A. 5   B. 10   C. 20   D. 50

30. 为保证车辆顺利起动，起动电流稳定值应该为 100 ~ 150A，蓄电池内阻不大于

20mΩ；稳定电压不小于（　　）V。

    A. 3　　　　　　　　B. 6　　　　　　　　C. 9　　　　　　　　D. 12

31. 为保证车辆顺利起动，起动前蓄电池电压不小于（　　）V。

    A. 6　　　　　　　　B. 8　　　　　　　　C. 10　　　　　　　　D. 12

32. 一般夏季行驶（　　）天，应检查电解液的液面高度。

    A. 5～6　　　　　B. 10～12　　　　C. 12～14　　　　D. 14～16

33. 在充电完成2h后测量电解液相对密度，若不符合要求，可用蒸馏水（过高时）或相对密度为1.4的（　　）（过低时）调整。

    A. 稀硝酸　　　　B. 浓硝酸　　　　C. 稀硫酸　　　　D. 浓硫酸

（三）判断题

（　　）1. 初充电第一阶段的充电电流为额定容量的1/15。

（　　）2. 当发电机的端电压高于蓄电池的电压时，蓄电池可以储存电能。

（　　）3. 当蓄电池为塑料外壳时，呈半透明状，电解液液面应在厂方标明的上刻线之上。

（　　）4. 电枢绕组或磁场绕组短路导致起动机运转无力。

（　　）5. 发电机内部定子或转子线圈某处有断路或短路导致充电电流不稳。

（　　）6. 发电机调节器是调节发电机电压的。

（　　）7. 发电机通过空转试验可检查其是否有故障。

（　　）8. 发电机异响故障的原因主要在起动机的操纵和控制部分。

（　　）9. 发电机在发动机各种运转状态下都不能向蓄电池充电。

（　　）10. 检测发电机整流器的性能应选用万用表"二极管"档。

（　　）11. 交流发电机的电磁不需他励。

（　　）12. 蓄电池的极板有正极板和负极板两种，正、负极板均由极桩和活性物质组成。

（　　）13. 蓄电池上的通气孔应保持清洁。

（　　）14. 蓄电池一般由3个或6个单体电池串联而成。

（　　）15. 一般技术状况良好的蓄电池，单格电压应在1.5V以上，并在5s内保持稳定。

（　　）16. 在发动机运转及汽车行驶的大部分时间里，由发电机向各用电设备供电。

（　　）17. 汽车蓄电池与发电机并联，同属于汽车的高压电源。

四、汽车起动系统知识

（一）汽车起动系统理论知识

1. 起动机的作用

起动机的作用是起动发动机，发动机起动之后，起动机便立即停止工作。起动机在整车上的位置，如图4-1所示。

2. 起动机的分类

起动机按照传动机构啮入方式的不同可分为：强制啮合式起动机、减速式起动机。

（1）强制啮合式起动机 强制啮合式起动机靠电磁力拉动杠杆，强制拨动驱动齿轮啮入飞轮齿环。其特点是啮合机构简单、动作可靠、操作方便，目前广泛使用，如图4-2所示。

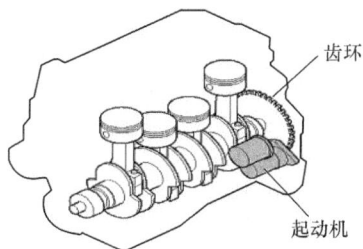

图4-1 起动机在整车上的位置

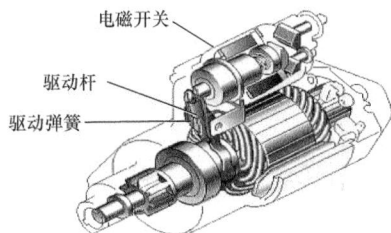

图4-2 强制啮合式起动机

（2）减速式起动机 减速式起动机采用高速、小型、低转矩电动机，在传动机构中设有减速装置（行星齿轮机构），质量和体积比普通起动机可减小30%～35%，但结构和工艺比较复杂。减速式起动机又分为外啮合减速式起动机、行星齿轮啮合式减速起动机，如图4-3所示。其中应用最广泛的为强制啮合式起动机，本书主要介绍强制啮合式起动机。

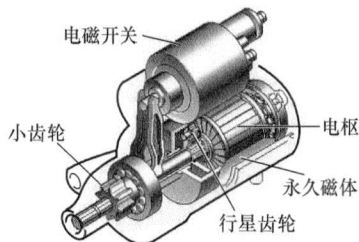

图4-3 减速式起动机

3. 起动机的结构

起动机一般由直流电动机、传动机构（或称啮合机构）和控制装置（电磁开关）三部分组成。

（1）直流电动机

直流电动机的作用是产生力矩。一般均采用直流串励式电动机。"串励"是指电枢绕组与励磁绕组串联。

串励直流电动机主要由机壳、磁极、电枢、换向器及电刷等组成，如图4-4所示。

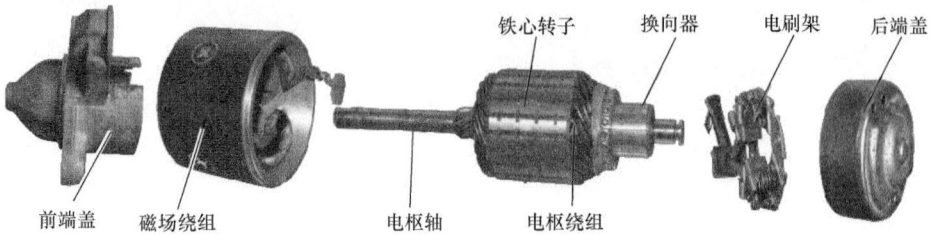

图4-4　直流电动机的组成

1）机壳：机壳的作用是安装磁极，固定机件。机壳用钢管制成，一端开有窗口，用于观察和维护电刷和换向器，平时用防尘箍盖住。机壳上有一个电流输入接线柱，并在内部与励磁绕组的一端相接。壳内壁固定有磁极铁心和励磁绕组，如图4-5所示。

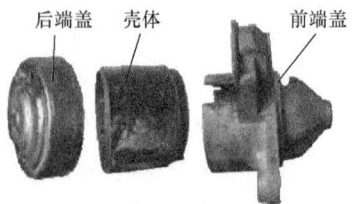

图4-5　起动机机壳

2）磁极：磁极的作用是产生磁场，它由固定在机壳上的磁极铁心和励磁绕组组成，一般是四个，两对磁极相对交错安装在电动机定子内壳上，如图4-6a所示。四个励磁线圈可互相串联后再与电枢绕组串联，也可两两串联后并联再与电枢绕组串联，如图4-6b所示。

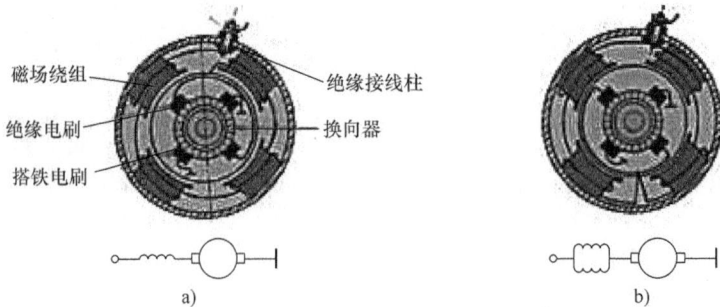

图4-6　励磁绕组的接法
a）串励式　b）复合式

3）电枢：电枢的作用是产生电磁转矩，它主要电枢轴、电枢铁心、电枢绕组和换向器等组成。电枢总成如图4-7所示，电枢铁心是由许多相互绝缘的硅钢片叠装而成，其圆周表面上有槽，用来安放电枢绕组，电枢绕组用矩形截面的裸通条绕制。

4）换向器：换向器装在电枢轴上，它由许多换向片组成。换向片嵌装在轴套上，各换向器片之间用云母绝缘。换向器与电刷相接触。

5）电刷及电刷架：电刷及电刷架的作用是将电流通过换向器引入电枢让其旋转。一般有四个电刷及电刷架，如图4-8所示。电刷架固定在前端盖上，其中两个对置的电刷架与端盖绝缘，称为绝缘电刷架；另外两个对置的电刷架与端盖直接铆合而搭铁，称为搭铁电刷架。

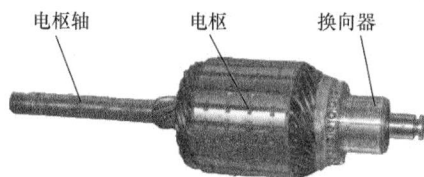

图 4-7　电枢的组成

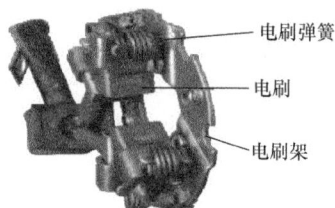

图 4-8　电刷及电刷架的组合

电刷由铜粉与石墨粉压制而成，加入铜粉是为了减少电阻并增加耐磨性。电刷装在电刷架中，借弹簧压力将它紧压在换向器铜片上。电刷弹簧的压力一般为 12～15N。

6）端盖：端盖有前、后之分。前端盖一般用钢板压制而成，其上装有四个电刷架，后端盖为灰铸铁浇注而成。它们分别装在机壳的两端，靠两根长螺栓与起动机机壳紧固在一起。两端盖内均装有青铜石墨轴承套或铁基含油轴承套，以支承电枢轴。

（2）传动机构　传动机构的作用是把直流电动机产生的转矩传递给飞轮齿圈，再通过飞轮齿圈把转矩传递给发动机的曲轴，使发动机起动后，飞轮齿圈与驱动齿轮自动打滑脱离。传动机构一般由驱动齿轮、单向离合器、拨叉、啮合弹簧等组成，如图 4-9 所示。传动机构中，结构和工作情况比较复杂的是单向离合器，它的作用是传递电动机转矩，起动发动机，而在发动机起动后自动打滑，保护起动机电枢不致飞散。常用的单向离合器主要有滚柱式、摩擦片式和弹簧式等几种。

（3）控制装置　起动机控制装置的作用是控制驱动齿轮和飞轮的啮合与分离，并且控制电动机电路的接通与切断。常用的控制装置有机械式和电磁式两种，现代汽车上广泛使用电磁式控制装置（电磁开关），如图 4-10 所示。电磁式控制装置主要由吸引线圈、保持线圈、回位弹簧、可动铁心、接触片等组成。其中，端子 50 接点火开关，通过点火开关再接电源，端子 30 直接接电源。

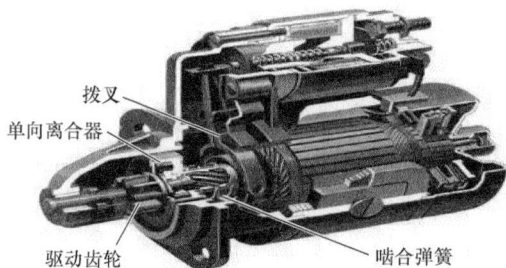

图 4-9　起动机的传动机构

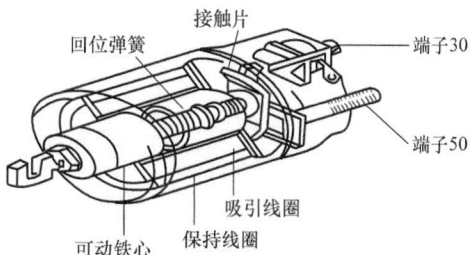

图 4-10　电磁式控制装置

电磁式控制装置的基本工作过程如图 4-11 所示：当起动电路接通后，保持线圈的电流经起动机接线柱 50 进入，经线圈后直接搭铁，吸引线圈的电流也经起动机接线柱 50 进入，但通过吸引线圈后未直接搭铁，而是进入电动机的励磁线圈和电枢后再搭铁。两线圈通电后产生较强的电磁力，克服回位弹簧弹力使活动铁心移动，一方面通过拨叉带动驱动齿轮移向飞轮齿圈并与之啮合，另一方面推动接触片移向接线柱 50 和 C 的触点，在驱动齿轮与飞轮齿圈进入啮合后，接触片将两个主触点接通，使电动机通电运转。在驱动齿轮进入啮合之前，由于经过吸引线圈的电流经过了电动机，所以电动机在这个电流的作用下会产生缓慢旋转，以便于驱动齿轮与飞轮齿圈进入啮合。在两个主接线柱触点接通之后，蓄电池的电流直接通过主触点和接触片进入电动机，使电动机进入正常运转，此时通过吸引线圈的电路被短路，因此，吸引线圈中无电流通过，主触点接通的位置靠保持线圈来保持。发动机起动后，切断起动电路，保持线圈断电，在弹簧的作用下，活动铁心回位，切断了电动机的电路，同时也使驱动齿轮与飞轮齿圈脱离啮合。

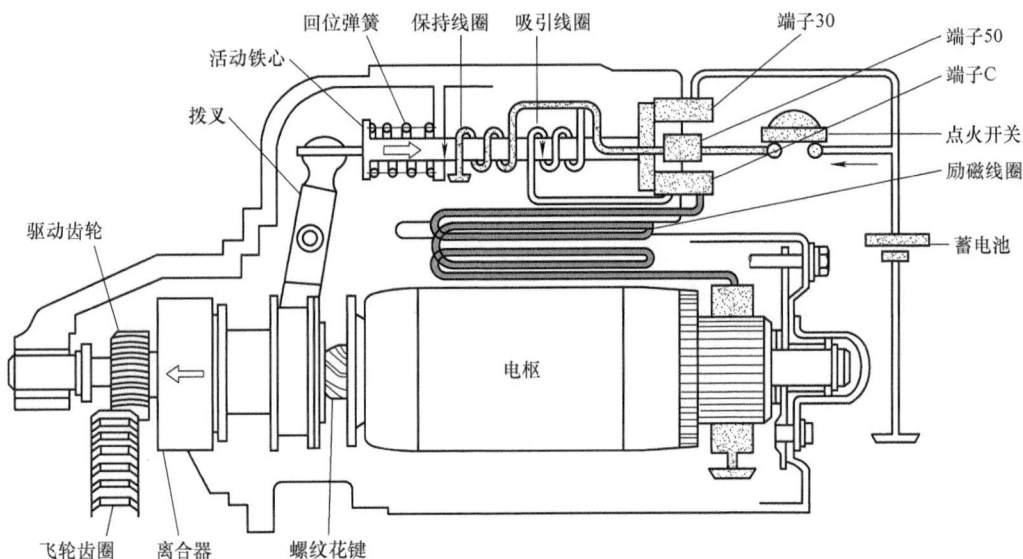

图 4-11 电磁式控制装置的基本工作过程

（二）选择题

1. 关于起动机不能与飞轮结合故障，甲说故障的原因主要是起动机的电磁开关不良；乙说故障的原因主要是起动机的电流过小。你认为以上观点（　　）。

A. 甲正确　　　　　B. 乙正确　　　　　C. 甲、乙都正确　　　　　D. 甲、乙都不正确

2. 关于起动机不能与飞轮结合故障，甲说故障的原因主要在起动机的控制部分；乙说故障的原因主要在起动机的操纵部分。你认为以上观点（　　）。

A. 甲正确　　　　　B. 乙正确　　　　　C. 甲、乙都正确　　　　　D. 甲、乙都不正确

3. 关于起动机不能与飞轮结合故障，甲说原因主要在起动机的操纵部分；乙说原因主要是主回路接触盘的行程过小。你认为以上观点（　　）。

A. 甲正确　　　　　B. 乙正确　　　　　C. 甲、乙都正确　　　　　D. 甲、乙都不正确

4. 关于起动机运转无力故障的原因，甲说起动机运转无力的原因可能是起动机电枢轴弯曲与磁极碰擦；乙说起动机运转无力的原因可能是电枢绕组或磁场绕组短路。你认为以上观点（　　）。

A. 甲正确　　　　　B. 乙正确　　　　　C. 甲、乙都正确　　　　　D. 甲、乙都不正确

5. 关于起动机运转无力故障的原因，甲说起动机运转无力的原因可能是起动机轴承过松；乙说起动机运转无力的原因可能是起动机轴承过紧。你认为以上观点（　　）。

A. 甲正确　　　　B. 乙正确　　　　C. 甲、乙都正确　　　　D. 甲、乙都不正确

6. 关于起动机运转无力故障的原因，甲说起动机运转无力的原因可能是蓄电池亏电太多；乙说起动机运转无力的原因可能是起动电路接头松动。你认为以上观点（　　　）。

A. 甲正确　　　　B. 乙正确　　　　C. 甲、乙都正确　　　　D. 甲、乙都不正确

7. 起动机的驱动齿轮与止推垫之间的间隙应为（　　　）mm。

A. 1～4　　　　B. 1～2　　　　C. 0.5～1　　　　D. 0.5～0.9

8. 起动机电磁开关吸拉线圈的电阻值为（　　　）Ω。

A. 1.5～2.6　　　　B. 1.6～2.6　　　　C. 2.6～2.7　　　　D. 2.7～2.9

9. 起动机换向器圆周上径向跳动量超过0.05mm，应在（　　　）上修复。

A. 车床　　　　B. 压力机　　　　C. 磨床　　　　D. 铣床

10. 起动机在做全制动试验时，除测试电流、电压外，还应测试（　　　）。

A. 转速　　　　B. 转矩　　　　C. 功率　　　　D. 电阻值

11. 起动发动机时，每次接通起动机的时间不应超过（　　　）s。

A. 5　　　　B. 10　　　　C. 15　　　　D. 20

12. 汽车起动机电磁开关将起动机主电路接通后，活动铁心靠（　　　）线圈产生的电磁力保持在吸合位置上。

A. 吸拉　　　　B. 保持　　　　C. 吸拉和保持　　　　D. 吸拉和保持都不是

13. 汽车起动机电磁开关通电，活动铁心完全吸入驱动齿轮时，驱动齿轮与止推环之间的间隙一般为（　　　）mm。

A. 1.5～2.5　　　　B. 5　　　　C. 5～10　　　　D. 5～7

14. 东风EQ1090型汽车起动机全制动试验时，电流不大于（　　　）A。

A. 120　　　　B. 240　　　　C. 360　　　　D. 650

（三）判断题

（　　　）1. 起动机的电刷在电刷架内应滑动自如。

（　　　）2. 起动机电枢轴弯曲与磁极碰擦导致起动机运转无力。

（　　　）3. 起动机一般由直流串励式电动机、传动机构、控制装置等部分组成。

（　　　）4. 每次接通汽车起动机时间不得超过5s。

五、汽车点火系统知识

（一）汽车点火系统理论知识

1. 汽车点火系统的作用

在汽油发动机中，气缸内的混合气是由高压电火花点燃的，而产生电火花的功能是由点火系统来完成的。点火系统将电源的低电压变成高电压，再按照发动机点火顺序轮流送至各气缸，点燃压缩混合气；并能适应发动机工况和使用条件的变化，自动调节点火时刻，实现可靠而准确的点火，电子点火系统结构如图5-1所示。

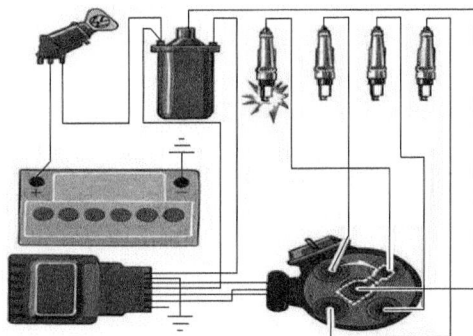

图5-1　点火系统的结构图

2. 汽车点火系统的种类

点火系统按采用的电源不同，可分为蓄电池点火系统和磁电机点火系统两大类。蓄电池点火系统按是否采用电子元件控制可分为传统点火系统和电子点火系统。

（1）传统点火系统　汽车上的蓄电池或发电机向点火系统提供电能，机械触点控制点火时刻，点火时刻的调节采用机械式自动调节机构，储能方式为电感储能。传统点火系统结构简单，成本低，是一种应用较早、较普遍的点火系统。但该点火系统工作可靠性差，点火状况受转速、触点技术状况影响较大，需要经常维修、调整。随着汽车技术的发展，传统点火系统越来越不适应现代发动机对点火的要求，正日趋被新的电子点火系统所取代。

（2）电子点火系统　蓄电池或发电机向点火系统提供电能，晶体管控制点火时刻，点火时刻的调节采用机械式调节机构或电子调节机构，储能方式有电感储能和电容储能两种。

电子点火系统的点火电压和点火能量高，受发动机工况和使用条件的影响小，结构简单，工作可靠，维护、调整工作量小，节约燃油，减小污染，应用日益广泛。电子点火系统按点火信号不同分为三类：磁脉冲式、霍尔式、光电式。

3. 汽车点火系统的要求

无论是哪一类的点火装置，均有共同的技术性能要求，即应在发动机各种工况和使用条件下保证可靠而准确地点火，为此应满足以下三个方面的要求：

1）能产生足以击穿火花塞间隙的电压。

2）火花应具有足够的能量。

3）点火时刻应适应发动机的工作情况。

4. 电子点火系统结构组成及工作原理

普通电子点火系统一般由点火信号发生器、电子点火器、分电器总成、点火线圈、火花塞等主要部件组成，如图5-2所示。

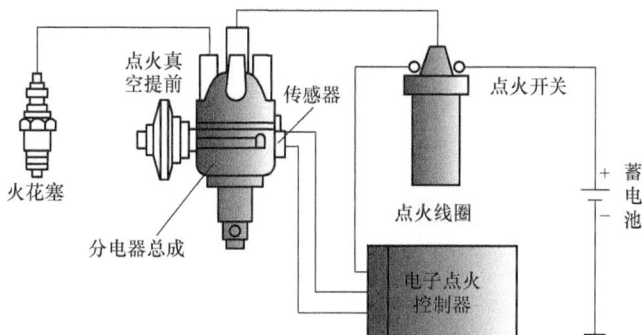

图5-2　普通电子点火系统组成

（1）点火线圈　按铁心形状不同可分为开磁路式和闭磁路式两种。

1）开磁路点火线圈：传统的开磁路点火线圈的基本结构如图5-3a所示，主要由铁心、绕组、胶木盖、瓷杯等组成。

开磁路点火线圈的铁心用0.3~0.5mm厚的硅钢片叠成，铁心上绕有初级绕组和次级绕组。次级绕组居内，通常用直径为0.06~0.10mm的漆包线绕11000~26000匝；初级绕组居外，通常用0.5~1.0mm的漆包线绕230~370匝。次级绕组的一端连接在盖子上高压插孔中的弹簧片上，另一端与初级绕组的一端相连；初级绕组的两端则分别连接在盖子上的低压接线柱上。绕组与外壳之间装有导磁钢套并填满沥青或变压器油，以减少漏磁、加强绝缘性并防止潮气侵入。传统的开磁路点火线圈中，次级绕组在铁心中的磁通通过导磁钢套构成回路，磁力线的上、下部分从空气中通过，磁路的磁阻大，磁通损失大，转换效率低（约60%）。

三接柱点火线圈壳体外部装有一个附加电阻，附加电阻两端连至胶木盖的"+"接线柱和"起动开关"接线柱，如图5-3b所示，其作用是改善点火性能。两接柱点火线圈无附加电阻，在点火开关与点火线圈"+"接线柱间，连入一根附加电阻线。

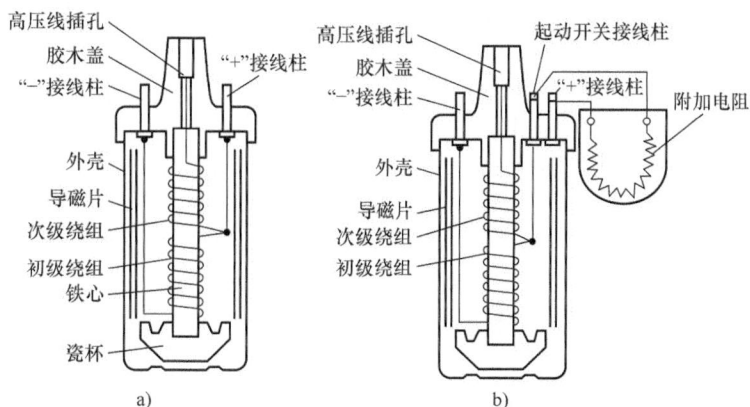

图5-3　点火线圈结构示意图

2）闭磁路点火线圈：闭磁路点火线圈的铁心是"日"字形或"口"字形，如图5-4所示，铁心内绕有初级绕组，在初级绕组外面绕有次级绕组，其铁心构成闭合磁路，磁路中只设有一个微小的气隙，其磁路如图5-5所示。闭磁路点火线圈漏磁少，磁阻小，能量损失小，变换效率高，可使点火线圈小型化。

3）点火线圈的工作原理：点火线圈能将车上低电压转换成高电压，是由于有与普通变压器相同的结构及作用。但点火线圈的工作方式与普通变压器不一样，普通变压器是连续工作的，而点火线圈是间断性工作的，它根据发动机不同的转速以不同的频率反复进行储能及放能。

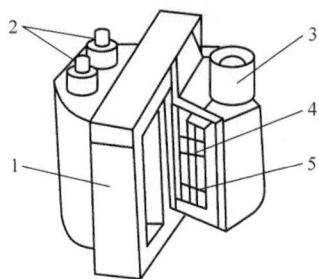

图5-4　闭磁路点火线圈的结构
1—"日"字形铁心　2—初级绕组接线柱
3—高压接线柱　4—初级绕组　5—次级绕组

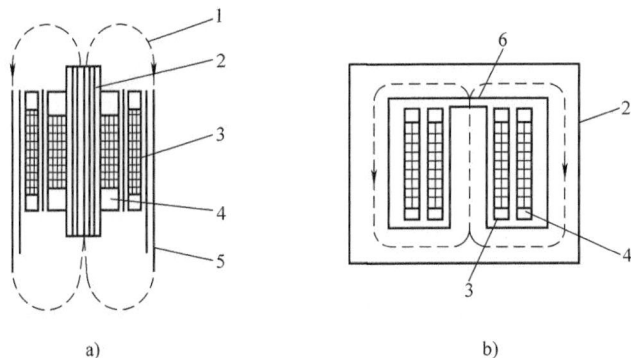

图5-5　点火线圈磁路
a）开磁路点火线圈的磁路　b）闭磁路点火线圈的磁路
1—磁力线　2—铁心　3—初级绕组　4—次级绕组　5—导磁钢片　6—空气隙

当初级线圈接通电源时，随着电流的增长四周产生一个很强的磁场，铁心储存了磁场能；当开关装置使初级线圈电路断开时，初级线圈的磁场迅速衰减，次级线圈就会感应出很高的电压。初级线圈的磁场消失速度越快，电流断开瞬间的电流越大，两个线圈的匝比越大，则次级线圈感应出来的电压越高。

（2）火花塞　火花塞的作用是将高压电引进发动机燃烧室，在电极间形成火花，以点燃可燃混合气。火花塞拧装于气缸盖的火花塞孔内，下端电极伸入燃烧室，上端连接分缸高压线。火花塞是点火系统中工作条件最恶劣、要求高和易损坏部件，如图5-6所示。

1）结构：火花塞主要由接触头、瓷绝缘体、中心电极、侧电极和壳体等部分组成。

在钢质外壳的内部固定有高氧化铝陶瓷绝缘体，在绝缘体中心孔的上部有金属杆，杆的上端有接线螺母，用来接高压导线，下部装有中心电极。金属杆与中心电极之间用导体

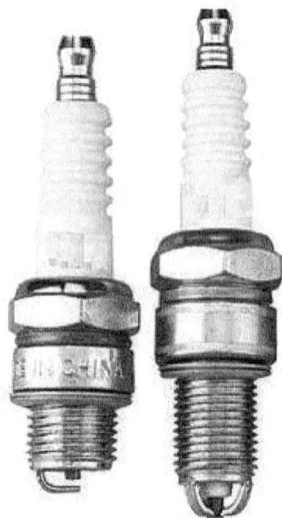

图5-6　火花塞

玻璃密封，铜质内垫圈起密封和导热作用。钢质外壳的上部有便于拆装的六角平面，下部有螺纹以便旋装在发动机气缸盖内，外壳下端固定有弯曲的侧电极。

电极一般采用耐高温、耐腐蚀的镍锰合金钢或铬锰氮、钨、镍锰硅等合金制成，也有采用镍包铜材料制成，以提高散热性能。火花塞电极间隙多为 0.6~0.7mm，电子点火的，其间隙可增大至 1.0~1.2mm。

火花塞与气缸盖座孔之间应保证密封，密封方式有平面密封和锥面密封两种。平面密封时，在火花塞与座孔之间应加装铜包石棉垫圈；锥面密封靠火花塞壳体的锥形面与气缸盖之间相应的锥形面进行密封。

2）火花塞的热特性：火花塞正常工作时裙部的温度应保持在 500~700℃，这样才能使落在绝缘体上的油滴立即烧掉，不致形成积炭，通常称这个温度为火花塞的"自净温度"。如果温度低于自净温度，就可能使油雾聚积成油层，引起积炭而不能跳火；如果温度过高，例如超过 850℃，会形成炽热点，发生表面点火，使发动机遭受损坏。

火花塞裙部的工作温度取决于火花塞热特性和发动机气缸的工作温度。火花塞热特性就是指火花塞发火部位的热量向发动机冷却系统散发的性能。影响火花塞热特性的主要因素是火花塞裙部的长度。裙部较长时，受热面积大，吸收热量多，而散热路径长，散热少，裙部温度较高，把这种火花塞称为"热型"火花塞。反之，当裙部较短时，吸热少，散热多，裙部温度较低，把这种火花塞称为"冷型"火花塞，如图 5-7 所示。

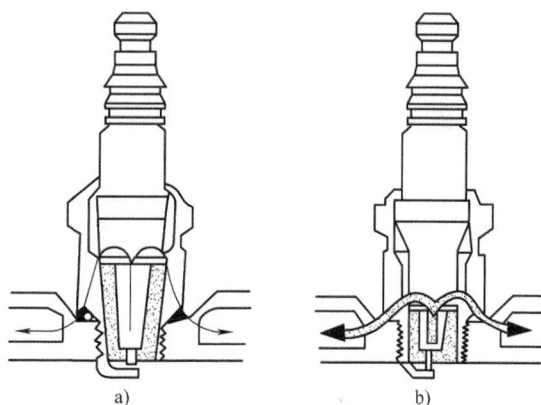

图 5-7　冷型和热型火花塞
a）热型　b）冷型

火花塞热特性常用热值表示。国产火花塞热值分别用 1、2、3、4、5、6、7、8、9、10 等阿拉伯数字表示。1、2、3 为低热值火花塞；4、5、6 为中热值火花塞；7、8、9 及以上为高热值火花塞。热值数越高，表示散热性越好。因而，小数字为热型火花塞，大数字为冷型火花塞。

火花塞裙部温度还与发动机气缸内的工作温度有关。对于大功率、高压缩比和高转速的发动机来说，燃烧室内温度高，火花塞裙部温度就高。反之，小功率、小压缩比、低转速发动机的燃烧室内温度低，火花塞裙部温度就低。因此不同类型的发动机应选用不同热特性的火花塞。

（3）磁脉冲式电子点火装置的工作过程

1）点火信号发生器的原理：丰田公司 TCCS 系统使用转子磁脉冲曲轴位置传感器并安装在分电器内，其结构如图 5-8 所示。该传感器分上、下两部分，上部分产生 G 信号，下部分产生 N_e 信号。两部分都是运用带齿轮的转子旋转，使信号发生器内的线圈磁通变化，从而产生交变电动势，经放大后，将该信号输入电子控制单元。

N_e 信号用来检测曲轴转角和发动机转速信号，它相当于轮齿式曲轴位置传感器的信号。其发生器由固定在分电器内下半部等间隔 24 个齿轮的转子（即 N_e 正时转子），及固定在轮

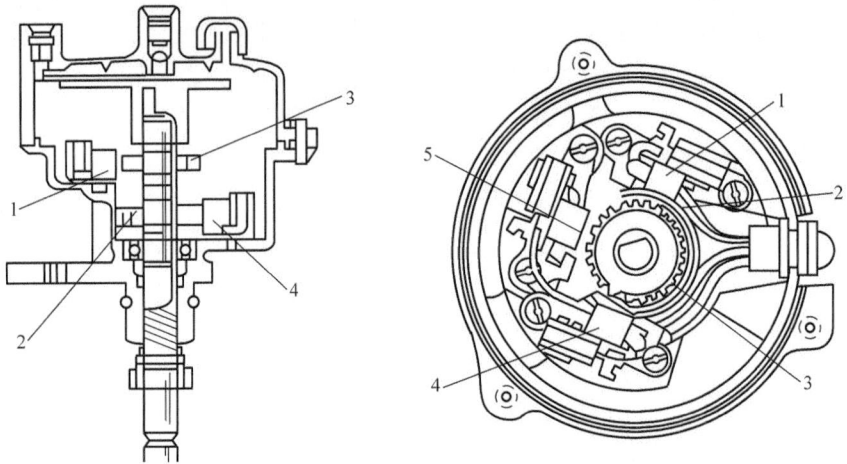

图 5-8　转子磁脉冲式曲轴位置传感器

1—G 信号传感线圈　2—N_e 信号转子　3—G 信号转子　4—永久磁铁　5—N_e 信号传感线圈

齿转子对面的感应线圈组合而成，如图 5-9a 所示。

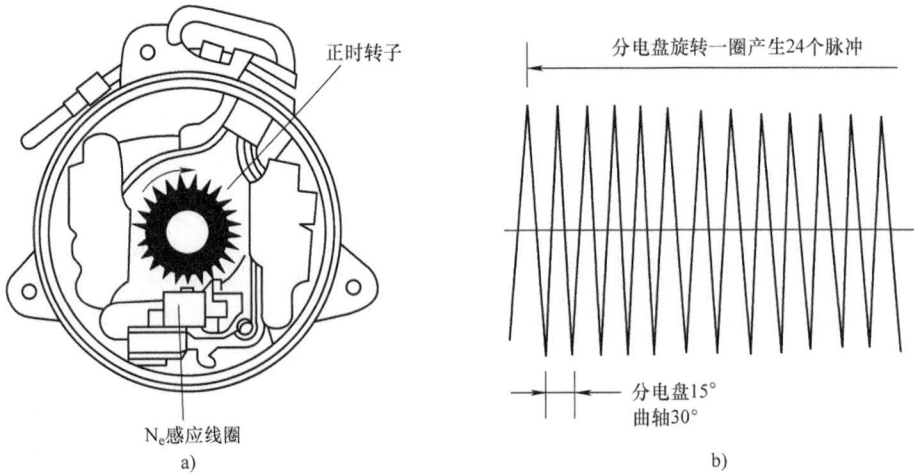

图 5-9　N_e 信号发生器结构与波形

a）信号发生器结构　b）信号发生器波形

　　当转子转动时，轮齿与感应线圈凸缘（即磁头）的空气间隙变化，使感应线圈的磁场变化而产生感应电动势。轮齿靠近及远离磁头时，都会产生一次增减磁通的变化。所以，每一个轮齿通过磁头时，都会在感应线圈中产生一个完整的交流电压信号。

　　N_e 正时转子上有 24 个齿，转子转一圈，即曲轴转两圈（720°）时，感应线圈产生 24 个交流信号，即 N_e 信号。N_e 信号如图 5-9b 所示。它的一个周期的脉冲相当于 30°曲轴转角（720°/24 = 30°）。更精确的转角测量是利用 30°转角的时间，由 ECU 再均分 30 等分，产生 1°曲轴转角的信号。同时，它还用于检测发动机的转速。这是由 ECU 依照 N_e 信号的两个脉冲，即 60°曲轴转角所经过的时间为基准测量发动机的转速。

G 信号用于判别气缸及检测活塞上止点位置，这相当于轮齿磁脉冲式曲轴位置传感器的 120°信号。G 信号是位于 N_e 信号发生器上方的凸缘轮（即 G 正时转子）及其对面对称的两个感应线圈产生的，它的结构如图 5-10 所示。G 信号的产生原理与 N_e 信号产生原理相同，G 信号也作为 N_e 信号计算曲轴转角的基准信号。

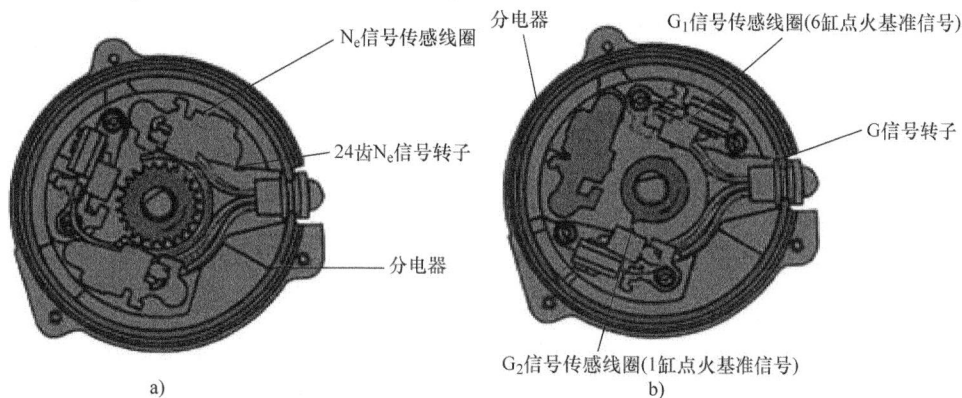

图 5-10　G 信号发生器结构

a）曲轴转角与转速传感器结构　b）曲轴基准位置传感器结构

G_1、G_2 信号分别用于检测 6 缸及 1 缸上止点信号，由于 G_1、G_2 信号发生器设置的关系，当产生 G_1、G_2 信号时，实际上活塞并不是正好在上止点，而是在上止点前 10° 的位置。曲轴位置传感器 G_1、G_2 和 N_e 信号与曲轴转角的关系如图 5-11 所示。

2）电子点火器的工作原理：电子点火器的工作原理如图 5-12 所示，它由点火信号发生器、电子点火器、分电器、点火线圈、火花塞等组成。接通点火开关时，蓄电池的电压使 VT_1 导通，其电路为：蓄电池正极→点火开关→R_3→R_1→VT→信号线圈→搭铁→蓄电池负极，构成回路。

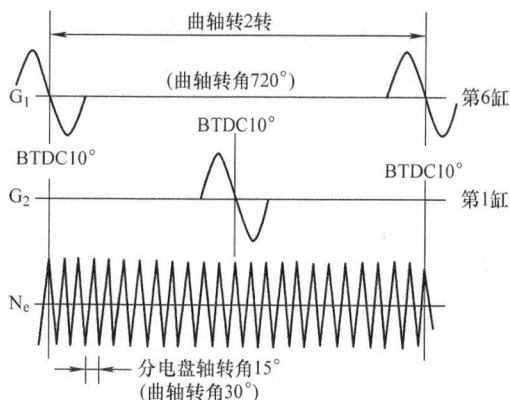

图 5-11　G 和 N_e 信号曲轴转角的关系

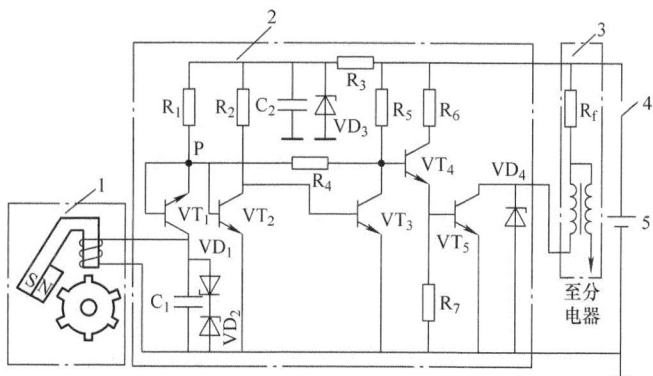

图 5-12　磁脉冲式无触点电子点火装置

1—信号发生器　2—电子点火器　3—点火线圈　4—点火开关　5—蓄电池

当点火信号发生器产生正向脉冲时，信号电压与 VT_1 的正向电压降叠加后，高于 VT_2 的导通电压，VT_2 导通。VT_2 的导通使 VT_3 的基极电位下降而截止，VT_3 的截止使 VT_4 的基极电位上升而导通、VT_5 因 R_7 的正向偏置而导通。于是初级电流回路为：蓄电池正极→点火线圈→点火线圈附加电阻 R →点火线圈初级绕阻→ VT_5 →搭铁→蓄电池负极，点火线圈储能。

当点火信号发生器产生反向脉冲时，信号电压与 VT_1 的正向电压降叠加后，使 VT_2 的基极电位降低，VT_2 截止。VT_2 的截止使 VT_3 的基极电位上升而导通，VT_3 的导通使 VT_3 的基极电位下降而截止，晶体管 VT_5 没有正向偏置电压而截止。于是初级电流被切断，在次级绕组中产生高压，经配电器按点火次序分配到各缸火花塞点火，点燃可燃混合气，发动机做功。

电路中晶体管 VT_1 的基极和发射极相连，相当于发射极为正、集电极为负的二极管，起温度补偿作用。其原理如下：当温度升高时，VT_2 的导通电压会降低，使 VT_2 提前导通而滞后截止，从而导致点火提前或推迟，VT_1 与 VT_2 的信号相同，具有同样的温度特性系数，故在温度升高时，VT_1 的正向导通电压也会降低，使 P 点电位 U_P 下降，正好补偿了温度升高对 VT_2 工作电位的影响，而使 VT_2 的导通和截止时间与常温时相同。

电路中其他元件的作用是：R_3、VD_3 为电源稳压电路，使 VT_2 导通时不受电源系统电压波动的影响；VD_1、VD_2 为信号稳压二极管，削平高速时感应线圈产生的峰值电压；VD_4 的作用是防止初级电流被切断时产生的高压击穿 VT_5；C_1 是信号滤波电容器，C_2 是电源滤波电容器；R_4 为正向反馈电阻，起加速 VT_2 的导通和截止的作用。

（4）霍尔效应式电子点火装置的工作过程

1）霍尔效应原理：霍尔效应原理如图 5-13 所示，当电流 I 通过放在磁场中的半导体基片（即霍尔元件），且电流方向与磁场方向垂直时，在垂直于电流和磁场的半导体基片的横向侧面上将产生一个电压 U_H（通常称之为霍尔电压）。霍尔电压的高低与通过的电流和磁感应强度成正比，可用下式表示：

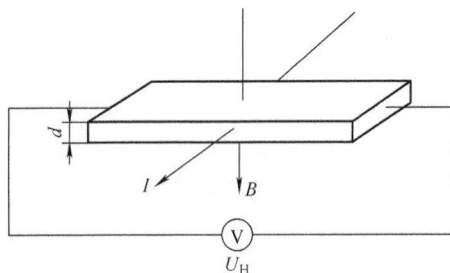

图 5-13 霍尔效应原理

$$U_H = R_H I_B / d$$

式中　R_H——霍尔系数；

　　　d——半导体基片厚度（mm）；

　　　I——电流（A）；

　　　B——磁感应强度（T）。

由上式可知，当通过的电流 I 为一定值时，霍尔电压 U_H 随磁感应强度 B 的大小而变化。

2）霍尔效应式点火信号发生器的工作原理：霍尔式信号发生器正是利用霍尔现象来产生点火信号的。霍尔信号发生器的结构组成如图 5-14a 所示，其工作原理如图 5-14b、图 5-14c所示。

在与分火头制成一体的触发叶轮的四周，均布着与发动机气缸数相同的缺口，当触发叶轮由分电器轴带动着转动，转到触发叶轮的本体（没有缺口的地方）对着装有霍尔集成块

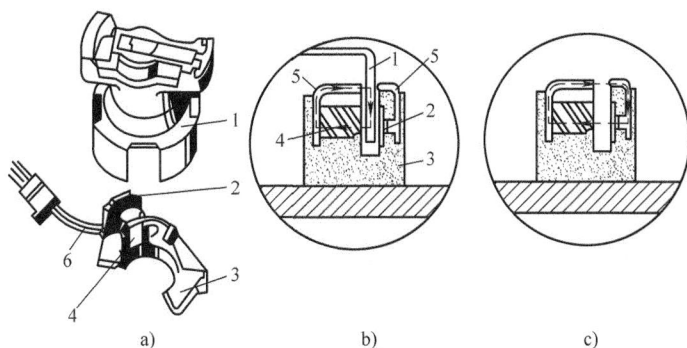

图 5-14　霍尔式信号发生器

1—与分火头制成一体的触发叶轮　2—霍尔集成块　3—底板　4—永久磁铁　5—导板　6—专用插接器

的地方时（叶片在气缝内），通过霍尔集成块的磁路被触发叶轮短路，如图 5-14b 所示，此时霍尔集成块中没有磁场通过，不会产生霍尔电压；当触发叶轮转到其缺口对着装有霍尔集成块的地方时（叶片不在气缝内），永久磁铁所产生的磁场，在导板的引导下，垂直穿过通电的霍尔集成块，于是霍尔集成块的横向侧面产生一个霍尔电压 U_H，但这个霍尔电压 U_H 是 mA 级，信号很微弱，还需要进行信号处理，这一任务由集成电路完成。这样霍尔元件产生的霍尔电压 U_H 信号，经过放大、脉冲整形，最后以整体的矩形脉冲（方波）信号 U_g 输出，如图 5-15 所示。

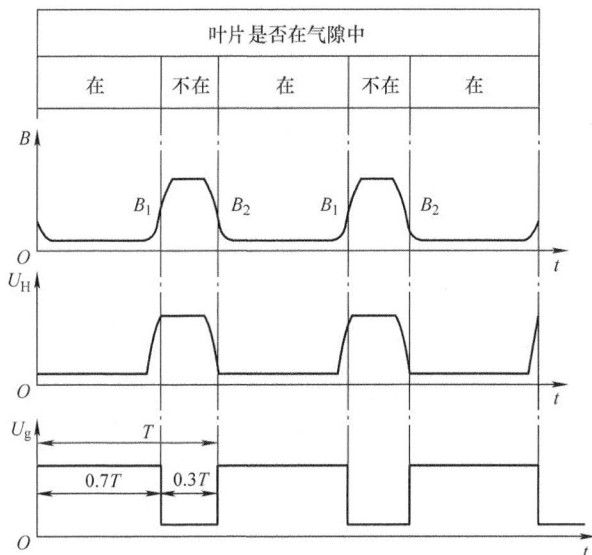

图 5-15　霍尔信号波形

3）霍尔式电子点火器的工作原理：霍尔式电子点火器一般都由专用点火集成块 IC 和一些外围电路组成，比较接近计算机控制的点火系统（但还是有根本的区别）。除了具有控制点火线圈初级电流的通断功能外，它还具有其他辅助控制功能，如限流控制、停车断电保护等功能。这使该点火系统显示出更多的优越性，如点火能量高，在发动机转速范围内基本保持恒定，高速不断火、低速耗能少、起动可靠。图 5-16 所示为霍尔式点火装置的工作电路。

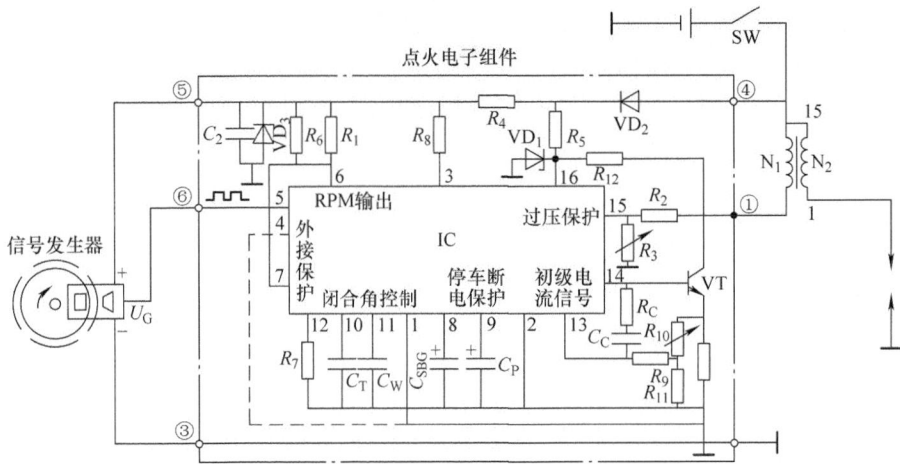

图 5-16　霍尔式点火装置的工作电路

霍尔式点火装置的工作过程如下：

接通点火开关，发动机转动，当霍尔信号发生器输出信号 U_G 为高电位时，该信号通过点火器插座⑥端子和③端子进入点火器。此时，点火器通过内部电路，驱动点火器大功率晶体管 VT 导通，接通初级电路。其电路是：蓄电池正极→点火开关→点火线圈初级绕阻 N_1 →点火器大功率晶体管 VT →反馈电阻 R_s →蓄电池负极。

当霍尔信号发生器输出信号 U_G 下跳为低电位时，点火器大功率晶体管 VT 立即截止，切断点火线圈初级电路，次级电路产生高压电。

（5）光电式电子点火装置的工作过程

1）光电式电子点火装置组成：光电式电子点火装置采用的是光电式点火信号发生器，其结构组成如图 5-17 所示。

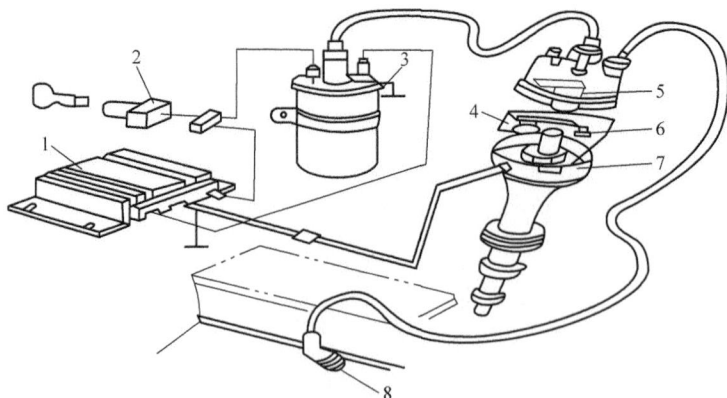

图 5-17　光电式电子点火装置结构示意图

1—点火电子组件　2—点火开关　3—点火线圈　4—光电式点火信号发生器
5—分火头　6—遮光盘　7—分电器　8—火花塞

2）光电式点火信号发生器的工作原理：光电式曲轴位置传感器安装在分电器内，如图5-18 所示。它由信号发生器和带缝隙、光孔的信号盘组成。信号盘安装在分电器轴上，随分电器轴一起转动，它的外围均布有 360 条缝隙，这些缝隙即是光孔，产生 1°信号。对于六缸发动机，在信号盘外围稍靠内的圆上，间隔 60°分布六个光孔，产生 120°曲轴转角信号，其中有一个较宽的光孔是产生第 1 缸上止点对应的 120°信号缝隙，如图 5-19a 所示。

信号发生器安装在分电器壳体上，如图 5-19b 所示。它由两只发光二极管、两只光敏二极管和电子电路组成。两只发光二极管分别对应着两只光敏二极管，信号盘在发光二极管和光敏二极管之间。发动机曲轴运转时，带动分电器轴和信号盘转动。因为信号盘上有孔，所以产生透光和遮光的交替变化，使信号发生器输出表征曲轴位置和曲轴转角的脉冲信号。

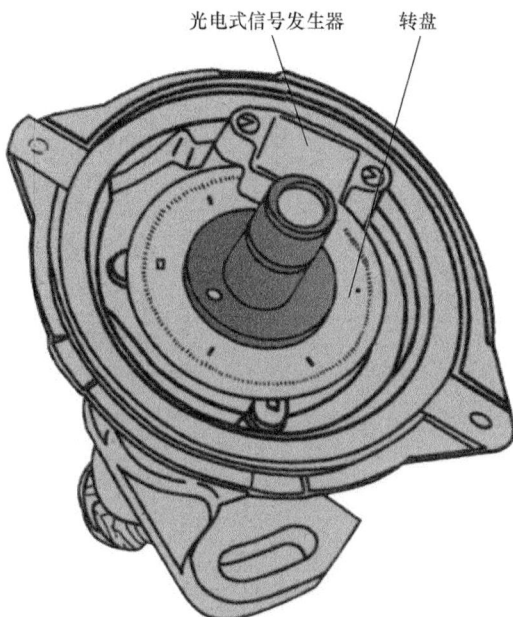

图 5-18　光电式曲轴位置传感器

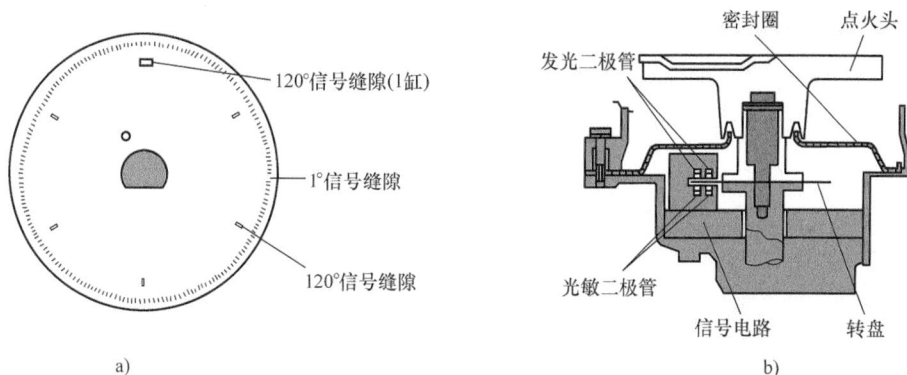

a)

b)

图 5-19　信号发生器安装位置和信号盘的结构

当发光二极管的光束照射到光敏二极管上时，光敏二极管感光产生电压；当发光二极管的光束被遮挡时，光敏二极管产生的电压为零。将光敏二极管产生的脉冲电压输入电子电路经放大整形后，向 ECU 输入曲轴转角的 1°信号和 120°信号。由于信号发生器安装位置的关系，120°信号在活塞上止点前 70°输出。发动机曲轴转两圈，分电器轴转一周。1°信号发生器输出 360 个脉冲，每个脉冲周期高电位对应 1°，低电位也对应 1°，表征曲轴转角 720°。与此同时，120°信号发生器在各缸压缩行程上止点前 70°产生一个脉冲，六个缸共六个脉冲信号。图 5-20 所示为光电式信号发生器的工作原理。

3）光电式电子点火装置的工作原理：光电式电子点火装置的工作原理如图 5-21 所示，当光敏晶体管 VL 受光导通时，晶体管 VT_1 获得正向偏压而导通。VT_1 导通后为 VT_2 提供正向偏压 U_{R4}，使 VT_2 导通后，VT_3 处于截止状态。功率晶体管 VT 获得正向偏压 U_{R6} 导通，从而使点火线圈初级绕组通电；当光敏晶体管 VL 失光时，由导通转为截止，VT_1 失去基极电流

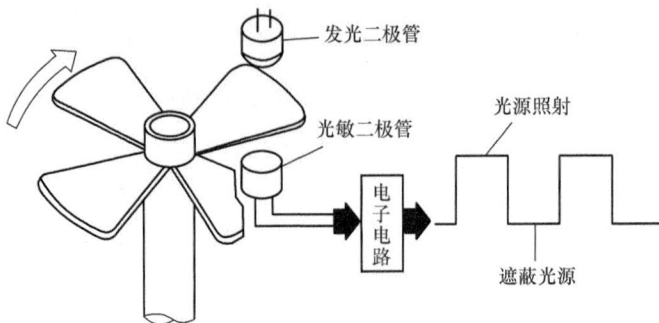

图 5-20　光电式信号发生器的工作原理

由导通转为截止，VT_2 也截止，VT_3 因获得正向偏压由截止转为导通。VT 失去正向偏压 U_{R6} 则由导通转为截止，点火线圈初级绕组断电，在点火线圈次级绕组产生高压，经配电器分送至各缸火花塞。

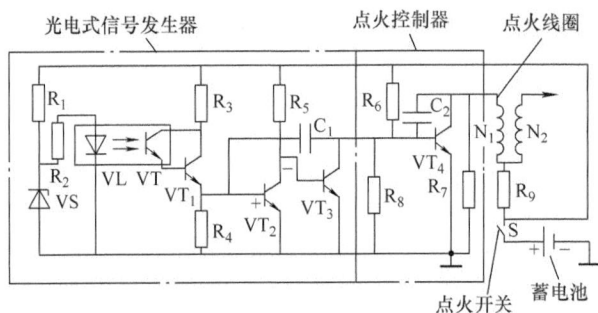

图 5-21　光电式电子点火装置的工作原理图

其他元件的作用：稳压二极管 VS 用以保证发光二极管 GA 获得稳定的工作电压。电容 C_1 为正反馈电路，用以提高功率晶体管 VT 的开关速度，减少功率损耗，防止发热。电阻 R_7 用以保护功率晶体管 VT。当 VT 由导通转为截止时，在次级绕组 N_2 产生次级电压的同时，初级绕组也产生 300V 左右的自感电动势，R_7 可为其提供回路，防止 VT 被击穿损坏。电阻 R_8 与电容 C_2 也具有 R_7 的作用，同时 C_2 还具有滤波功能。电阻 R_9 为点火线圈的附加电阻。

（二）选择题

1. （　　）不是正时齿轮异响的特征。

A. 间隙小，发出嗡嗡声，间隙大，发出散乱撞击声

B. 发动机转速升高，声音随之加大

C. 声音与发动机温度无关

D. 发动机转速升高，声音随之变小

2. （　　）不是正时齿轮异响的原因。

A. 正时齿轮间隙过小　　　　　B. 正时齿轮间隙过大

C. 正时齿轮磨损　　　　　　　D. 正时齿轮断齿

3. （   ）导致发动机回火。

A. 混合气过稀　　　　　　　　　B. 混合气过浓

C. 点火电压过高　　　　　　　　　D. 点火电压过低

4. （   ）的作用是控制点火线圈一次侧电路的通断，配合点火线圈完成升压任务。

A. 配电器　　　　B. 电容器　　　　C. 断电器　　　　D. 电阻器

5. （   ）附装在分电器外壳上，与断电器触点并联。且其作用是减小断电器断开的电火花，防止触点烧蚀，提高二次电压。

A. 配电器　　　　B. 电容器　　　　C. 断电器　　　　D. 电阻器

6. （   ）是正时齿轮异响的特征。

A. 发动机转速升高，声音随之变小　　B. 声音与发动机温度有关

C. 发动机转速升高，声音随之加大　　D. 清脆的"嗒嗒"声

7. （   ）用于控制点火线圈初级绕组的搭铁。

A. 点火模块　　　B. 高压线　　　　C. 分电器　　　　D. 火花塞

8. JV型发动机分电器安装在发动机的（   ）。

A. 前端　　　　　B. 后端　　　　　C. 侧面　　　　　D. 下面

9. 安装好制动凸轮轴后，应使两轴轴向间隙不大于（   ）mm。

A. 0.6　　　　　B. 0.7　　　　　C. 0.65　　　　　D. 0.5

10. 拆下火花塞，观察绝缘体裙部颜色，（   ）并且干净，说明选型正确。

A. 浅褐色　　　　B. 黑色　　　　　C. 灰白色　　　　D. 棕色

11. 拆下火花塞，观察绝缘体裙部颜色，（   ）且电极有被烧蚀痕迹，则选用的火花塞为热型。

A. 浅褐色　　　　B. 黑色　　　　　C. 灰白色　　　　D. 棕色

12. 传统点火系统中，分电器的电容器的容量一般为（   ）。

A. $0.15 \sim 0.25 \mu F$　　　　　　　B. $0.15 \sim 0.25 \mu F$

C. $0.15 \sim 0.25 F$　　　　　　　D. $0.15 \sim 0.25 mF$

13. 打开桑塔纳2000GLS型轿车点火开关，用数字式万用表的（   ）档测量点火控制器端子的电压，可检查点火控制器的故障。

A. 欧姆　　　　　B. 直流电压　　　　C. 兆欧　　　　　D. 交流电压

14. 打开桑塔纳2000GLS型轿车点火开关，用数字式万用表的直流电压档测量（   ）的电压，可检查电子控制器的故障。

A. 点火控制器　　　　　　　　　　B. 点火线圈

C. 霍尔传感器　　　　　　　　　　D. 点火控制器或点火线圈

15. 点火模块用于控制点火线圈初级绕组的（   ）。

A. 搭铁　　　　　B. 电源　　　　　C. 电阻　　　　　D. 电感

16. 电控汽油喷射发动机回火是指汽车行驶中，发动机有时回火，动力（   ）。

A. 明显下降　　　B. 不变　　　　　C. 有所下降　　　D. 下降或不变

17. 断电器触点闭合期间对应的分电器（   ）转角，称为触点闭合角。

A. 曲轴　　　　　B. 转子　　　　　C. 凸轮轴　　　　D. 驱动轴

18. 断电器触点有轻烧蚀，可用（   ）号砂纸打磨。

A. 0   B. 100   C. 200   D. 500

19. 高速发动机普遍采用（   ）火花塞。

A. 标准型   B. 突出型   C. 细电极型   D. 铜心宽热值型

20. 关于低速断火故障，甲说低速断火故障的原因可能是可燃混合气过浓；乙说低速断火故障的原因可能是电容器断路。你认为以上观点（   ）。

A. 甲正确   B. 乙正确   C. 甲、乙都正确   D. 甲、乙都不正确

21. 关于发动机缺火。甲说：发动机点火线圈失效可导致发动机缺火。乙说：发动机点火器损坏可导致发动机缺火。二人中正确的是（   ）。

A. 甲   B. 乙   C. 二者都正确   D. 二者都不正确

22. 关于发动机缺火。甲说：发动机分电器失效可导致发动机缺火。乙说：发动机点火器损坏可导致发动机缺火。二人中正确的是（   ）。

A. 甲   B. 乙   C. 二者都正确   D. 二者都不正确

23. 关于高压无火故障，甲说高压无火故障的原因可能是分电器盖中心碳极脱落；乙说高压无火故障的原因可能是火花塞工作不良。你认为以上观点（   ）。

A. 甲正确   B. 乙正确   C. 甲、乙都正确   D. 甲、乙都不正确

24. 关于高压无火故障，甲说高压无火故障的原因可能是分火头漏电；乙说高压无火故障的原因可能是分电器盖漏电。你认为以上观点（   ）。

A. 甲正确   B. 乙正确   C. 甲、乙都正确   D. 甲、乙都不正确

25. 关于火花塞间歇性跳火故障的原因，甲说火花塞间歇性跳火的原因是点火顺序不对；乙说火花塞间歇性跳火的原因是点火电压不足。你认为以上观点（   ）。

A. 甲正确   B. 乙正确   C. 甲、乙都正确   D. 甲、乙都不正确

26. 关于火花塞间歇性跳火故障的原因，甲说火花塞间歇性跳火的原因是个别缸高压线断路；乙说火花塞间歇性跳火的原因是点火电压不足。你认为以上观点（   ）。

A. 甲正确   B. 乙正确   C. 甲、乙都正确   D. 甲、乙都不正确

27. 关于火花塞检测，甲说：定期或在对某缸火花塞性能有怀疑时，可进行单缸断火试验。乙说：根据发动机运转情况判断火花塞的好坏，若性能不良或有明显损坏时，一般应予更换。对于以上说法（   ）。

A. 甲正确   B. 乙正确   C. 甲、乙都正确   D. 甲、乙都不正确

28. 检查分电器轴与衬套之间的间隙，分电器轴与衬套的正常配合间隙为（   ）mm，最大不得超过 0.07mm。

A. 0.01 ~ 0.02   B. 0.02 ~ 0.04   C. 0.04 ~ 0.06   D. 0.06 ~ 0.08

29. 进行汽车二级维护前，检查发动机的转速为（   ）r/min 时，点火电压应为 8 ~ 10kV。

A. 200   B. 400   C. 600   D. 800

30. 进行汽车二级维护前，检查发动机的转速为（   ）r/min 时，点火提前角应为 13° ± 1°。

A. 600   B. 800   C. 1000   D. 1200

31. 进行汽车二级维护前，检查发动机的转速为（   ）r/min 时，点火提前角应为 9°。

A. 200　　　　　B. 400　　　　　C. 600　　　　　D. 800

32. 进行汽车二级维护前，检查发动机的转速为1200r/min时，单缸发动机断火转速下降应不小于（　　）r/min。

A. 30　　　　　B. 50　　　　　C. 70　　　　　D. 90

33. 进行汽车二级维护前，检查发动机的转速为1200r/min时，点火提前角应为（　　）±1°。

A. 9°　　　　　B. 11°　　　　　C. 13°　　　　　D. 15°

34. 进行汽车二级维护前，检查发动机的转速为800r/min时，点火电压应为（　　）kV。

A. 2～4　　　　　B. 4～6　　　　　C. 6～8　　　　　D. 8～10

35. 进行汽车二级维护前，检查发动机的转速为800r/min时，点火提前角应为（　　）°。

A. 3　　　　　B. 5　　　　　C. 7　　　　　D. 9

36. 进行汽车二级维护前，检查分电器的触点闭合角应为（　　）°。

A. 30～36　　　B. 36～42　　　C. 42～48　　　D. 48～54

37. 六缸发动机怠速运转不稳，拔下第二缸高压线后，运转状况无变化，故障在（　　）。

A. 第二缸　　　B. 相邻缸　　　C. 中央高压线　　　D. 化油器

38. 汽油机分电器中的（　　）由分火头和分电器盖组成。

A. 配电器　　　B. 断电器　　　C. 点火提前装置　　　D. 电容器

39. 桑塔纳2000GLS型轿车JV型发动机，可用数字式万用表的（　　）点火控制器端子，查看电压大小是否符合技术要求。

A. 红笔搭铁，黑笔搭接　　　　　B. 黑笔搭铁，红笔搭接

C. 红笔搭接　　　　　　　　　　D. 黑笔搭接

40. 桑塔纳2000GLS型轿车JV型发动机怠速转速在（800±50）r/min时，点火提前角应为（　　）。

A. 11°～13°　　　B. 11°～12°　　　C. 10°～11°　　　D. 9°～10°

41. 对于桑塔纳2000GLS型轿车JV型发动机点火提前角，可旋松分电器固定螺钉，旋转分电器盘直到校准到（　　）为止。

A. 8°～10°　　　B. 10°～12°　　　C. 11°～13°　　　D. 13°～14°

42. 桑塔纳2000GLS型轿车JV型发动机点火提前角的检测，发动机冷却液温度至少为（　　）℃，油温达到60℃。

A. 60　　　　　B. 70　　　　　C. 80　　　　　D. 90

43. 桑塔纳2000GLS型轿车JV型发动机分电器触发叶轮的叶片不在空隙时，霍尔传感器信号发生器的输出电压值为（　　）V。

A. 1～5　　　　　B. 2～9　　　　　C. 3～10　　　　　D. 4～11

44. 桑塔纳2000GLS型轿车JV型发动机分电器触发叶轮的叶片在空隙时，霍尔传感器信号发生器的输出电压值为（　　）V。

A. 0.3～0.4　　　B. 0.5～0.6　　　C. 0.5～0.7　　　D. 0.5～0.8

45. 对于桑塔纳 2000GLS 型轿车 JV 型发动机，将数字式万用表的黑笔搭铁，红笔搭接电子点火控制器端子，查看（   ）大小是否符合技术要求，可判断点火控制器等故障。

    A. 电流   B. 电压   C. 电阻   D. 电流或电压

46. 桑塔纳 2000 型轿车的点火系统为（   ）式电子点火系统。

    A. 磁感应   B. 霍尔   C. 光电   D. 脉冲

47. 为保证点火可靠，一般要求点火系统提供高压电为（   ）V。

    A. 12   B. 5000 ~ 8000   C. 8000 ~ 10000   D. 15000 ~ 20000

48. 无触点电子点火系统采用点火信号传感器取代传统点火系统中的（   ）。

    A. 断电触点   B. 配电器   C. 分电器   D. 点火线圈

49. 一般来说，高能点火系统采用的火花塞中心电极与侧电极之间的间隙为（   ）mm。

    A. 0.35 ~ 0.45   B. 0.45 ~ 0.55   C. 0.70 ~ 0.90   D. 1.10 ~ 1.30

50. 一般来说，普通火花塞中心电极与侧电极之间的间隙为（   ）。

    A. 0.35 ~ 0.45mm   B. 0.45 ~ 0.55mm

    C. 0.50 ~ 0.60mm   D. 0.70 ~ 0.90mm

51. （   ）的作用是减小起动后点火线圈电流。

    A. 分火头   B. 断电器   C. 点火线圈   D. 附加电阻

52. （   ）的作用是把高压导线送来的高压电放电，击穿火花塞两电极间空气，产生电火花以此引燃气缸内的混合气体。

    A. 分电器   B. 点火线圈   C. 电容器   D. 火花塞

53. （   ）的作用是按发动机的工作顺序依次分配高压电至各缸火花塞上。

    A. 分火头   B. 断电器   C. 点火线圈   D. 点火器

54. CA1091 型汽车的分电器安装在发动机的（   ）。

    A. 前端   B. 后端   C. 侧面   D. 上方

55. 发动机工作时，火花塞绝缘体裙部的温度应保持在（   ）℃。

    A. 200 ~ 300   B. 300 ~ 400   C. 500 ~ 600   D. 600 ~ 700

56. 霍尔元件产生的霍尔电压为（   ）级。

    A. mV   B. V   C. kV   D. μV

57. 将 220V 交流试灯接在点火线圈一次绕组两端的接线柱上，灯亮则表示（   ）故障。

    A. 有断路   B. 有搭铁   C. 无断路   D. 有断路或搭铁

58. 丰田威驰发动机采用的是（   ）点火线圈。

    A. 开磁路   B. 闭磁路   C. A、B 都正确   D. A、B 都不正确

（三）判断题

（　　）1. 按点火方式不同，发动机可分为点燃式和压燃式两种。

（　　）2. 低速断火故障的原因可能是电容器工作不良。

（　　）3. 点火模块用于控制点火线圈的次级绕组。

（　　）4. 断电器触点闭合时，高压电路接通。

（　　）5. 断电器由一对触点和凸轮组成。其作用是周期性接通和切断低压电路。

（　　）6. 磁感应式点火系统的点火信号传感器，其转子与定子爪极间隙应为 0.4mm。

（　　）7. 任何一台发动机都不能缺少点火系统、起动系统等部分。

（　　）8. 发动机的点火提前角一般在 11°～13°。

（　　）9. 高压电路的电源是点火线圈的二次绕组，负载为火花塞间隙。

（　　）10. 高压无火故障的原因可能是分电器盖中心碳极脱落。

（　　）11. 高压无火故障的原因可能是火花塞工作不良。

（　　）12. 桑塔纳发动机火花塞电极间隙应为 0.7～0.8mm。

（　　）13. 用正时灯检查发动机点火提前角，应将正时记号对正上止点前 11°～13°的位置。

（　　）14. 有熄火征兆或着火后又逐渐熄火的，一般是发动机电路故障。

六、汽车发动机知识

（一）汽车发动机理论知识

1. 汽油机电子控制技术发展史

为适应降低汽油机燃油消耗和有害物排放量的要求，汽油机燃油供给技术经历了从机械控制汽油喷射到发动机集中管理系统，以及目前正在迅猛发展的缸内直喷技术。

1934 年，德国怀特（Wright）兄弟发明了向发动机进气管内连续喷射汽油来配制混合气的技术。

1952 年，德国博世（Bosch）公司研制成功了第一台机械控制缸内喷射汽油机。

1953 年美国本迪克斯（Bendix）公司开始研制由真空管电子控制系统控制的汽油喷射装置，并在 1957 年研制成功。

1958 年，德国博世（Bosch）公司研制成功了机械控制进气管喷射汽油机。

1967 年，德国博世公司根据美国本迪克斯公司的专利技术，开始批量生产利用进气歧管绝对压力信号和模拟式计算机来控制发动机空燃比（A/F）的 D 型燃油喷射系统（D - Jetronic）。

1973 年，德国博世公司在 D 型燃油喷射系统（D - Jetronic）的基础上，改进发展成为 L 型燃油喷射系统（L - Jetronic）。

1973 ~ 1974 年，美国通用（General）汽车公司生产的汽车装上了集成电路（IC）点火控制器。

1976 年，美国克莱斯勒（Chrysler）汽车公司研制成功微机控制点火系统，取名为"电子式稀混合气燃烧系统（ELBS）"。

1977 年，美国通用汽车公司研制成功了数字式点火控制系统。

1979 年，德国博世公司开发出了 M - Motronic 系统，即发动机集中管理系统。

1979 年，日本日产（Nissan）汽车公司研制成功了集点火时刻控制、空燃比控制、废气再循环控制和怠速转速控制于一体的发动机集中控制系统（ECCS）。

1980 年，日本丰田（Toyota）公司开发出了具有汽油喷射控制、点火控制、怠速转速和故障自诊断功能的丰田计算机控制系统（TCCS）。

1981 年，博世公司开发出了 LH - Jetronic 系统。1987—1989 年，博世公司开发出电控单点汽油喷射系统。

1995 年，日本三菱（Mitsubishi）汽车公司公布了电控缸内直喷汽油机（即 GDI 系统）。2001 年，大众（Volkswagen/Audi）集团研制出独有的 FSI（Fuel Stratified Injection）缸内直喷系统。

1994 年上海大众推出采用 D – Jetronic 电控汽油喷射系统的桑塔纳 2000 型轿车。

2000 年，我国政府规定：5 人座以下的化油器式发动机汽车自 2001 年 1 月 1 日起停止生产。

2. 柴油机电子控制技术发展史

20 世纪 70 年代典型的产品有德国博世公司电控 VE 分配泵，日本杰克赛尔（Zexel）公司的电控系统。

20 世纪 80 年代基于时间控制方式的新型电控喷油泵和高压喷射系统的开发取得了巨大成功。典型产品有第二代电控 VE 分配泵的 ECD – Ⅱ；德国博世公司可变预行程直列柱塞式电控喷油泵。

3. 发动机电控技术发展趋势

1）喷油规律的控制。

2）混合气浓度分布控制。

3）输出转矩控制。

4）可变 EGR 控制。

4. 发动机电子控制系统的组成

就总体结构而言，发动机电子控制系统都是由传感器、电子控制单元（Electronic Control Unit，ECU）和执行器三部分组成。

桑塔纳 2000GSi、3000 型轿车发动机电子控制系统的传感器有空气流量传感器、曲轴位置传感器、凸轮轴位置传感器、怠速节气门位置传感器和节气门位置传感器（两只传感器与节气门控制组件 J338 制作成一体）、冷却液温度传感器、进气温度传感器、氧传感器、爆燃传感器和车速传感器。

发动机电控单元（ECU）除了接收上述传感器输送的信号外，还要接收点火起动开关、空调开关、怠速开关、电源电压以及空档安全开关（对装有自动变速器的汽车而言）信号，以便判断汽车运行状态并采取相应的控制措施。

桑塔纳 2000GSi、3000 型轿车发动机电子控制系统的执行器有电动燃油泵、电磁喷油器、怠速控制电动机（在节气门控制组件 J338 内）、活性炭罐电磁阀、点火控制器和点火线圈。

发动机上不同的执行器完成不同的控制功能。一个执行器和若干个传感器组合起来，构成了发动机电子控制系统中一个子系统，有的子系统同时具有多种控制功能。这些子系统有燃油喷射控制系统、微机控制点火系统、空燃比反馈控制系统、怠速控制系统、燃油蒸气回收系统、发动机爆燃控制系统、超速断油控制系统、减速断油控制系统、溢流清除控制系统、故障自诊断系统等。

5. 按喷油器的喷射部位分类

按喷油器喷射燃油的部位不同，汽油机燃油喷射系统可分为进气管喷射系统和缸内喷射系统两种类型。其中进气管喷射又可分为单点喷射（SPI、TBI 或 CFI）和多点喷射（MPI）两种类型，多点喷射又可分为压力型（即 D 型）和流量型（即 L 型）多点喷射系统两种类型。

（1）进气管喷射系统

1）单点喷射系统：单点喷射系统（Single Point Fuel Injection System，SPFI 或 SPI）也称

节气门体喷射或集中喷射系统，是指在多缸发动机节流阀体（即节气门体）的节气门上方安装一只或并列安装两只喷油器的燃油喷射系统。

2）多点喷射系统：多点喷射系统（Multi – Point Fuel Injection System，MPFI 或 MPI）是指在发动机每个气缸进气门前方的进气歧管上均设计安装一只喷油器的燃油喷射系统。发动机工作时，燃油适时喷在进气门附近的进气歧管内，空气与燃油在进气门附近混合，使各个气缸都能得到混合均匀的混合气。

（2）缸内喷射系统　缸内喷射系统又称为缸内直接喷射系统，其主要特点是：喷油器安装在气缸盖上，喷油器以较高的燃油压力（约 3～4MPa）把汽油直接喷入发动机气缸内，并与空气混合形成可燃混合气。

6. 按喷油器喷射方式分类

按喷油器喷射方式分类，汽油机燃油喷射系统可以分为连续喷射系统和间歇喷射系统两种类型。

（1）连续喷射系统　连续喷射系统是指在发动机运行期间，喷油器连续不断地喷射燃油的燃油喷射系统。

（2）间歇喷射系统　间歇喷射系统是指在发动机运转期间，喷油器间歇喷射燃油的燃油喷射系统。间歇喷射系统按照各缸喷油器的喷油时序不同，分为同时喷射、分组喷射和顺序喷射三种方式。

1）同时喷射：同时喷射是指各缸喷油器开始喷油和停止喷油的时刻完全相同。一般发动机曲轴每转一圈，各缸喷油器同时喷油一次，发动机一个工作循环所需的油量，分两次喷入进气管。

2）分组喷射：分组喷射是指把发动机所有气缸分成 2 组（四缸机）或 3 组（六缸机），ECU 用两个或三个控制电路控制各组喷油器。发动机工作期间，各组喷油器依次交替喷射，每个工作循环各组喷油器都喷射一次（或两次）。

3）顺序喷射：顺序喷射又称次序喷射，是指在发动机运行期间，喷油器按各缸的工作顺序，依次把汽油喷入各缸的进气歧管。发动机曲轴每转两圈，各缸喷油器轮流喷油一次。

7. 按喷射系统的控制方式分类

按汽油喷射系统的控制方式不同，汽油机燃油喷射系统可分成机械控制式汽油喷射系统、机电结合式汽油喷射系统和电子控制式汽油喷射系统。

（1）机械控制式汽油喷射系统　机械控制式汽油喷射系统是指利用机械机构实现燃油连续喷射的汽油喷射系统。

（2）电子控制式汽油喷射系统　电子控制式汽油喷射系统是指由电控单元直接控制燃油喷射的系统。现代电喷汽油机已全部采用电子控制式汽油喷射系统，但汽油机电控系统发展的初期，都是仅具有单一电控汽油喷射控制功能，现已全部被发动机集中管理系统所代替。

发动机集中管理系统由德国博世（Bosch）公司于 1979 年首先推出，称为 Motronic 系统，该系统是一个集汽油喷射控制、点火控制和空燃比反馈控制等多项控制功能于一体的电控系统。

现代汽油发动机集中管理系统的基本控制除了以上三项外，还增加了怠速控制、活性炭罐清洗控制、故障自诊断和带故障运行等基本控制功能。此外，根据需要配置相关的装置和系统，还能增加废气再循环控制、二次空气喷射控制、进气谐振增压控制、进气涡流控制、配气定时控制等控制内容和功能。

8. 按进气量测量方式分类

按进气量测量方式分类，可分为间接测量方式汽油喷射系统和直接测量方式汽油喷射系统两类。

（1）间接测量方式汽油喷射系统 ECU 通过测量发动机转速、节气门开度或进气歧管压力，计算出发动机吸入的空气量。按所需测量的参数分类，可分为节流 – 速度方式和速度 – 密度方式两种。

1）节流 – 速度方式：节流 – 速度方式是指 ECU 通过测量节气门开度和发动机转速，根据节气门开度、发动机转速和发动机进气量的关系，计算出每一循环进入气缸的空气量，从而确定循环基本喷油量。

2）速度 – 密度方式：速度 – 密度方式是指 ECU 通过测量进气歧管压力和发动机转速，根据进气歧管压力、发动机转速和发动机进气量的关系，计算出每一循环进入气缸的空气量，从而确定循环基本喷油量，如博世公司的 D – Jetronic 系统。

（2）直接测量方式汽油喷射系统 直接测量方式采用空气流量传感器直接测量发动机单位时间吸入的空气量，ECU 根据流量传感器测出的空气流量和发动机的转速，计算出每一工作循环发动机吸入的空气量，从而确定循环基本喷油量。对于直接测量方式，按测出的是空气的体积流量，还是质量流量，可分为体积流量方式和质量流量方式。

1）体积流量方式：体积流量方式采用翼片式空气流量传感器或卡门旋涡式空气流量传感器，测量发动机单位时间吸入的空气体积。

2）质量流量方式：质量流量方式利用热线式或热膜式空气流量传感器，测量发动机单位时间吸入的空气质量。

9. 节气门位置传感器的结构与工作原理

常见的节气门位置传感器有触点式、可变电阻式、触点与可变电阻结合式三种。

（1）触点式节气门位置传感器 触点式节气门位置传感器由转盘、活动触点、怠速触点、全开触点（功率触点）等组成。

在某些装备自动变速器的轿车上，采用多触点式节气门位置传感器，触点数目多，能更精确地反映发动机负荷的变化，以便于更加准确地控制自动变速器的换档时刻和变矩器锁止离合器的锁止时刻。

（2）可变电阻式节气门位置传感器 可变电阻式节气门位置传感器由滑动电刷、电阻片组成。

（3）触点与可变电阻结合式节气门位置传感器 为使 ECU 更准确地得到节气门怠速位置信号，在可变电阻式节气门位置传感器的基础上增设了一个怠速触点，形成触点与可变电阻结合式节气门位置传感器。

10. 温度传感器

常见的温度传感器按结构与物理性能不同可分为热敏电阻式、双金属片式、热敏铁氧体式、蜡式等。双金属片式和蜡式温度传感器属于结构型传感器，热敏电阻式和热敏铁氧体式温度传感器属于物性（物理性能）型传感器。现代汽车广泛采用热敏电阻式温度传感器。

根据特性不同，热敏电阻可分为正温度系数（PTC）热敏电阻、负温度系数（NTC）热敏电阻、临界温度热敏电阻（CTR）。

（1）冷却液温度传感器　冷却液温度传感器的主要元件是负温度系数热敏电阻，其作用是把冷却液温度转换为电信号。该信号输入 ECU 后用于：

1）修正喷油量。

2）修正点火提前角。

3）冷起动时决定喷油量。

4）影响怠速控制阀动作。

5）影响怠速断油。

6）影响废气再循环（EGR 控制）。

（2）进气温度传感器　进气温度传感器的结构、工作原理与冷却液温度传感器相同，都是采用负温度系数热敏电阻。

11. 氧传感器

氧传感器的作用是把排气中氧的浓度转换为电压信号，ECU 根据氧传感器输入的信号判断混合气的浓度，进而修正喷油量。

（1）氧传感器的结构与工作原理　氧传感器根据内部敏感材料不同分为氧化锆式和氧化钛式两种。氧化锆式氧传感器又分为加热型和非加热型两种，氧化钛式氧传感器一般都是加热型传感器。

1）氧化锆式氧传感器：氧化锆式氧传感器主要由锆管、电极、电极引线、金属保护套（管）、加热元件（仅指加热式氧传感器）、线束插接器等组成。

发动机运转时，排气管内的废气从锆管外电极表面的陶瓷层渗入，与外电极接触，内电极与大气接触。锆管内、外侧存在氧浓度差，使氧化锆电解质内部氧离子开始向外电极扩散，扩散的结果是在内、外电极之间产生电位差，形成了一个微电池。其外电极为锆管负极，内电极为锆管正极。

如果没有外电极铂的催化作用使锆管外侧的氧离子急剧减小到 0，那么在浓混合气时就不会有接近 1.0V 的高电压信号，传感器的输出信号也不会在混合气由浓变稀时出现跃变现象，这正是使用铂电极的另一个重要因素。

氧化锆式氧传感器的工作状态与工作温度有着密切的关系。

2）氧化钛式氧传感器：氧化钛式氧传感器的材料是二氧化钛（TiO_2）。二氧化钛在常温下的电阻值是稳定的，但当其表面缺氧时，其内部晶格会出现缺陷，电阻会大大降低。

（2）氧传感器的工作电路　加热式氧传感器除去非加热式氧传感器的两条连接导线外，还有两条导线：一条是加热器的搭铁线，另一条是通过 ECU 主继电器供给加热器的电源线。

（3）氧传感器的故障　氧传感器常见的故障有氧传感器老化、氧传感器中毒、氧传感器破裂、氧传感器内部电热元件损坏、导线断开、氧传感器信号不正确等，其中传感元件老化和中毒是氧传感器失效的主要原因。氧传感器的传感元件受到污染而失效的现象称为氧传感器中毒，氧传感器中毒主要是指铅（Pb）中毒、硅（Si）中毒和磷（P）中毒。

1）氧传感器老化：氧传感器老化的主要原因是传感元件局部表面温度过高。

2）铅中毒：铅中毒是指燃油或润滑油添加剂中的铅离子与氧传感器的铂电极发生化学反应，导致催化剂铂的催化性能降低的现象。

3）硅中毒：硅中毒是指硅离子与氧传感器的铂电极发生化学反应而导致催化剂铂的催

化性能下降的现象。

4）磷中毒：磷中毒是指各种磷化物污染氧传感器的现象。

由于在汽车发动机上不可避免地存在铅离子、硅离子、磷离子，而且氧传感器必须安装在排气管上且必须在高温下工作，因此氧传感器（氧化锆式或氧化钛式）中传感元件的中毒和老化也都是不可避免的，所以，氧传感器应当按规定的行驶里程（一般为 80000km）进行更换。

12. 爆燃传感器

爆燃传感器的作用是把发动机爆燃信号转换为电信号输入发动机 ECU。该信号输入 ECU 后用于控制点火提前角，使发动机在最接近爆燃的时刻点火。

检测发动机爆燃的方法有三种：检测发动机燃烧室压力、检测发动机缸体振动、检测燃烧噪声。

（1）爆燃传感器的结构与工作原理　爆燃传感器按检测方式不同可分为共振型与非共振型两种；按结构不同可分为磁致伸缩式和压电式两种。

1）磁致伸缩式爆燃传感器：磁致伸缩式爆燃传感器属共振型传感器。磁致伸缩式爆燃传感器主要由感应线圈、铁心、永久磁铁和传感器外壳等组成。

2）压电式爆燃传感器：压电式爆燃传感器是利用压电效应制成的。压电效应是指某些晶体（如石英、压电陶瓷等）在特定方向受压（或受拉）产生变形时，在晶体内部产生极化现象，并在其两个表面出现异性电荷；当去掉外力后，又重新回到不带电的状态，这种现象就称为压电效应。

压电式爆燃传感器按检测缸体振动频率的方式不同，又可分为共振型与非共振型。

① 共振型压电式爆燃传感器：共振型爆燃传感器的主要元件是压电元件与振荡片。共振型爆燃传感器输出的信号电压高，不需要专门的滤波器，信号处理比较方便。但由于共振型爆燃传感器的共振频率必须与发动机燃烧时的爆燃频率匹配（即产生共振），因此共振型爆燃传感器只能用于指定型号的发动机（因为各种发动机有自己特定的共振频率），互换性差。

② 非共振型压电式爆燃传感器：非共振型压电式爆燃传感器的主要元件是惯性配重和压电陶瓷元件。非共振型压电式爆燃传感器是以接收加速度信号的形式来判断爆燃是否产生。配重将振动引起的加速度转换成作用于压电元件上的压力。

非共振型爆燃传感器输出的信号电压小、平缓，必须将输出信号输送至带通滤波器中，判断爆燃是否发生。带通滤波器一般由线圈和电容器组成，它只允许特定频带的信号通过，对其他频带的信号进行衰减。

非共振型爆燃传感器的适用范围广，当用在不同类型的发动机上时，只需将带通滤波器的过滤频率进行调整即可，无需更换传感器，这是非共振型爆燃传感器的优点。

（2）爆燃传感器的工作电路　桑塔纳 2000GSi 轿车 AJR 发动机上压电式爆燃传感器每两个缸共用一个爆燃传感器，1、2 缸共用一个传感器，安装在气缸体进气管侧 1、2 缸之间，3、4 缸共用一个传感器，安装在气缸体进气管侧 3、4 缸之间。两个传感器的屏蔽线直接搭铁。

（二）选择题

1. （　　）不是电控发动机燃油喷射系统的组成部分。
A. 空气系统　　　　B. 燃油系统　　　　C. 控制系统　　　　D. 空调系统

2. （　　）不是电控燃油喷射系统中空气供给系统的组成构件。
A. 进气管　　　　B. 空气滤清器　　　C. 怠速旁通阀　　　D. 进气压力传感器

3. （　　）不是电控燃油系统的电子控制系统组成部分。
A. 节气门位置传感器　　　　　　　　B. 曲轴位置传感器
C. 怠速旁通阀　　　　　　　　　　　D. 进气压力传感器

4. （　　）不是活塞销松旷造成的异响特征。
A. 发出尖脆的"嗒嗒"声
B. 温度升高，声音减弱或消失
C. 怠速或低速较明显
D. 单缸断（油）时，声音减弱或消失，恢复工作时，声音明显或连续两声响声

5. （　　）不是连杆轴承异响的特征。
A. 温度升高，声音变化不大　　　　B. 随发动机转速增加，声音加大
C. 尖脆的"嗒嗒"声　　　　　　　　D. 发出较大清脆的"哟哟"金属敲击声

6. （　　）导致发动机温度过高。
A. 发动机散热风扇转速过高　　　　B. 发动机散热风扇转速过低
C. 发动机冷却系统始终处于大循环　D. 发动机负荷过小

7. （　　）导致活塞销产生异响。
A. 活塞销松旷　　　　　　　　　　B. 活塞磨损过大
C. 气缸磨损过大　　　　　　　　　D. 发动机压缩比过大

8. （　　）的功用是将从凸轮轴经过挺柱传来的推力传给摇臂。
A. 推杆　　　　B. 凸轮轴　　　　C. 正时齿轮　　　　D. 气门导管

9. （　　）的功用是使转动中的发动机保持在最适宜的工作温度范围。
A. 润滑系统　　　B. 冷却系统　　　C. 燃料供给系统　　D. 传动系统

10. （　　）的功用是控制各气缸的进、排气门开闭时刻，使之符合发动机工作次序和配气相位的要求，同时控制气门开度的变化规律。
A. 推杆　　　　B. 凸轮轴　　　　C. 正时齿轮　　　　D. 气门导管

11. （　　）的开启与关闭形成了发动机冷却系统大小循环。
A. 节温器　　　　　　　　　　　B. 散热器（水箱）盖
C. 放水螺塞　　　　　　　　　　D. 冷却液温度（水温）开关

12. （　　）的作用是将活塞的直线往复运动转变为曲轴的旋转运动并输出动力。
A. 配气机构　　　B. 曲柄连杆机构　　C. 起动系统　　　D. 点火系统

13. （　　）的作用是密封冷却液以免泄漏，同时将冷却液与水泵轴承隔离，以保护轴承。
A. 水封　　　　B. 叶轮　　　　C. 泵轴　　　　D. 轴承

14. （　　）的作用是使储气筒的气压保持在规定范围内，以减小发动机的功率消耗。

A. 泄压阀　　　　　B. 单向阀　　　　　C. 限压阀　　　　　D. 调压器

15. （　　）会导致连杆轴承产生异响。

A. 连杆轴承间隙过小　　　　　　　　B. 连杆材质不符合要求

C. 润滑系统压力过大　　　　　　　　D. 连杆轴承间隙过大

16. （　　）是导致发动机缺火的原因。

A. 火花塞损坏　　　　　　　　　　　B. 点火器失效

C. 点火线圈失效　　　　　　　　　　D. 点火开关失效

17. （　　）是活塞销松旷造成的异响特征。

A. 单缸断（油）时，声音减弱或消失；恢复工作时，声音明显或连续两声响声

B. 温度升高，声音减弱或消失

C. 较沉闷连续的"哴哴"金属敲击声

D. 随发动机转速增加，声音加大

18. （　　）是连杆轴承异响的特征。

A. 较沉闷连续的"哴哴"金属敲击声　　B. 发出较大清脆的"哴哴"金属敲击声

C. 尖脆的"嗒嗒"声　　　　　　　　D. 发出散乱撞击声

19. （　　）是燃料燃烧过程中实际供给的空气质量与理论上完全燃烧时所需的空气质量之比。

A. 空燃比

B. 可燃混合气

C. 过量空气系数

D. 空燃比、可燃混合气、过量空气系数都不对

20. （　　）是用来打开或封闭气道的。

A. 气门　　　　　　B. 气门导管　　　　C. 气门座　　　　　D. 气门弹簧

21. （　　）用于测量发动机无负荷功率及转速。

A. 汽车无负荷测功表　　　　　　　　B. 气缸压力表

C. 发动机转速表　　　　　　　　　　D. 发动机分析仪

22. （　　）用于发动机润滑油快速检测。

A. 润滑油质量分析仪　　　　　　　　B. 油压表

C. 发动机分析仪　　　　　　　　　　D. 尾气分析仪

23. （　　）用于检测柴油车废气中有害气体的含量。

A. 烟度计　　　　　　B. 废气分析仪　　　C. 示波器　　　　　D. 万用表

24. （　　）用于减小燃油压力波动。

A. 燃油泵　　　　　　B. 喷油器　　　　　C. 油压调节器　　　D. 油压缓冲器

25. （　　）用于将燃油喷入到进气道中。

A. 燃油泵　　　　　　B. 喷油器　　　　　C. 油压调节器　　　D. 油压缓冲器

26. （　　）用于控制油路，使自动变速器油只能朝一个方向流动。

A. 主调节阀　　　　　B. 手动阀　　　　　C. 换档阀　　　　　D. 单向阀

27. （　　）用于调节燃油压力。

A. 燃油泵　　　　　　B. 喷油器　　　　　C. 油压调节器　　　D. 油压缓冲器

28. （ ）用于诊断发动机气缸及进、排气门的密封状况。

A. 气缸漏气量检测仪　　　　　　　　B. 真空表

C. 发动机分析仪　　　　　　　　　　D. 尾气分析仪

29. AJR 发动机机油泵安装在发动机的（ ）。

A. 前端　　　　　B. 后端　　　　　C. 侧面　　　　　D. 下面

30. CA1091 发动机机油泵安装在发动机的（ ）。

A. 前端　　　　　B. 后端　　　　　C. 侧面　　　　　D. 上方

31. EQ6100 - 1 型发动机气缸有（ ）级修理尺寸。

A. 2　　　　　　B. 4　　　　　　C. 5　　　　　　D. 6

32. L - EQC 水分含量大于（ ）%。

A. 0.1　　　　　B. 0.2　　　　　C. 0.3　　　　　D. 0.4

33. L - EQC 油铁含量大于（ ）mg/kg。

A. 250　　　　　B. 300　　　　　C. 350　　　　　D. 400

34. ROM 表示（ ）。

A. 随机存储器　　B. 只读存储器　　C. 中央处理器　　D. 转换器

35. YC6105QC 型柴油机各缸喷油间隔角误差为（ ）。

A. ±0.5°　　　　B. 0.5°　　　　　C. ±0.6°　　　　D. 0.6°

36. YC6105QC 型柴油机所用的 CKBL68S001 型喷油器的（ ）压力应为 23.0MPa ± 5MPa。

A. 泵油　　　　　B. 喷油　　　　　C. 回油　　　　　D. 输油

37. YC6105QC 型柴油机所用的 CKBL68S001 型喷油器的喷油压力应为（ ）。

A. 20.0MPa ± 5MPa　　　　　　　　B. 23.0MPa ± 5MPa

C. 25.0MPa ± 5MPa　　　　　　　　D. 26.0MPa ± 5MPa

38. 安装燃油泵时，泵壳体与缸体间衬垫厚度要（ ）。

A. 加厚

B. 减小

C. 适当

D. 加厚、减小、适当均可

39. 爆燃传感器安装在（ ）。

A. 气缸体上　　　B. 油底壳上　　　C. 离合器上　　　D. 变速器上

40. 进行柴油车废气检测时，发动机首先应（ ），以保证检测的准确性。

A. 调整怠速　　　B. 调整点火正时　　C. 预热　　　　　D. 加热

41. 柴油车废气排放检测的是（ ）。

A. CO　　　　　B. HC　　　　　C. CO 和 HC　　　　D. 烟度值

42. 柴油机喷油器（ ）试验，以每秒 3 次的速度均匀地掀动手油泵柄，直到开始喷油。

A. 倾斜性　　　　B. 压力　　　　　C. 密封性　　　　D. 防漏

43. 柴油机喷油器密封性试验，以每秒（ ）次的速度均匀地掀动手油泵柄，直到开始喷油。

A. 1　　　　　　B. 2　　　　　　C. 3　　　　　　D. 4

44. 柴油机燃烧室按结构形式可分为（ ）燃烧室和统一式燃烧室。

A. 球形式　　　　　B. 分开式　　　　　C. U 形式　　　　　D. W 形式

45. 超声波式卡尔曼涡旋式空气流量传感器的输出信号是（　　）。

　　A. 连续信号　　　B. 数字信号　　　C. 模拟信号　　　D. 固定信号

46. 车速传感器安装在（　　）。

　　A. 气缸体上　　　B. 油底壳上　　　C. 离合器上　　　D. 变速器上

47. 吹向感温器的气流温度低于（　　）℃时，风扇离合器又恢复到分离状态。

　　A. 15　　　　　　B. 25　　　　　　C. 35　　　　　　D. 45

48. 急速工况下，为保证发动机稳定工作，应供给（　　）的混合气。

　　A. 多而浓　　　　B. 少而浓　　　　C. 多而稀　　　　D. 少而稀

49. 急速控制阀关闭不严会导致发动机（　　）。

　　A. 不能起动　　　B. 不易起动　　　C. 急速不稳　　　D. 加速不良

50. 当发动机机油压力正常时，机油压力过低警告灯报警开关触点（　　），警告灯（　　）。

　　A. 分开，不亮　　B. 分开，亮　　　C. 闭合，不亮　　D. 闭合，亮

51. 当发动机与离合器处于完全接合状态时，变速器的输入轴（　　）。

　　A. 不转动　　　　　　　　　　　　B. 高于发动机转速

　　C. 低于发动机转速　　　　　　　　D. 与发动机转速相同

52. 当机油压力低于（　　）MPa 以上时，机油压力过低警告灯报警开关触点闭合，警告灯亮。

　　A. 0.03 ~ 0.15　　B. 0.15 ~ 0.30　　C. 0.30 ~ 0.45　　D. 0.45 ~ 0.60

53. 当冷却液温度高于（　　）℃时，节温器主阀门全开，副阀门全关，冷却液全部流经散热器进行水的大循环，使发动机保持正常工作温度。

　　A. 36　　　　　　B. 56　　　　　　C. 66　　　　　　D. 86

54. 当排量一定时，短行程发动机具有（　　）的结构特点。

　　A. 缸径较大　　　　　　　　　　　B. 缸径较小

　　C. 活塞较小　　　　　　　　　　　D. 缸径较大、缸径较小、活塞较小均不对

55. 当气流温度超过（　　）℃时，风扇离合器处于啮合状态。

　　A. 25　　　　　　B. 45　　　　　　C. 65　　　　　　D. 85

56. 当汽车燃油箱内燃油量多时，负温度系统的热敏电阻元件温度（　　），电阻值（　　）。

　　A. 低，大　　　　B. 低，小　　　　C. 高，大　　　　D. 高，小

57. 当汽车燃油箱内燃油量少时，负温度系统的热敏电阻元件电阻值（　　），警告灯（　　）。

　　A. 大，亮　　　　B. 小，亮　　　　C. 大，不亮　　　D. 小，不亮

58. 当气缸拉缸后，确定了某级修理尺寸，以下相应的零件可不报废的是（　　）。

　　A. 活塞　　　　　B. 连杆　　　　　C. 活塞销　　　　D. 活塞环

59. 低阻抗喷油器的电阻值为（　　）Ω。

　　A. 2 ~ 3　　　　　B. 5 ~ 10　　　　C. 12 ~ 15　　　　D. 50 ~ 100

60. 电控发动机可用（　　）检查发动机电脑是否有故障。

A. 万用表 B. 数字式万用表

C. 模拟式万用表 D. 试灯或万用表

61. 电控发动机控制系统中，（ ）存放了发动机各种工况的最佳喷油持续时间。

A. 电控单元 B. 执行器 C. 温度传感器 D. 压力调节器

62. 电控发动机燃油泵工作电压检测时，蓄电池电压、燃油泵熔丝、（ ）和燃油滤清器均应正常。

A. 点火线圈电压 B. 燃油泵继电器 C. 燃油泵 D. 发电机电压

63. 电控发动机燃油泵工作电压检测时，蓄电池电压、燃油泵熔丝、燃油泵继电器和（ ）均应正常。

A. 燃油滤清器 B. 点火线圈电压 C. 燃油泵 D. 发电机电压

64. 电控发动机燃油喷射系统中的怠速旁通阀是（ ）系统的组成部分。

A. 供气 B. 供油 C. 控制 D. 空调

65. 电控汽油喷射发动机（ ）是指发动机进气歧管处有可燃混合气燃烧从而产生异响的现象。

A. 回火 B. 放炮 C. 行驶无力 D. 失速

66. 电控汽油喷射发动机运转不稳是指发动机转速处于（ ）情况，发动机运转都不稳定，有抖动现象。

A. 怠速 B. 任一转速 C. 中速 D. 加速

67. 电控燃油喷射（EFI）主要包括喷油量、喷射正时、燃油停供和（ ）的控制。

A. 燃油泵 B. 点火时刻 C. 怠速 D. 废气再循环

68. 进行电控燃油喷射发动机燃油压力检测时，将油压表接在供油管和（ ）之间。

A. 燃油泵 B. 燃油滤清器 C. 分配油管 D. 喷油器

69. 电控燃油喷射系统保持压力下降较快，应检查燃油泵上的（ ）和燃油系统的密封性。

A. 燃油滤清器 B. 止回阀 C. 喷油器 D. 真空管

70. 电控燃油系统中，燃油压力通过（ ）调节。

A. 喷油器 B. 燃油泵 C. 压力调节器 D. 输油管

71. 东风 EQ1090E 型汽车装用的附加电阻线电阻值约为（ ）Ω。

A. 1 B. 1.25 C. 1.5 D. 1.7

72. 东风 EQ1090 型汽车发电机空转时，在转速不大于 10r/min 的条件下，电压为（ ）V。

A. 11 B. 12 C. 13 D. 14

73. 对于 EQ1092F 型汽车，发动机处于（ ）时，机油压力应不小于 0.1MPa。

A. 怠速 B. 中速 C. 加速 D. 减速

74. 对于 EQ1092F 型汽车，发动机处于（ ）时，机油压力应不小于 0.3MPa。

A. 怠速 B. 中速 C. 加速 D. 减速

75. 对于 EQ1092F 型汽车，发动机处于怠速时，机油压力应不小于（ ）MPa。

A. 0.1 B. 0.2 C. 0.3 D. 0.4

76. 对于 EQ1092F 型汽车，发动机处于怠速运转转速为（ ）r/min 时，真空度波动值应不大于 5kPa。

    A. 300 ~ 400   B. 400 ~ 500   C. 500 ~ 600   D. 600 ~ 700

77. 对于 EQ1092F 型汽车，发动机处于怠速运转转速为（　　）r/min 时，真空度应为 50 ~ 70kPa。

    A. 300 ~ 400   B. 400 ~ 500   C. 500 ~ 600   D. 600 ~ 700

78. 对于 EQ1092F 型汽车，发动机功率应不小于（　　）的 80%。

    A. 规定值   B. 最大值   C. 最小值   D. 额定值

79. 对于 EQ1092F 型汽车，发动机转速为 800r/min、气门间隙为 0.25mm 时，进气门提前角为（　　）。

    A. 20°   B. 30°   C. 40°   D. 50°

80. 对于 EQ1092F 型汽车，发动机转速为 800r/min、气门间隙为 0.25mm 时，排气门提前角为（　　）。

    A. 18.5°   B. 28.5°   C. 38.5°   D. 48.5°

81. 对于安装在进气歧管上的喷油器，在（　　）喷油。

    A. 进气冲程   B. 压缩冲程   C. 做功冲程   D. 排气冲程

82. 对于曲轴前端装止推垫片的发动机，曲轴轴向间隙因磨损而增大时，应在保证前止推片为标准厚度的情况下，加厚（　　）止推垫片的厚度，以满足车辆曲轴轴向间隙的要求。

    A. 前   B. 后   C. 第一道   D. 第二道

83. 对于四缸发动机而言，有一个喷油器堵塞会导致发动机（　　）。

    A. 不能起动   B. 不易起动   C. 怠速不稳   D. 减速不良

84. 发动机变形将导致其与轴承孔轴线（　　）的变化。

    A. 平行度   B. 垂直度   C. 同轴度   D. 对称度

85. 发动机冷却系统的组成部件中能将冷却液携带的热量散入大气，以保证发动机的正常工作温度的是（　　）。

    A. 节温器   B. 散热器   C. 水泵   D. 水套

86. 发动机起动困难，大多发生在（　　）。

    A. 起动系统   B. 点火系统

    C. 燃料系统   D. 起动系统、点火系统、燃料系统

87. 发动机气门座圈与座圈孔应为（　　）。

    A. 过渡配合   B. 过盈配合

    C. 间隙配合   D. 过渡配合、过盈配合、间隙配合均可

88. 当汽车在行驶中后桥出现连续的"嗷嗷"声响，车速加快声响也加大，滑行时稍有减弱，说明（　　）。

    A. 主、从动锥齿轮齿啮合间隙过小   B. 主、从动锥齿轮齿啮合间隙过大

    C. 主、从动锥齿轮齿啮合轮齿折断   D. 半轴花键损坏

89. 发动机气缸径向的磨损量最大的位置一般在进气门（　　）略偏向排气门一侧。

    A. 侧面   B. 后面   C. 对面   D. 下面

90. 发动机气缸体上平面翘曲后，应采用（　　）修理。

A. 刨削　　　　　　 B. 磨削　　　　　　 C. 冷压校正　　　　 D. 加热校正

91. 发动机气缸沿径向的磨损呈不规则的（　　　）。

A. 圆形　　　　　 B. 圆柱形　　　　　 C. 圆锥形　　　　　 D. 椭圆形

92. 发动机气缸沿轴线方向磨损呈（　　　）的特点。

A. 上大下小　　　 B. 上小下大　　　　 C. 上下相同　　　　 D. 中间大

93. 发动机曲轴各轴颈的圆度和圆柱度误差一般用（　　　）来测量。

A. 游标卡尺　　　 B. 百分表　　　　　 C. 外径千分尺　　　 D. 内径千分尺

94. 发动机曲轴裂纹易发生在轴颈与曲柄的连接处及（　　　）周围。

A. 曲拐　　　　　 B. 配重　　　　　　 C. 润滑油眼　　　　 D. 主油道

95. 发动机冷却液温度过高警告灯报警开关安装在（　　　）上。

A. 水道　　　　　 B. 发动机曲轴箱　　 C. 气门室罩盖　　　 D. 节气门体

96. 发动机镗缸后的气缸圆度和圆柱度误差应小于（　　　）mm。

A. 0.0005　　　　 B. 0.005　　　　　　 C. 0.05　　　　　　 D. 0.5

97. 发动机凸轮轴变形的主要形式是（　　　）。

A. 弯曲　　　　　 B. 扭曲　　　　　　 C. 弯曲和扭曲　　　 D. 圆度误差

98. 发动机凸轮轴轴颈磨损后，主要产生（　　　）误差。

A. 圆度　　　　　 B. 圆柱度　　　　　 C. 圆跳动　　　　　 D. 圆度和圆柱度

99. 发动机微机控制系统主要由信号输入装置、（　　　）、执行器等组成。

A. 传感器　　　　　　　　　　　　　 B. 电子控制单元（ECU）

C. 中央处理器（CPU）　　　　　　　 D. 存储器

100. 发动机在发动前不应（　　　）。

A. 检查油底壳　　　　　　　　　　　 B. 检查冷却液

C. 换档开关在空档位置　　　　　　　 D. 松开驻车制动器

101. 风冷却系统为了更有效地利用空气流，加强冷却，一般都装有（　　　）。

A. 导流罩　　　　 B. 散热片　　　　　 C. 分流板　　　　　 D. 鼓风机

102. 气门导管与承孔的配合过盈量一般为（　　　）mm。

A. 0.01～0.04　　 B. 0.01～0.06　　　 C. 0.02～0.04　　　 D. 0.02～0.06

103. 气缸套上端面应不低于气缸体上平面，亦不高出（　　　）mm。

A. 0.10　　　　　 B. 0.075　　　　　　 C. 0.05　　　　　　 D. 0.25

104. 燃烧室容积不小于原设计（　　　）值的95%。

A. 最小尺寸　　　 B. 最小极限　　　　 C. 最大尺寸　　　　 D. 最大极限

105. 补偿修复主轴轴颈时不可采用（　　　）方法。

A. 金属丝喷涂　　 B. 气焊　　　　　　 C. 镀铬　　　　　　 D. 镀铁

106. 飞轮突缘的径向圆跳动误差为（　　　）mm。

A. 0.02　　　　　 B. 0.04　　　　　　 C. 0.06　　　　　　 D. 0.08

107. 曲轴各主轴颈的径向圆跳动误差为（　　　）mm。

A. 0.025　　　　　 B. 0.05　　　　　　 C. 0.075　　　　　　 D. 0.1

108. 关于爆燃的原因，甲说：空燃比不正确；乙说：发动机温度过高。对于以上说法（　　　）。

A. 甲正确　　　　B. 乙正确　　　　　C. 甲、乙都正确　　D. 甲、乙都不正确

109. 关于爆燃的原因，甲说：燃油辛烷值过低；乙说：发动机温度过高。对于以上说法（　　）。

A. 甲正确　　　　B. 乙正确　　　　　C. 甲、乙都正确　　D. 甲、乙都不正确

110. 关于避免爆燃的措施，甲说：降低进气温度；乙说：提前点火时刻。对于以上说法（　　）。

A. 甲正确　　　　B. 乙正确　　　　　C. 甲、乙都正确　　D. 甲、乙都不正确

111. 关于发动机功率不足的原因，甲说：点火正时不正确；乙说：高压火弱。对于以上说法（　　）。

A. 甲正确　　　　B. 乙正确　　　　　C. 甲、乙都正确　　D. 甲、乙都不正确

112. 关于发动机功率不足的原因，甲说：气门配气相位失准；乙说：气门密封不严。对于以上说法（　　）。

A. 甲正确　　　　B. 乙正确　　　　　C. 甲、乙都正确　　D. 甲、乙都不正确

113. 关于发动机功率不足的原因，甲说：燃油管道有阻塞或燃油有水分；乙说：燃油泵有故障。对于以上说法（　　）。

A. 甲正确　　　　B. 乙正确　　　　　C. 甲、乙都正确　　D. 甲、乙都不正确

114. 关于发动机温度过高的主要原因，说法不正确的是（　　）。甲认为：就是点火提前角过大或过小造成的。乙认为：可能是风扇 V 带过松造成的。丙认为：可能是节温器损坏造成的。认为正确的是（　　）。

A. 甲和丙　　　　B. 乙和丙　　　　　C. 甲和乙　　　　　D. 均是

115. 关于发动机温度过高的主要原因，说法正确的是（　　）。

A. 空气滤清器滤芯堵塞，进气管道堵塞　　B. 发动机气门间隙过大

C. 燃油滤清器滤芯堵塞，油管堵塞　　　　D. 点火提前角过大或过小

116. 关于硅油风扇离合器检测，甲说：起动发动机，使发动机温度接近 90～95℃时，仔细听发动机风扇处响声应明显增大；乙说：发动机温度接近 90～95℃时，用手拨动风扇叶片，感觉较费力为正常。对于以上说法（　　）。

A. 甲正确　　　　B. 乙正确　　　　　C. 甲、乙都正确　　D. 甲、乙都不正确

117. 关于硅油风扇离合器检测，甲说：起动发动机，使其在冷状态下以中速运转 1～2min，以便使工作腔内硅油返回储油室。乙说：在发动机停转之后，用手应能较轻松地拨动风扇叶片。对于以上说法（　　）。

A. 甲正确　　　　B. 乙正确　　　　　C. 甲、乙都正确　　D. 甲、乙都不正确

118. 关于连杆轴承异响。甲认为：发出较大清脆的"哨哨"金属敲击声。乙认为：随发动机转速增加，声音加大。丙认为：发动机温度升高，声音减弱或消失。看法正确的是（　　）。

A. 甲和乙　　　　B. 乙和丙　　　　　C. 丙和甲　　　　　D. 均正确

119. 硅油风扇离合器以（　　）为介质来传递转矩。

A. 硅油　　　　　B. 汽油　　　　　　C. 煤油　　　　　　D. 柴油

120. 化油器发动机油路产生气阻将导致发动机（　　）。

A. 运行不稳　　　B. 不能起动　　　　C. 爆燃　　　　　　D. 冒黑烟

121. 活塞环漏光处的缝隙应不大于（　　　）mm。

A. 0.01　　　　　　B. 0.03　　　　　　C. 0.05　　　　　　D. 0.07

122. 机油压力过低警告灯报警开关安装在（　　　）上。

A. 润滑油主油道　　B. 发动机曲轴箱　　C. 气门室罩盖　　D. 节气门体

123. 检测排放时，取样探头插入排气管的深度不小于（　　　）mm，否则排气管应加接。

A. 200　　　　　　B. 250　　　　　　C. 300　　　　　　D. 350

124. 检测汽车发动机电控系统时，应选用（　　　）万用表。

A. 指针式　　　　　B. 数字式　　　　　C. 低阻抗数字式　　D. 高阻抗数字式

125. 检测汽油车废气时，应清除取样探头上残留的（　　　），以保证检测的准确性。

A. CO　　　　　　B. HC　　　　　　C. CO 和 HC　　　　D. NO

126. 检查连杆轴承间隙时，在轴承表面上涂以清洁的机油，将轴承装在连杆轴颈上，按规定拧紧螺母，将连杆放平，以杆身的重量徐徐下垂，用手握住连杆小端，沿（　　　）向扳动时应无松旷感。

A. 轴　　　　　　　B. 径　　　　　　　C. 前后　　　　　　D. 水平

127. 检查制动器弹簧时，用（　　　）测量，其弹力不得小于规定值。

A. 弹簧秤　　　　　B. 地磅　　　　　　C. 角尺　　　　　　D. 张紧计

128. 铰削 EQ6100 - 1 气门座时，应选用（　　　）铰刀铰削15°上斜面。

A. 45°　　　　　　B. 75°　　　　　　C. 15°　　　　　　D. 25°

129. 节气门体过脏会导致（　　　）。

A. 不易起动　　　　B. 急速不稳　　　　C. 加速不良　　　　D. 减速熄火

130. 节气门位置传感器断路会导致（　　　）。

A. 不易起动　　　　B. 加速不良　　　　C. 减速熄火　　　　D. 飞车

131. 捷达发动机新轴的轴向间隙为 0.07~0.17mm，磨损极限为（　　　）mm。

A. 0.10　　　　　　B. 0　　　　　　　C. 0.20　　　　　　D. 0.25

132. 解放 CA1092 型汽车采用的空气压缩机是（　　　）。

A. 单缸风冷式　　　B. 双缸风冷式　　　C. 单缸水冷式　　　D. 双缸水冷式

133. 进行连杆轴承间隙检查时，用手（　　　）向推动连杆，应无间隙感觉。

A. 轴　　　　　　　B. 径　　　　　　　C. 侧　　　　　　　D. 前后

134. 进气温度传感器安装在（　　　）。

A. 进气道上　　　　B. 排气管上　　　　C. 水道上　　　　　D. 油底壳上

135. 开关式急速控制阀控制线路断路会导致（　　　）。

A. 不能起动　　　　B. 急速过高　　　　C. 急速不稳　　　　D. 减速不良

136. 蜡式节温器的工作起始温度是（　　　）℃。

A. 35　　　　　　　B. 65　　　　　　　C. 85　　　　　　　D. 105

137. 蜡式节温器中使阀门开闭的部件是（　　　）。

A. 弹簧　　　　　　B. 石蜡感应体　　　C. 支架　　　　　　D. 壳体

138. 连杆轴承应与轴承座及轴承盖密合，凸点完好，轴瓦两端的挤压高度值不小于（　　　）mm。

A. 0. 01   B. 0. 03   C. 0. 05   D. 0. 07

139. 目前汽车电控系统中广泛应用的进气歧管压力传感器是（　　）。

A. 膜盒传动式可变电感式   B. 表面弹性波式   C. 电容式

D. 膜盒传动式可变电感式、表面弹性波式、电容式都不对

140. 排气消声器属于（　　）。

A. 点火系统   B. 冷却系统   C. 起动系统   D. 供给系统

141. 喷油器滴漏会导致发动机（　　）。

A. 不能起动   B. 不易起动   C. 怠速不稳   D. 加速不良

142. 喷油器开启持续时间由（　　）控制。

A. 电控单元   B. 点火开关

C. 曲轴位置传感器   D. 凸轮轴位置传感器

143. 喷油器每循环喷出的燃油量基本上取决于（　　）时间。

A. 开启持续   B. 开启开始   C. 关闭持续   D. 关闭开始

144. 喷油器试验器用油应为沉淀后的（　　）。

A. "0" 号轻柴油   B. "0" 号重柴油   C. 汽油   D. 机油

145. 起动发动机时，无着火征兆，油路故障是（　　）。

A. 混合气浓   B. 混合气稀   C. 不来油   D. 来油不畅

146. 气门杆磨损用（　　）测量。

A. 外径千分尺   B. 内径千分尺   C. 钢直尺   D. 刀尺

147. 气门高度用（　　）测量。

A. 外径千分尺   B. 内径千分尺   C. 钢直尺   D. 刀尺

148. 气门座圈承孔的表面粗糙度 Ra 应小于（　　）μm。

A. 1. 25   B. 1. 5   C. 1. 75   D. 2

149. 气门座圈承孔的圆度误差应小于（　　）mm。

A. 0. 02   B. 0. 04   C. 0. 06   D. 0. 08

150. 气门座圈承孔的圆柱度误差应小于（　　）mm。

A. 0. 05   B. 0. 1   C. 0. 15   D. 0. 2

151. 汽车发动机需要传递较大转矩且起动机尺寸较大时，应使用（　　）式单向离合器。

A. 滚柱   B. 摩擦片   C. 弹簧   D. 带

152. 燃油泵盖和泵体接合面不平度不应大于（　　）mm。

A. 0. 1   B. 0   C. 0. 12   D. 0. 2

153. 汽油车检测排放时，发动机应处于（　　）状态。

A. 中速   B. 低速   C. 怠速   D. 加速

154. 汽油的牌号越高说明（　　）也越高。

A. 密度   B. 凝点   C. 熔点   D. 辛烷值

155. 曲柄连杆机构的（　　）由活塞、活塞环、活塞销、连杆等机件组成。

A. 曲轴箱组   B. 活塞连杆组   C. 曲轴飞轮组

D. 曲轴箱组、活塞连杆组、曲轴飞轮组都不对

156. 曲轴飞轮组主要由曲轴、（　　）和附件等组成。

A. 齿轮　　　　　　B. 链轮　　　　　　　C. 带轮　　　　　　D. 飞轮

157. 曲轴通过（　　）使水泵的叶轮旋转。

A. 齿条　　　　　　B. 齿轮　　　　　　　C. 链轮　　　　　　D. 带轮

158. 全支撑式曲轴的主轴径总数比连杆轴径（　　）。

A. 少一个　　　　　B. 少两个　　　　　　C. 多一个　　　　　D. 多两个

159. 确定发动机曲轴修理尺寸时，除根据测量的圆柱度、圆度进行计算外，还应考虑（　　）对修理尺寸的影响。

A. 裂纹　　　　　　B. 弯曲　　　　　　　C. 连杆　　　　　　D. 轴瓦

160. 燃油泵供油量在有燃油滤清器的情况下应为（　　）mL。

A. 400～700　　　　B. 700～1000　　　　C. 1000～1300　　　D. 1300～1600

161. 热车起动困难主要的原因是（　　）。

A. 供油不足　　　　B. 火花塞有故障　　　C. 点火过早　　　　D. 混合气过浓

162. 进行热状态检查，起动发动机，当发动机温度接近（　　）℃时，用手拨动风扇叶片，感觉较费力为正常。

A. 60～65　　　　　B. 70～75　　　　　　C. 80～85　　　　　D. 90～95

163. 如热线式空气流量传感器的热线沾污，不会导致（　　）。

A. 不易起动　　　　B. 加速不良　　　　　C. 怠速不稳　　　　D. 飞车

164. 如冷却液温度传感器失效，会导致（　　）。

A. 不易起动　　　　B. 怠速不稳　　　　　C. 进气温度过高　　D. 进气温度过低

165. 如冷却液温度传感器线路断路，会导致（　　）。

A. 不易起动　　　　B. 加速不良　　　　　C. 怠速不稳　　　　D. 飞车

166. 如翼片式空气流量传感器翼片卡滞，会导致（　　）。

A. 油耗过高　　　　B. 油耗过低　　　　　C. 发动机爆燃　　　D. 发动机加速迟缓

167. 若弯曲度超过 0.03mm，摆差超过（　　）mm，应予冷压校直。

A. 0.02　　　　　　B. 0.05　　　　　　　C. 0.06　　　　　　D. 0.08

168. 桑塔纳 2000GLI 型轿车的 AFE 发动机，在怠速状态下，取下真空管软管，燃油压力应为（　　）。

A. 200kPa±20kPa　B. 250kPa±20kPa　C. 300kPa±20kPa　D. 400kPa±20kPa

169. 桑塔纳 2000 型轿车 AFE 发动机装复后，气缸压缩压力的极限值为（　　）MPa，各缸压力差应小于（　　）MPa。

A. 0.70，0.3　　　B. 0.75，0.25　　　C. 0.75，0.3　　　D. 0.70，0.25

170. 桑塔纳 2000 型轿车的缸盖平面翘曲不大于（　　）mm。

A. 0.10　　　　　　B. 0.15　　　　　　　C. 0.2　　　　　　　D. 0.05

171. 桑塔纳 DQ171 型点火线圈二次绕组的电阻为（　　）Ω。

A. 1400～2500　　　B. 2400～3500　　　C. 3400～4500　　　D. 4400～5500

172. 水泵的动力源自（　　）。

A. 曲轴　　　　　　B. 凸轮轴　　　　　　C. 平衡轴　　　　　D. 传动轴

173. 水泵在泵轴处设有（　　），其作用是确定水封是否漏水和排出水泵漏出的水。

A. 溢水孔　　　　　B. 传感器　　　　　C. 加油孔　　　　　D. 检测孔

174. 四冲程柴油机在工作时，混合气体是（　　）的。

A. 点燃　　　　　B. 压燃　　　　　C. 点燃、压燃均可

D. 其他三个选项均不对

175. 四冲程发动机凸轮轴正时齿轮齿数是曲轴正时齿轮的（　　）倍。

A. 1　　　　　B. 2　　　　　C. 3　　　　　D. 4

176. 四冲程汽油机和柴油机具有相同的（　　）。

A. 混合气形成方式　　B. 压缩比　　　　C. 着火方式　　　D. 工作冲程

177. 调整发动机气门间隙时应在（　　）、气门挺杆落至最终位置进行。

A. 进气门完全关闭　　　　　　　　B. 排气门完全关闭

C. 进、排气门完全关闭　　　　　　D. 进、排气门不需关闭

178. 调整喷油泵各缸供油时间，应以第一缸为基准，根据喷油泵的（　　）调整其余各缸。

A. 喷油顺序　　　　　　　　　　B. 间隔角

C. 喷油顺序和间隔角　　　　　　D. 点火顺序和间隔角

179. 通常排气门的气门间隙是（　　）mm。

A. 0.10 ~ 0.20　　B. 0.25 ~ 0.30　　C. 0.30 ~ 0.35　　D. 0.35 ~ 0.40

180. 同一活塞环上漏光弧长所对应的圆心角总和不超过（　　）。

A. 15°　　　　　B. 25°　　　　　C. 45°　　　　　D. 60°

181. 下列汽油发动机不能起动的原因是（　　）。

A. 低压电路断路　　B. 供油不足　　　C. 混合气过稀　　D. 混合气过浓

182. 下列汽油发动机起动困难的现象之一是（　　）。

A. 有着火征兆　　　B. 无着火征兆　　C. 不能起动　　　D. 顺利起动

183. 一般来说，电动燃油泵的工作电压是（　　）V。

A. 5　　　　　B. 12　　　　　C. 24　　　　　D. 42

184. 以下不是发动机回火原因的是（　　）。

A. 燃油滤清器堵塞或汽油中有水，或发生气阻

B. 燃油泵滤网过脏或滤杯漏气

C. 燃油泵进、出油阀贴合不严

D. 燃油泵泵油量过大

185. 以下不是发动机回火原因的是（　　）。

A. 燃油泵与气缸体间衬垫过厚

B. 燃油泵摇臂和凸轮轴凸轮靠得过近或过远

C. 进气歧管衬垫损坏

D. 排气歧管衬垫损坏

186. 以下不属于曲轴变形的主要原因的是（　　）。

A. 曲轴受到冲击　　　　　　　B. 按规定力矩拧紧螺栓

C. 未按规定力矩拧紧螺栓　　　D. 材料缺陷

187. 以下不属于曲轴产生裂纹的主要原因的是（　　）。

A. 材料缺陷   B. 应力集中   C. 制造缺陷   D. 螺栓拧紧力矩过大

188. 以下不属于凸轮轴变形的主要原因的是（   ）。

A. 曲轴受到冲击   B. 按规定力矩拧紧螺栓

C. 未按规定力矩拧紧螺栓   D. 材料缺陷

189. 以下属于混合气过浓引发的故障的是（   ）。

A. 发动机不能起动   B. 发动机怠速不稳

C. 发动机加速不良   D. 发动机减速不良

190. 以下属于气缸盖腐蚀的主要原因的是（   ）。

A. 冷却液加注过多   B. 使用了不符合要求的冷却液

C. 汽车工作条件恶劣   D. 汽车长时间超负荷工作

191. 以下属于气缸盖螺纹损伤的原因的是（   ）。

A. 装配时螺栓没有拧正   B. 异物碰撞

C. 工具使用不当   D. 气缸盖过小

192. 以下属于气缸盖损伤的原因的是（   ）。

A. 冷却液过多   B. 异物碰撞

C. 机油压力过高   D. 机油达不到要求

193. 以下属于气缸体腐蚀的主要原因的是（   ）。

A. 冷却液加注过多   B. 使用了不符合要求的冷却液

C. 汽车工作条件恶劣   D. 汽车长时间超负荷工作

194. 以下属于气缸体螺纹损伤的原因的是（   ）。

A. 装配时螺栓没有拧正   B. 异物碰撞

C. 工具使用不当   D. 气缸盖过小

195. 以下属于曲轴变形的主要原因的是（   ）。

A. 机油压力过高   B. 按规定力矩拧紧螺栓

C. 未按规定力矩拧紧螺栓   D. 曲轴轴承磨损

196. 以下属于曲轴轴承螺纹损伤的原因的是（   ）。

A. 装配时螺栓没有拧正   B. 异物碰撞

C. 工具使用不当   D. 螺栓重复使用

197. 以下属于凸轮轴变形的主要原因的是（   ）。

A. 机油压力过高   B. 按规定力矩拧紧螺栓

C. 未按规定力矩拧紧螺栓   D. 凸轮轴轴承磨损

198. 以下属于凸轮轴轴承螺纹损伤的原因的是（   ）。

A. 装配时螺栓没有拧正   B. 异物碰撞

C. 工具使用不当   D. 螺栓重复使用

199. 翼片式空气流量传感器的输出信号是（   ）。

A. 脉冲信号   B. 数字信号   C. 模拟信号   D. 固定信号

200. 因磁脉冲式转速传感器的转子有24个凸齿，故分电器轴转一圈产生（   ）个脉冲信号。

A. 12   B. 24   C. 36   D. 48

201. 银的相对导磁率是（　　　）。

A. <0　　　　　　B. <1　　　　　　C. >1　　　　　　D. ∞

202. 用（　　　）检测发动机凸轮轴凸轮的轮廓变化，来判断凸轮的磨损情况。

A. 游标卡尺　　　B. 百分表　　　　C. 外径千分尺　　　D. 标准样板

203. 用（　　　）检查电控燃油汽油机各缸是否工作。

A. 数字式万用表　　　　　　　　　B. 单缸断火法

C. 模拟式万用表　　　　　　　　　D. 双缸断火法

204. 用来检测进气压力的传感器是（　　　）传感器。

A. 进气温度　　　B. 进气压力　　　C. 曲轴位置　　　D. 排气温度

205. 用质量为 0.25kg 的锤子沿曲轴（　　　）向轻轻敲击连杆，连杆能沿轴向移动，且连杆大头两端与曲柄的间隙为 0.17~0.35mm。

A. 轴　　　　　　B. 径　　　　　　C. 侧　　　　　　D. 前后

206. 用质量为 0.25kg 的锤子沿曲轴轴向轻轻敲击连杆，连杆能沿轴向移动，且连杆大头两端与曲柄的间隙为（　　　）mm。

A. 0.17~0.35　　B. 0.35~0.52　　C. 0.52~0.69　　D. 0.69~0.86

207. 与传统化油器发动机相比，装有电控燃油喷射系统的发动机（　　　）性能得以提高。

A. 综合　　　　　B. 有效　　　　　C. 调速　　　　　D. 负荷

208. 与传统化油器发动机相比，装有电控燃油喷射系统的发动机功率提高（　　　）。

A. 5%~10%　　　B. 10%~15%　　　C. 15%~20%　　　D. 20%

209. 在测量发动机气缸磨损程度时，为准确起见，应在不同的位置和方向共测出至少（　　　）个值。

A. 2　　　　　　B. 4　　　　　　C. 6　　　　　　D. 8

210. 在发动机的四个工作冲程中，只有（　　　）冲程是有效冲程。

A. 进气　　　　　B. 压缩　　　　　C. 做功　　　　　D. 排气

211. 在检测排放前，应调整好汽油发动机的（　　　）。

A. 怠速　　　　　B. 点火正时　　　C. 供油量　　　　D. 怠速和点火正时

（三）判断题

（　　　）1. 怠速控制阀不受发动机电控单元控制。

（　　　）2. 电控发动机燃油泵工作电压应该用模拟式万用表检测。

（　　　）3. 电控汽油喷射发动机回火是指汽车运行中，排气消声器有"放炮"声，动力不足。

（　　　）4. 电控式动力转向系统是在原有机械式转向系统组成基础上增设一套液压助力装置。

（　　　）5. 节气门位置传感器安装在气门体上。

（　　　）6. 节气门位置传感器有线性输入和开关量输入两种形式。

（　　　）7. 喷油器开启持续时间由点火开关控制。

（　　　）8. 在电控汽车车身上进行焊修时，应先断开电脑电源。

（　　　）9. 东风 EQ1090 型汽车起动机空转试验时，转速不低于 5000r/min，电流不大于 90A，电压为 12V。

（　　　）10. 对于 EQ1092F 型汽车，发动机处于怠速时，机油压力应不小于 0.1MPa。

（　　　）11. 对于 EQ1092F 型汽车，发动机处于怠速运转转速为 500～600r/min 时，真空度波动值应不大于 5kPa。

（　　　）12. 对于 EQ1092F 型汽车，发动机处于中速时，机油压力应不小于 0.3MPa。

（　　　）13. 对于 EQ1092F 型汽车，发动机转速为 2000r/min 时，曲轴箱窜气时应不大于 70L/min。

（　　　）14. 对于 EQ1092F 型汽车，发动机转速为 800r/min、气门间隙为 0.25mm 时，排气门提前角为 18.5°。

（　　　）15. 冬季采暖时，必须打开汽车 A/C 开关。

（　　　）16. 对于由可燃液体引起的 B 级火灾，通常需要冷却熄灭。

（　　　）17. 根据工作原理不同，空气流量传感器可分为翼板式、热线式及热膜式几种。

（　　　）18. 空燃比小于 15 的混合气称为浓混合气。

（　　　）19. 连杆轴颈与轴承的配合间隙应符合汽车修理厂规定。

（　　　）20. 流量控制阀被卡住是动力转向方向发飘或跑偏的原因之一。

（　　　）21. 装配时气缸盖螺栓扭紧力不均匀会导致气缸盖翘曲变形。

（　　　）22. 气缸盖主要的变形形式是扭曲。

（　　　）23. 气门座圈承孔的圆度误差应小于 0.06mm。

（　　　）24. 汽油供给装置包括空气滤清器、燃油滤清器、燃油箱、燃油泵和输油管等。

（　　　）25. 同一活塞环上漏光弧长所对应的圆心角总和不超过 30°。

（　　　）26. 凸轮轴轴颈擦伤可能是由于润滑油不清洁造成的。

（　　　）27. 为确保安装牢固，在安装爆燃传感器时，应在爆燃传感器与气缸体之间垫上衬垫。

（　　　）28. 一般进气门锥角为 45°，排气门锥角为 30°。

（　　　）29. 翼板式空气流量传感器通常安装在电动机上。

（　　　）30. 因压缩比越高，功率越大，故压缩比越高越好。

（　　　）31. 运动速度高、单位压力大的摩擦表面应比运动速度低、单位压力小的摩擦表面的表面粗糙度参数值小。

（　　　）32. 轴针式电磁喷油器所用的密封圈是 V 形密封圈。

（　　　）33. 柴油机的空气供给装置用来提供可燃混合气。

（　　　）34. 柴油机喷油器试验器用油应为沉淀后的"0"号轻柴油。

（　　　）35. 当发动机达到一定的冷却液温度时，蜡式节温器主阀门开始打开，部分冷却液开始进行大循环。

（　　　）36. 顶置式配气机构按凸轮轴的布置形式可分为凸轮轴下置式、凸轮轴中置式和凸轮轴上置式。

（　　　）37. 按滤清方式不同，润滑系统机油滤清器可分为过滤式和离心式两种。

（　　　）38. 当节气门开度到全开位置的 80%～85% 时，发动机进入大负荷工况。

（　　　）39. 发动机气缸盖翘曲，不可用敲击法校正。

（   ）40. 发动机气缸体纵向变形的规律是呈两端低、中间高的弧形。

（   ）41. 混合气过浓会导致发动机油耗过高。

（   ）42. 机油散热器的作用是保持油温在 40～60℃ 的正常工作温度。

（   ）43. 检查发动机曲轴轴向间隙时，应先将曲轴用撬棒撬至一端，再用塞尺测量第 4 道曲柄与止推轴承之间的间隙。

（   ）44. 将柴油机喷油泵供油自动提前角向右旋转可以减小供油提前角。

（   ）45. 汽油车废气排放检测采用自由加速的方法。

（   ）46. 汽油机机油和柴油机机油有时可以代替使用。

（   ）47. 燃油滤清器堵塞不会引起发动机怠速不稳。

（   ）48. 燃油滤清器堵塞会使供油不足。

（   ）49. 桑塔纳发动机曲轴轴向间隙是靠第 3 道主轴承的止推片来保证的。

（   ）50. 曲轴的修理尺寸共分为 13 个级别，常用的是前 8 个级别。

（   ）51. 燃油压力的大小与发动机负荷没有任何关系。

七、汽车底盘知识

（一）汽车底盘理论知识

1. 自动变速器的种类

自动变速器包括液力式自动变速器（Automatic Transmission，简称 AT）、机械式自动变速器（Automatic Mechanical Transmission，简称 AMT）、无级自动变速器（Continuously Variable Transmission，简称 CVT）。

2. 液力式自动变速器的种类

（1）按照前进档的数目分类　按前进档的数目可将自动变速器分为二档式、三档式、四档式。

（2）按照汽车的驱动方式分类　按照汽车的驱动方式可将自动变速器分为后桥驱动自动变速器和前桥驱动自动变速器。

（3）按照齿轮变速机构的类型分类　自动变速器可分为普通直齿式自动变速器（又称定轴式自动变速器）和行星齿轮式自动变速器（又称动轴式自动变速器）两种。

（4）按照液力变矩器有无锁止离合器分类　液力式自动变速器分为有锁止离合器和无锁止离合器两种。

（5）按照控制系统分类　液力式自动变速器分为液压控制自动变速器和电子控制自动变速器。

3. 自动变速器组成

自动变速器主要由液力变矩器、齿轮变速系统、控制系统组成。

（1）液力变矩器　液力变矩器位于发动机和齿轮变速系统之间。

（2）齿轮变速系统　自动变速器齿轮变速系统安装在液力变矩器后面，其作用是改变传动比和传动方向，进而改变汽车的行驶速度和行驶方向。

自动变速器齿轮变速系统包括齿轮变速机构和换档执行元件两大部分。

（3）控制系统　控制系统一般安装在齿轮变速系统的下部，其作用是根据汽车的运行状态（车速、节气门开度等）自动控制齿轮变速系统的工作。

控制系统可分为液压控制系统和电子控制系统。

4. 汽车制动原理

当车轮转速降低后，由于惯性作用，汽车车身仍要以原来的速度前进，于是在车轮和路面之间产生摩擦力，该摩擦力使汽车车身速度（即车速）降低。这就是汽车制动的基本原理。

汽车制动时车轮上所受到的力有：制动器制动力（即在车轮周缘为克服制动摩擦力矩

所需加的力），地面制动力（即地面与车轮间的摩擦力）。由此可见，汽车制动的实现取决于两个方面的因素：一是制动器制动力；二是地面制动力。

在一般硬实路面上，地面制动力的最大值就是地面附着力 F_ϕ，其表达式为

$$F_\phi = \phi F_Z$$

式中　F_Z——地面对车轮的法向反作用力；

　　　ϕ——地面与轮胎间的附着系数。

地面对车轮的法向反作用力受载客数量（或载货量）、前后轴荷分配、汽车上坡或下坡等因素的影响；地面与轮胎间的附着系数受车轮在地面上的滑动程度、轮胎花纹、轮胎气压、路面状况等影响。在车辆载荷、轮胎花纹、轮胎气压、路面状况等一定的前提下，地面附着力就仅与车轮在地面上的滑动程度有关。

5. 车轮滑移率

通常用滑移率表示汽车车轮在地面上滑动的程度。所谓滑移率就是汽车在制动过程中车轮的滑动位移占总位移的比例。

6. 地面附着系数与滑移率

1）附着系数随路面性质不同而不同。在干混凝土路面上的附着系数最大，在冰地上的附着系数最小。

2）无论在什么路面上，附着系数都随滑移率的变化而变化，且变化趋势基本相同。

车轮的纵向附着系数直接影响汽车的制动效能，在 10% ~ 30% 之间达到最大。

车轮的横向附着系数直接影响汽车的方向稳定性。当滑移率为 0 时，横向附着系数最大；随着滑移率的增大，横向附着系数会越来越小，而且在滑移率超过 30% 后会急剧下降；当滑移率达到 100% 时，车轮横向附着系数将会变得非常小。

如果在汽车制动时将车轮滑移率控制在 20% 左右，则纵向附着系数最大，可获得最大地面制动力，最大程度地缩短制动距离；同时，在车轮滑移率为 20% 附近，横向附着系数也较大，可使汽车制动时能较好地保持方向稳定性和转向控制能力。

7. 防抱死制动系统的组成

防抱死制动系统的主要组成有轮速传感器、电控单元、制动压力调节器等。防抱死制动系统和常规制动系统组合在一起就构成了带 ABS 的汽车制动系统。

8. 防抱死制动系统的控制过程

防抱死制动系统是以最佳车轮滑移率（或最佳减速度）为控制目标，电控单元根据轮速传感器（有的车上还设有减速度传感器）检测到的车轮转速进行控制。在制动过程中，当电控单元根据车轮转速信号判断到车轮即将抱死时，便向执行元件发出控制指令，使执行元件动作，调节作用在制动轮缸上的液压，从而控制作用在车轮上的制动力，使车轮始终工作在不被抱死（滑移率为 10% ~ 30%）的状态下，达到最佳制动效果，使汽车在保证行驶稳定性的前提下有最短的制动距离。

防抱死制动系统常见的控制方式有逻辑门限值控制、最优控制、滑动模态变结构控制等。

所谓逻辑门限值控制就是预先选择一些运动参数作为控制参数并设定相应控制门限值，在制动时，将检测到的实际参数与电控单元内设定的门限值进行比较，按照一定的逻辑，根据比较的结果，适时对制动液压进行调节。

9. 防抱死制动系统的分类

（1）按制动压力调节器与制动主缸的结构关系分类

1）分离式防抱死制动系统：分离式防抱死制动系统是指制动主缸和制动压力调节器分别独立安装的防抱死制动系统。

2）整体式防抱死制动系统：制动主缸和制动压力调节器安装在一起，形成一个整体的防抱死制动系统，称为整体式防抱死制动系统。

（2）按控制通道分类　在防抱死制动系统中，通常把能够独立进行制动液压调节的制动管路称作控制通道。

在实际控制中，有的车轮单独占用一个控制通道，单独对其液压进行调节，这种控制方式叫独立控制或单轮控制；也有两个车轮共用一个控制通道，这种控制方式叫同时控制或一同控制；如果实行一同控制的两个车轮又在同一轴上，则把这种控制方式称为同轴控制或轴控制。

当一同控制的两个车轮行驶在不同附着系数的路面上时，制动时两个车轮抱死的时刻不同，行驶在低附着系数路面上的车轮会先抱死，行驶在高附着系数路面上的车轮会后抱死。在控制时以保证低附着系数路面上的车轮不抱死为控制条件而进行压力调节的原则称作低选原则；在控制时以保证高附着系数路面上的车轮不抱死为控制条件而进行压力调节的原则称作高选原则。

1）单通道系统：单通道系统是指仅有一条控制通道的防抱死制动系统。

2）双通道系统：双通道系统是指有两条控制通道的防抱死制动系统。

3）三通道系统：三通道系统是指有三条控制通道的防抱死制动系统。

对两后轮按低选原则进行一同控制，可以保证汽车在各种条件下左、右两个后轮的制动力相等，使汽车在各种路面上制动时都具有良好的行驶稳定性。

对两前轮进行独立控制，可以充分利用两前轮的附着力，一方面可以使汽车获得尽可能大的制动力，缩短制动距离，另一方面可使制动时两前轮始终保持较大的横向附着力，使汽车保持良好的转向控制能力。

4）四通道控制系统：四通道控制系统是指有四条控制通道的防抱死制动系统。

10. 驱动轮防滑转的基本知识

所谓驱动轮滑转就是指汽车在起步时，驱动轮不停地转动，但汽车却原地不动，或者在加速时，汽车车速不能随驱动轮转速的提高而提高。驱动轮滑转的根本原因是汽车的驱动力超过了地面的附着力。

一般地，用滑移率来表示汽车制动时车轮滑移的程度，而用滑转率来表示驱动轮的滑转程度。滑转率的表达式如下：$S_d = \dfrac{r\omega - v}{r\omega} \times 100\%$

汽车的滑转率直接影响汽车驱动时的纵向、横向附着系统。

11. 驱动轮防滑转的控制方法

（1）对发动机输出转矩进行控制

1）调节喷油量。

2）推迟点火（即减小点火提前角）。

3）调节进入发动机气缸的空气量。

（2）对驱动轮进行制动　这种控制方法是防止滑转最迅速的一种方法，但是为了保证乘坐舒适，制动力不能太大，因此这种方式一般是作为节气门调整发动机输出转矩方法的补充。

（3）对差速锁进行锁止控制　这种控制方法用在电子控制的可锁止差速器上。

在这三种控制方式中，目前较多采用的是前两种方式的组合。

12. 驱动轮防滑转调节系统的优点

1）汽车起步、行驶中驱动轮可提供最佳驱动力。

2）能保持汽车的方向稳定性和前轮驱动汽车的转向控制能力。

3）减少了轮胎的磨损与发动机油耗。

13. 驱动轮防滑转调节系统的组成和工作原理

（1）驱动轮防滑转调节系统的组成　驱动轮防滑转调节系统是控制车轮滑转率的装置，主要由轮速传感器、电控单元（ASR ECU）、驱动轮防滑转调节系统执行器（如电磁阀等）、ASR 警告灯、ASR 关闭指示灯等组成。

（2）驱动轮防滑转调节系统的工作原理　该系统根据驱动轮的转数及传动轮的转数来判定驱动轮是否发生打滑现象。汽车在光滑路面制动时，车轮会打滑，甚至使方向失控。同样，汽车在起步或急加速时，驱动轮也有可能打滑，在冰雪等光滑路面上还会使方向失控而出危险。TCS 就是针对此问题而设计的。TCS 依靠电子传感器探测到从动轮速度低于驱动轮时，就会发出一个信号，调节点火时间、减小气门开度、降档或制动车轮，从而使车轮不再打滑。

14. ASR 和 ABS 区别

ASR 和 ABS 的不同之处是，ABS 根据轮速信号计算出车轮滑移率，ASR 则根据轮速信号计算出车轮滑转率。

ASR 在汽车起步、加速等工况时起作用，但在汽车制动时不起作用，而 ABS 则是在汽车制动时起作用，在汽车正常运行过程（包括起步、加速等工况）中不起作用。

15. 电子控制悬架的概述

汽车悬架是车架与车桥之间的弹性连接传力装置。

汽车悬架可分为非独立悬架和独立悬架两大类。

独立悬架是指两侧车轮分别安装在断开式车轴两端，每段车轴和车轮单独通过弹性元件与车架相连。这种结构的优点是当一侧车轮跳动时对另一侧车轮不产生影响。

汽车悬架主要由弹性元件、减振器和导向装置三部分组成。

16. 电子控制悬架系统的组成与工作原理

（1）电子控制悬架系统的组成　该系统主要由空气压缩机、干燥器、空气电磁阀、车身高度传感器、带有减振器的空气弹簧、悬架控制执行器、悬架控制选择开关和电控单元等组成。

（2）电子控制悬架系统的工作原理　当需要升高车身时，电控单元便控制空气电磁阀使压缩空气进入空气弹簧的主气室，空气弹簧伸长，车身高度升高；当需要降低车身高度时，电控单元便控制空气电磁阀使主气室中的压缩空气排放到大气中，空气弹簧被压缩。

当需要改变悬架刚度时，电控单元通过悬架执行器来控制空气弹簧主、辅气室之间的连通阀，改变主、辅气室之间的气体流量，进而改变悬架的刚度。

当需要改变减振器的阻尼力时，电控单元便控制减振器的阻尼力调节装置工作，调节减振器的阻尼力。

17. 电子控制悬架系统各主要组件的结构

（1）车身高度传感器　车身高度传感器的作用是检测车身高度的变化，将车身高度转变为电信号向电控单元输入，作为车身高度控制的主要依据。目前，汽车多用光电式车身高度传感器。

光电式车身高度传感器主要由光电耦合元件、遮光板、旋转轴、连杆组成。

（2）车身高度控制执行装置　由空气压缩机、排气阀、干燥器、进气阀、储气罐、调压阀、电磁阀、高度传感器、气室及控制单元等组成。

（3）空气悬架刚度调节装置　空气悬架刚度调节装置主要由刚度调节阀和悬架控制执行器组成。

（4）悬架系统阻尼调节装置　阻尼调节装置通过改变阻尼孔的大小来改变悬架系统的阻尼力。

1）机电式阻尼调节装置　主要由阻尼调节执行机构和减振器两大部分组成。阻尼调节执行机构位于减振器的上部，可以驱动减振器中的回转阀转动，改变阻尼孔的大小。

阻尼调节执行机构主要由直流电动机、减速齿轮、挡块、电磁铁等组成。直流电动机用于驱动回转阀的转动；挡块用于限制减速齿轮的旋转，挡块的工作由电磁铁控制。

机电式阻尼调节装置的工作由电控单元内存程序根据车速传感器、加速度传感器、转向传感器等输出的反映车辆行驶状态的信号进行控制。

2）压电式阻尼调节装置主要由压电传感器、压电执行器和阻尼力变换阀三部分组成。

18. 电子控制动力转向系统的组成

动力转向系统主要由转向油泵、转向动力缸、转向控制阀和机械转向器等组成。

（1）动力转向系统的工作原理　动力转向系统的工作原理如图7-1所示。

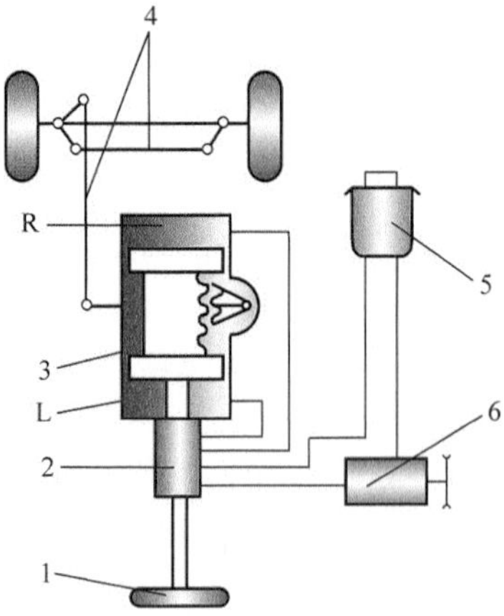

图7-1　动力转向系统的工作原理

1—转向操纵机构　2—转向控制阀　3—机械转向器与转向动力缸总成　4—转向传动结构
5—转向油罐　6—转向油泵　R—转向动力缸右腔　L—转向动力缸左腔

1）汽车直线行驶时：当汽车直线行驶时，转向控制阀2将转向油泵6出来的工作液与油罐相通，转向油泵处于卸荷状态，动力转向器不起助力作用。

2）汽车转弯时：当汽车需要向右转向时，驾驶人向右转动转向盘，转向控制阀将转向油泵泵出来的工作液与 R 腔接通，将 L 腔与油罐接通，在油压的作用下，活塞向下移动，通过传动结构使左、右轮向右偏转，从而实现右转向。向左转向时，情况与上述相反。

（2）电子控制动力转向系统的分类　根据动力源不同，电子控制动力转向系统可分为电子控制液压式动力转向系统（简称液压式 EPS）和电子控制电动式动力转向系统（简称电动式 EPS）。

19. 电子控制液压式动力转向系统

电子控制液压式动力转向系统是在液压动力转向系统的基础上增加电子控制装置得到的。

（1）电子控制液压式动力转向系统的组成　此类型转向系统主要由车速传感器、电控单元、电磁阀、动力转向控制阀和动力转向油泵等组成。通过控制流向动力转向油缸两侧油室内的液压油流量来实现动力转向控制，因此该系统又称流量控制式动力转向系统。

（2）电子控制液压式动力转向系统的工作原理　在工作时，电控单元根据车速传感器输入的信号，向电磁阀输出不同占空比的控制信号，控制电磁阀阀芯的开启程度，以控制转向动力缸活塞两侧油室的旁路液压油流量，从而改变转向盘上的转向力。

20. 电子控制电动式动力转向系统

电子控制电动式动力转向系统是以电动机作为动力转向的动力源，由电控单元根据转矩传感器和车速传感器输出的信号进行动力转向控制。

（1）电子控制电动式动力转向系统的组成　电子控制电动式动力转向系统主要由车速传感器、转矩传感器、电控单元、电磁离合器和电动机等组成。

1）转矩传感器：转矩传感器的作用是检测转向盘的转动方向以及转向盘与转向器之间的相对转矩，是电子控制电动式动力转向系统的一个重要传感器。常用的转矩传感器按工作原理可分为两种：电磁感应式和滑动可变电阻式。

2）电磁离合器和电动机：电磁离合器位于电动机的输出端，用于切断和接通电动机通向转向机构的动力传动路线。

电动式动力转向系统所用电动机为永磁式直流电动机。

（2）电子控制电动式动力转向系统的工作原理　当驾驶人转动转向盘时，装在转向轴上的转矩传感器检测出转向轴上的转矩，电控单元根据该转矩信号与车速传感器输出的车速信号计算出转向助力的大小和方向，并据此选定电动机的电流和转向。然后电控单元向执行器（电动机和电磁离合器）输出控制指令，控制电磁离合器通电接合、电动机通电转动，电动机输出的转矩经减速机构减速增矩后，施加在转向机构上，实现与汽车车速相匹配的转向助力。

（3）铃木车系电子控制电动式动力转向系统　铃木车系电子控制电动式动力转向系统按车速控制范围可分为两种：低、中速控制型（0 ~ 45km/h）和全范围控制型（0 ~ 80km/h）。

1）低、中速控制型（0 ~ 45km/h）EPS 的主要控制内容有：

① 速度控制：当车速超出 40.5 ~ 51.75km/h 的范围时，汽车转向系统按普通转向方式工作。

② 电动机电流控制：电控单元根据转矩传感器和车速传感器输出的转向力矩和车速信号确定电动机的工作电流。

③ 临界控制：临界控制的目的是保护电子控制电动式动力转向系统中的电动机及其控制组件。

2）全范围控制型（0~80km/h）EPS 的主要控制内容有：

① 电动机电流控制：电控单元根据车速传感器输送的信号控制电动机的工作电流，实现全车速范围的车速感应型控制。

② 临界控制：为避免电动机及其控制组件在临界状态下因工作电流大发热造成的损坏，每当最大电流连续通过 20s 后，电控单元就控制逐步减小电动机的工作电流，每次减小 1.5A。

（二）选择题

1. （ ）不是动力转向系统方向发飘或跑偏的原因。

A. 分配阀反作用弹簧过软或损坏　　　　B. 缺液压油或滤油器堵塞

C. 流量控制阀被卡住

D. 阀体与阀体台阶位置偏移使滑阀不在中间位置

2. （ ）不是动力转向液压助力系统引起的转向沉重的原因。

A. 油泵磨损　　　　　　　　　　　　　B. 缺液压油或滤油器堵塞

C. 油路中有气泡　　　　　　　　　　　D. 分配阀反作用弹簧过软或损坏

3. （ ）不是行驶跑偏的原因。

A. 两前轮胎气压差过大或磨损程度不一致　B. 前桥变形

C. 前轮前束过大或过小　　　　　　　　D. 车架变形或铆钉松动

4. （ ）不是轮胎异常磨损的原因。

A. 减振器性能减弱　　　　　　　　　　B. 主销后倾角改变

C. 轮胎气压不平衡　　　　　　　　　　D. 单侧悬架弹簧弹力不足

5. （ ）不是气压制动系统制动不良的原因。

A. 制动总泵、制动踏板行程调整不当　　B. 空气压缩机传动带打滑

C. 制动阀调整不当

D. 制动蹄摩擦片沾有油污、水，表面结焦炭化或摩擦片碎裂，磨损过大

6. （ ）不是汽车动力转向左右转向力不一致的原因。

A. 缺液压油或滤油器堵塞　　　　　　　B. 分配阀的滑阀偏离中间位置

C. 分配阀的滑阀虽在中间位置但与阀体台阶的间隙大小不一致

D. 滑阀内有脏物阻滞

7. （ ）不是汽车行驶跑偏的原因。

A. 减振器性能减弱　　　　　　　　　　B. 前悬架移位

C. 单侧悬架弹簧弹力不足　　　　　　　D. 车架变形

8. （ ）不是引起高速打摆现象的主要原因。

A. 前轮胎修补、前轮辋变形、前轮毂螺栓短缺引起动不平衡

B. 减振器失效，前钢板弹力不一致　　　C. 车架变形或铆钉松动

D. 前束过大，车轮外倾角、主销后倾角变小

9. （　　）不是真空助力式液压制动传动装置组成部分。

A. 加力气室　　　　　　　B. 轮缸　　　　　　　C. 控制阀　　　　　　　D. 主缸

10. （　　）不是制动拖滞的原因。

A. 制动踏板轴卡滞　　　　　　　　　　　B. 两轮制动间隙不一致

C. 制动阀排气阀间隙过小或排气阀门橡胶老化、变形而堵塞排气口

D. 制动蹄回位弹簧折断或弹力不够

11. （　　）不是转向沉重的原因。

A. 转向梯形横、直拉杆球头配合间隙过小　　B. 转向器转向轴弯曲或管柱凹瘪相互摩擦

C. 前轮前束过大或过小　　　　　　　　　　D. 转向器摇臂与衬套间隙过小

12. （　　）导致气压制动系统制动失效。

A. 空气压缩机润滑不良　　　　　　　　　　B. 制动踏板行程过小

C. 制动踏板自由行程过小　　　　　　　　　D. 空气压缩机传动带打滑

13. （　　）是行驶跑偏的原因。

A. 两前轮胎气压差过大　　　　　　　　　　B. 车架变形或铆钉松动

C. 转向节主销与衬套间隙过大　　　　　　　D. 减振器失效，前钢板弹力不一致

14. （　　）是轮胎异常磨损的原因。

A. 减振器性能减弱　　　　　　　　　　　　B. 连接销松动

C. 减振器损坏　　　　　　　　　　　　　　D. 单侧悬架弹簧弹力不足

15. （　　）是气压低引起气压制动系统制动失效的原因。

A. 车轮制动器失效　　　　　　　　　　　　B. 制动阀进气阀打不开

C. 制动器室膜片破裂　　　　　　　　　　　D. 空气压缩机传动带打滑

16. （　　）是气压正常，但气压制动系统制动失效的原因。

A. 空气压缩机损坏或供气量小　　　　　　　B. 空气压缩机传动带打滑

C. 制动器室膜片破裂　　　　　　　　　　　D. 单向阀卡滞或制动管路堵塞

17. （　　）是汽车动力转向左右转向力不一致的原因。

A. 分配阀反作用弹簧过软或损坏　　　　　　B. 缺液压油或滤油器堵塞

C. 滑阀内有脏物阻滞　　　　　　　　　　　D. 油泵磨损

18. （　　）是汽车轮胎中央磨损的原因。

A. 轮胎气压过高　　　　　　　　　　　　　B. 轮胎气压过低

C. 车轮转向角不正确　　　　　　　　　　　D. 车轮前束不正确

19. （　　）是无气压引起气压制动系统制动失效的原因。

A. 车轮制动器失效　　　　　　　　　　　　B. 制动阀进气阀打不开

C. 制动器室膜片破裂　　　　　　　　　　　D. 空气压缩机传动带打滑

20. （　　）是液压制动系统卡死的原因。

A. 液压制动系统中有空气　　　　　　　　　B. 总泵旁通孔或回油孔堵塞

C. 总泵皮碗、密封胶圈老化、发胀或翻转　　D. 制动蹄片磨损过量

21. （　　）是制动拖滞的原因。

A. 制动踏板轴卡滞　　　　　　　　　　　　B. 两后轮制动间隙不一致

C. 两后轮制动气室之一的制动管路或接头漏气

D. 后桥悬架弹簧弹力不一致

22. （　　）是转向沉重的原因。

A. 前桥变形　　　　　　　　　　　　　　B. 前悬架两侧弹簧挠度不一

C. 转向器转向轴弯曲与管柱凹瘪相互摩擦　　D. 前轮前束过大或过小

23. （　　）是装备动力转向系统的汽车方向发飘的原因。

A. 油泵磨损　　　　　　　　　　　　　　B. 缺液压油或滤油器堵塞

C. 油路中有气泡　　　　　　　　　　　　D. 分配阀反作用弹簧过软或损坏

24. （　　）有利于转向结束后转向轮和转向盘自动回正，但也容易将坏路面对车轮的冲击力传到转向盘，出现"打手"现象。

A. 可逆式转向器　　　　　　　　　　　　B. 不可逆式转向器

C. 极限可逆式转向器　　　　　　　　　　D. 齿轮齿条式转向器

25. （　　）在 30km/h 的初速度下采用应急制动系统制动时，制动距离要求≤20m。

A. 货车　　　　　　B. 客车　　　　　　C. 乘用车　　　　　　D. 特种车

26. （　　）转向器采用齿轮齿条传动原理传递动力。

A. 曲柄指销式　　　B. 循环球式　　　　C. 蜗轮蜗杆式　　　　D. 齿轮齿条式

27. （　　）转向器主要由壳体、转向螺杆、摇臂轴、转向螺母等组成。

A. 循环球式　　　　B. 齿轮 - 齿条式　　C. 蜗杆指销式　　　　D. 双指销式

28. EQ1092F 车的普通轮胎前束值应为（　　）mm，子午线轮胎的前束值应为 1～3mm。

A. 1～5　　　　　　B. 6～10　　　　　　C. 11～15　　　　　　D. 16～20

29. EQ1092F 车的普通轮胎前束值应为 1～5mm，子午线轮胎的前束值应为（　　）mm。

A. 1～3　　　　　　B. 6～9　　　　　　C. 11～14　　　　　　D. 16～29

30. EQ1092F 车的前轮外倾角为（　　）°，主销内倾角为 6°。

A. 1　　　　　　　　B. 2　　　　　　　　C. 3　　　　　　　　D. 4

31. EQ1092F 车的前轮外倾角为 1°，主销内倾角为（　　）°。

A. 3　　　　　　　　B. 4　　　　　　　　C. 5　　　　　　　　D. 6

32. EQ1092F 车的转向盘（　　）转动量应为 15°～30°。

A. 最小　　　　　　B. 自由　　　　　　C. 最大　　　　　　　D. 极限

33. EQ1092 型汽车采用蜗杆指销式转向器时，内轮最大转向角应为（　　）。

A. 37°30′　　　　　B. 30°30′　　　　　C. 34°　　　　　　　D. 38°

34. 变速器不常接合齿轮齿厚磨损不得超过（　　）mm。

A. 0.2　　　　　　　B. 0.25　　　　　　C. 0.3　　　　　　　D. 0.4

35. 变速器操纵机构由（　　）、拨叉、拨叉轴、锁止装置和变速器盖等组成。

A. 变速杆　　　　　B. 输入轴　　　　　C. 变速器壳体　　　　D. 控制系统

36. 变速器常啮合齿轮齿厚磨损不得超过（　　）mm。

A. 0.2　　　　　　　B. 0.25　　　　　　C. 0.3　　　　　　　D. 0.35

37. 变速器的组成部分中用于传递转矩并改变转矩方向的是（　　）。

A. 壳体　　　　　　B. 同步器　　　　　C. 齿轮传动机构　　　D. 操纵机构

38. 变速器挂入传动比大于 1 的档位时，变速器实现（　　）。

A. 减速增扭　　　　B. 增扭升速　　　　C. 增速增扭　　　　D. 减速减扭

39. 变速器上的（　　）是用于防止自动脱档。

A. 变速杆　　　　B. 拨叉　　　　C. 自锁装置　　　　D. 拨叉轴

40. 变速器通过不同的传动比啮合副改变"换档"达到变换转速得到不同的（　　），保证汽车克服不同的道路阻力。

A. 转矩　　　　B. 力矩　　　　C. 转速　　　　D. 传动比

41. 变速器验收时，各档噪声一般均不得高于（　　）dB。

A. 83　　　　B. 85　　　　C. 88　　　　D. 90

42. 变速器验收时各密封部位不得漏油，润滑油温度不得越过室温（　　）℃。

A. 40　　　　B. 50　　　　C. 80　　　　D. 90

43. 变速器在换档过程中，必须使即将啮合的一对齿轮的（　　）达到相同，才能顺利地挂上档。

A. 角速度　　　　B. 线速度　　　　C. 转速　　　　D. 圆周速度

44. 变速器自锁装置的主要作用是防止（　　）。

A. 变速器乱档　　B. 变速器跳档　　C. 变速器误挂倒档　　D. 挂档困难

45. 并列双腔制动主缸中前活塞回位弹簧的弹力（　　）后活塞回位弹簧的弹力。

A. 大于　　　　B. 小于　　　　C. 等于　　　　D. 大于或等于

46. 采用气压制动的机动车，当气压升至（　　）kPa 且不使用制动的情况下，停止空气压缩机 3min 后，其气压的降低值应不大于 10kPa。

A. 200　　　　B. 400　　　　C. 600　　　　D. 800

47. 采用气压制动的机动车，当气压升至 600kPa 且不使用制动的情况下，停止空气压缩机（　　）min 后，其气压的降低值应不大于 10kPa。

A. 1　　　　B. 3　　　　C. 5　　　　D. 7

48. 采用气压制动系统的机动车，发动机在 75% 的标定功率转速下，（　　）min 内气压表的指示气压应从零开始升至起步气压。

A. 1　　　　B. 2　　　　C. 3　　　　D. 4

49. 踩下汽车制动踏板时，双腔制动主缸中（　　）。

A. 后腔液压先升高　　B. 前腔液压先升高　　C. 前后腔同时升高

D. 后腔液压先升高、前腔液压先升高、前后腔同时升高都有可能

50. 差速器壳上安装着行星齿轮、半轴齿轮、从动圆锥齿轮和行星齿轮轴，其中不属差速器的是（　　）。

A. 行星齿轮　　B. 半轴齿轮　　C. 从动圆锥齿轮　　D. 行星齿轮轴

51. 从动盘摩擦片上的铆钉头至其外平面距离不得小于（　　）mm。

A. 0.1　　　　B. 0.2　　　　C. 0.3　　　　D. 0.4

52. 单级主减速器（　　）齿轮安装在差速器壳上。

A. 主动圆锥　　B. 从动圆锥　　C. 行星　　　　D. 半轴

53. 单级主减速器由（　　）齿轮组成。

A. 一对圆锥　　B. 两对圆锥　　C. 一对圆柱　　D. 一组行星

54. 当膜片弹簧离合器的从动盘磨损，压盘前移，膜片弹簧对压盘的压力将（　　　）。

A. 减小　　　　　　B. 增大　　　　　　C. 不变　　　　　　D. 消失

55. 当汽车气压制动系统储气筒内的气压高于（　　　）MPa 以上时，气压不足警告灯报警开关触点分开，警告灯不亮。

A. 0.05　　　　　　B. 0　　　　　　　　C. 0.3　　　　　　D. 0.45

56. 当汽车气压制动系统储气筒内的气压高于某一值时，气压不足警告灯报警开关触点（　　　），警告灯（　　　）。

A. 分开，不亮　　　B. 分开，亮　　　　C. 闭合，不亮　　　D. 闭合，亮

57. 当汽车正常行驶时，差速器不起差速作用时，两半轴（　　　）。

A. 转速相同　　　　B. 差速　　　　　　C. 速度趋于零　　　D. 速度等于零

58. 当汽车直线行驶时差速器（　　　）。

A. 起减速作用　　　B. 起加速作用　　　C. 起差速作用　　　D. 不起差速作用

59. 当汽车左转向时，由于差速器的作用，左右两侧驱动轮转速不同，那么转矩的分配是（　　　）。

A. 左轮大于右轮　　B. 右轮大于左轮　　C. 左、右轮相等　　D. 右轮为零

60. 东风 EQ1092 型汽车变速器共有（　　　）个档位。

A. 3　　　　　　　　B. 4　　　　　　　　C. 5　　　　　　　　D. 6

61. 东风 EQ1092 型汽车变速器使用的是（　　　）同步器。

A. 惯性锁销式　　　B. 惯性锁环式　　　C. 自动增力式　　　D. 强制锁止式

62. 东风 EQ1092 型汽车采用的制动控制阀是（　　　）。

A. 单腔式　　　　　B. 串联双腔活塞式　C. 并联双腔活塞式　D. 往复式

63. 东风 EQ1092 型汽车的车架类型属于（　　　）。

A. 边梁式　　　　　B. 中梁式　　　　　C. 综合式　　　　　D. 无梁式

64. 东风 EQ1092 型汽车的前束值为（　　　）mm。

A. 3～5　　　　　　B. 1～5　　　　　　C. 5～6　　　　　　D. 4～6

65. 东风 EQ1092 型汽车的制动气压为（　　　）kPa。

A. 700～740　　　　B. 700　　　　　　　C. 750　　　　　　　D. 800

66. 东风 EQ1092 型汽车的转向桥主要由前轴、转向节、主销和（　　　）四部分组成。

A. 轮毂　　　　　　B. 车轮　　　　　　C. 转向轴　　　　　D. 横拉杆

67. 东风 EQ1092 型汽车双回路气压制动传动装置由（　　　）和控制装置两部分组成。

A. 气泵　　　　　　B. 制动踏板　　　　C. 制动杆　　　　　D. 制动气室

68. 动力转向液压助力系统缺少液压油会导致（　　　）。

A. 行驶跑偏　　　　B. 转向沉重　　　　C. 制动跑偏　　　　D. 不能转向

69. 动力转向液压助力系统转向助力泵损坏会导致（　　　）。

A. 不能转向　　　　B. 转向沉重　　　　C. 制动跑偏　　　　D. 行驶跑偏

70. 对传动轴总成进行动平衡，要求在传动轴两端的最大不平衡值不大于（　　　）g·cm。

A. 4　　　　　　　　B. 6　　　　　　　　C. 8　　　　　　　　D. 10

71. 对液压制动的汽车连续踏几次制动踏板，始终到底且无力是因为（　　　）。

A. 制动主缸皮碗损坏、顶翻　　　　　　B. 制动蹄片和制动鼓间隙过大

C. 制动系统渗入空气或制动液气化 　　　　D. 制动液牌号不对

72. 对液压制动的汽车连续踏几次制动踏板后，踏板能升高但踏制动踏板感觉有弹性，则是由于（　　）。

A. 主缸皮碗破坏、顶翻 　　　　　　　B. 液压系统有空气或制动液气化

C. 液压系统有渗漏 　　　　　　　　　D. 制动液牌号不对

73. 对于 EQ1092F 型汽车，所测气缸压力应不小于规定值的（　　）%。

A. 65 　　　　　　B. 75 　　　　　　C. 85 　　　　　　D. 95

74. 对于独立悬架，弹簧的（　　）对乘员的舒适性起主要影响。

A. 强度 　　　　　B. 刚度 　　　　　C. 自由长度 　　　　D. 压缩长度

75. 对于非独立悬架，（　　）是影响乘员舒适性的主要因素。

A. 钢板弹簧 　　　B. 轴 　　　　　　C. 车轮 　　　　　　D. 轮胎

76. 对于允许挂接挂车的汽车，其驻车制动装置必须能使汽车列车在满载状态下时能停在坡度（　　）%的坡道上。

A. 2 　　　　　　　B. 5 　　　　　　C. 8 　　　　　　D. 12

77. 对于真空增压制动传动装置，解除制动时，控制油压下降，（　　）互相沟通，又具有一定的真空度，膜片、推杆、辅助缸活塞都在回位弹簧作用下各自回位。

A. 辅助缸 　　　　B. 控制阀 　　　　C. 加力气室 　　　　D. 主缸

78. 对于真空增压制动传动装置，解除制动时，控制油压下降，加力气室互相沟通，又具有一定的（　　），膜片、推杆、辅助缸活塞都在回位弹簧作用下各自回位。

A. 大气压力 　　　B. 压力 　　　　　C. 真空度 　　　　　D. 推力

79. 二级维护前检测桑塔纳 LX 型轿车，轮胎气压应符合规定：前轮（　　）kPa，后轮 190kPa；车轮动不平衡量为零。

A. 180 　　　　　　B. 200 　　　　　C. 300 　　　　　　D. 400

80. 二级维护前检测桑塔纳 LX 型轿车，轮胎气压应符合规定：前轮 180kPa，后轮（　　）kPa；车轮动不平衡量为零。

A. 190 　　　　　　B. 200 　　　　　C. 300 　　　　　　D. 400

81. 二级维护前检测桑塔纳 LX 型轿车，轮胎气压应符合规定：前轮 180kPa，后轮 190kPa；车轮动不平衡量为（　　）。

A. 0 　　　　　　　B. 2 　　　　　　C. 3 　　　　　　D. 4

82. 变速叉端面对变速叉轴孔轴线的垂直度公差为（　　）mm。

A. 0.2 　　　　　　B. 0.15 　　　　　C. 0.1 　　　　　　D. 0.08

83. 变速器壳上各承孔轴线的平行度公差允许比原设计规定增加（　　）mm。

A. 0.01 　　　　　B. 0.02 　　　　　C. 0.03 　　　　　D. 0.04

84. 各齿轮的啮合印痕应在轮齿啮合面中部，且不小于啮合面的（　　）。

A. 0.55 　　　　　B. 0.6 　　　　　C. 0.7 　　　　　D. 0.75

85. 圆锥（　　）齿轮与突缘键槽的侧隙不大于 0.20mm。

A. 从动 　　　　　B. 主动 　　　　　C. 锥 　　　　　　D. 双曲线

86. 圆锥主、从动齿轮（　　）为 0.15 ~ 0.50mm。

A. 长度 　　　　　B. 宽度 　　　　　C. 厚度 　　　　　D. 啮合间隙

87. 圆锥主、从动齿轮接触痕迹的长不小于齿长的（　　　）%。

    A. 50　　　　　　　B. 60　　　　　　　C. 70　　　　　　　D. 75

88. 圆锥主、从动齿轮啮合间隙为（　　　）mm。

    A. 0.15~0.25　　　B. 0.15~0.35　　　C. 0.15~0.45　　　D. 0.15~0.50

89. 圆锥主动齿轮与突缘键槽的侧隙不大于（　　　）mm。

    A. 0.1　　　　　　B. 0.2　　　　　　C. 0.25　　　　　　D. 0.3

90. 鼓式制动器可分为非平衡式、平衡式和（　　　）。

    A. 自动增力式　　　B. 单向助力式　　　C. 双向助力式　　　D. 双向自动增力式

91. 关于行车制动性能的要求，甲说：汽车行车制动、应急制动和驻车制动的各系统应以某种方式相连；乙说：各种制动系统在其中之一失效时，汽车应能正常制动。对于以上说法（　　　）。

    A. 甲正确　　　　　B. 乙正确　　　　　C. 甲、乙都正确　　D. 甲、乙都不正确

92. 关于轮胎异常磨损的原因，甲认为：轮胎气压不平衡就是轮胎异常磨损的原因；乙认为：单侧悬架弹簧弹力不足是其中之一；丙认为：主销后倾角改变是其中之一。看法正确的是（　　　）。

    A. 甲和乙　　　　　B. 乙和丙　　　　　C. 丙和甲　　　　　D. 均错

93. 关于汽车动力转向左右转向力不一致的原因，甲认为：分配阀的滑阀偏离中间位置是左右转向力不一致的原因；乙认为：分配阀的滑阀虽在中间位置但与阀体台阶的间隙大小不一致是其中之一；丙认为：滑阀内有脏物阻滞是其中之一。看法正确的是（　　　）。

    A. 甲和乙　　　　　B. 乙和丙　　　　　C. 丙和甲　　　　　D. 均错

94. 关于汽车行驶跑偏的原因，甲认为：车架变形是行驶跑偏的直接原因；乙认为：前悬架移位是其中之一；丙认为：单侧悬架弹簧弹力不足是其中之一。看法正确的是（　　　）。

    A. 甲和乙　　　　　B. 乙和丙　　　　　C. 丙和甲　　　　　D. 均错

95. 关于悬架系统损坏引起的常见故障，甲认为：轮胎异常磨损是悬架系统损坏引起的；乙认为：车身倾斜是其中之一；丙认为：汽车行驶跑偏是其中之一。看法正确的是（　　　）。

    A. 甲和乙　　　　　B. 乙和丙　　　　　C. 丙和甲　　　　　D. 均错

96. 关于液压制动系统制动不良、失效的原因，甲认为：总泵皮碗、密封胶圈老化、发胀或翻转是引起上述故障的原因；乙认为：制动蹄片磨损过量是其中之一；丙认为：液压制动系统中有空气是其中之一。看法正确的是（　　　）。

    A. 甲和乙　　　　　B. 乙和丙　　　　　C. 丙和甲　　　　　D. 均错

97. 关于引起低速打摆现象的主要原因，甲认为：前束过大、车轮外倾角、主销后倾角变小就是打摆现象的主要原因；乙认为：转向器啮合间隙过大是其中之一；丙认为：转向节主销与衬套间隙过大是其中之一。看法正确的是（　　　）。

    A. 甲和乙　　　　　B. 乙和丙　　　　　C. 丙和甲　　　　　D. 均错

98. 关于引起高速打摆现象的主要原因，甲认为：车架变形是打摆现象的主要原因；乙认为：前减振器失效是其中之一；丙认为：前束过大是其中之一。看法正确的是（　　　）。

    A. 甲和乙　　　　　B. 乙和丙　　　　　C. 丙和甲　　　　　D. 均错

99. 关于制动跑偏、甩尾的原因，甲认为：车架变形是制动跑偏、甩尾的原因；乙认

为：单侧悬架弹簧弹力不足是其中之一；丙认为：前悬架弹簧弹力不足是其中之一。看法正确的是（　　）。

A. 甲和乙　　　　　B. 乙和丙　　　　　C. 丙和甲　　　　　D. 均错

100. 关于制动甩尾的原因，甲认为：后桥悬架弹簧弹力不一致是引起上述故障的原因；乙认为：两后轮制动气室之一的制动管路或接头漏气是其中之一；丙认为：两后轮制动间隙不一致是其中之一。看法正确的是（　　）。

A. 甲和乙　　　　　B. 丙和甲　　　　　C. 乙和丙　　　　　D. 均错

101. 关于重型车采用的制动增压装置，甲说重型汽车宜采用空气增压装置；乙说重型汽车宜采用助力式液压装置。你认为以上观点（　　）。

A. 甲正确　　　　　B. 乙正确　　　　　C. 甲、乙都正确　　　D. 甲、乙都不正确

102. 关于转向沉重的原因，甲认为：转向器转向轴弯曲或管柱凹瘪相互摩擦就是转向沉重的原因；乙认为：转向器摇臂与衬套间隙过小是其中之一；丙认为：转向梯形横、直拉杆球头配合间隙过小是其中之一。看法正确的是（　　）。

A. 甲和乙　　　　　B. 乙和丙　　　　　C. 丙和甲　　　　　D. 均错

103. 关于装备动力转向系统的汽车方向发飘或跑偏的原因，甲认为：分配阀反作用弹簧过软或损坏就是方向发飘或跑偏的根本原因；乙认为：流量控制阀被卡住是其中之一；丙认为：阀体与阀体台阶位置偏移使滑阀不在中间位置是其中之一。看法正确的是（　　）。

A. 甲和乙　　　　　B. 乙和丙　　　　　C. 丙和甲　　　　　D. 均错

104. 行车制动在产生最大制动作用时的踏板力，对于座位数大于9的载客汽车应不大于（　　）N。

A. 100　　　　　B. 200　　　　　C. 500　　　　　D. 700

105. 行车制动在产生最大制动作用时的踏板力，对于座位数小于或等于（　　）的载客汽车应不大于500N。

A. 5　　　　　B. 6　　　　　C. 9　　　　　D. 11

106. 行车制动在产生最大制动作用时的踏板力，对于座位数小于或等于9的载客汽车应不大于（　　）N。

A. 100　　　　　B. 200　　　　　C. 500　　　　　D. 800

107. 机动车转向盘的最大自由转动量对于最大设计车速等于100km/h的机动车不得大于（　　）°。

A. 5　　　　　B. 10　　　　　C. 15　　　　　D. 20

108. 检查传动轴轴管的最大径向跳动量，其值应不大于（　　）mm。

A. 0.2　　　　　B. 0.4　　　　　C. 0.6　　　　　D. 0.8

109. 轿车的轮辋一般是（　　）。

A. 深式　　　　　B. 平式　　　　　C. 可拆式　　　　　D. 圆形式

110. 捷达轿车驻车制动器是（　　）。

A. 气压式　　　　　B. 综合式　　　　　C. 液力式　　　　　D. 人力式

111. 解放 CA1092 型汽车采用的双级主减速器，其第一级为（　　）。

A. 锥齿轮　　　　　B. 斜齿圆柱齿轮　　　C. 人字齿轮　　　　　D. 曲齿轮

112. 解放 CA1092 型汽车支承销与底板销孔的配合间隙应为（　　）mm。

A. 0.02 ~ 0.085　　　　B. 0.06 ~ 0.08　　　　C. 0.05 ~ 0.10　　　　D. 0.15 ~ 0.25

113. 解放 CA1092 型汽车制动鼓工作表面粗糙度 R_a 为（　　）μm。

A. 10 ~ 15　　　　B. 5 ~ 10　　　　C. 10 ~ 12　　　　D. 2 ~ 5

114. 解放 CA1092 型汽车制动蹄摩擦衬片表面铆钉头深度小于（　　）mm。

A. 0.05　　　　B. 0.08　　　　C. 0.5　　　　D. 0.8

115. 解放 CA1092 型汽车制动蹄支承销与制动底板的配合间隙不大于（　　）mm。

A. 0.25　　　　B. 0.2　　　　C. 0　　　　D. 0.3

116. 解放 CA1092 型汽车制动系统内的气压规定值为（　　）kPa。

A. 800 ~ 830　　　　B. 700 ~ 740　　　　C. 700 ~ 800　　　　D. 800 ~ 850

117. 解放 CA1092 型汽车主销内倾角为（　　）。

A. 6°　　　　B. 10°　　　　C. 8°　　　　D. 4°

118. 进行自动变速器（　　）时，时间不得超过 5s。

A. 油压试验　　　　B. 失速试验　　　　C. 时滞试验　　　　D. 手动试验

119. 进行自动变速器失速试验时，时间不得超过（　　）s。

A. 5　　　　B. 10　　　　C. 15　　　　D. 20

120. 空气液压制动传动装置分为（　　）两种。

A. 助压式和增力式　　　　　　　　B. 增压式和助力式

C. 增压式和增力式　　　　　　　　D. 助压式和助力式

121. 离合器传动钢片的主要作用是（　　）。

A. 将离合器盖的动力传给压盘　　　　B. 将压盘的动力传给离合器盖

C. 固定离合器盖和压盘　　　　　　　D. 减小振动

122. 离合器的从动部分不包括（　　）。

A. 从动盘　　　　B. 变速器输入轴　　　　C. 离合器输出轴　　　　D. 飞轮

123. 离心提前装置在分电器轴固定不动时，使凸轮向其（　　）转至极限，放松时应立即回原位。

A. 工作方向　　　　B. 正向　　　　C. 反向　　　　D. 侧向

124. 两前轮车轮制动器间隙不一致会导致汽车（　　）。

A. 制动失效　　　　B. 制动跑偏　　　　C. 制动过热　　　　D. 轮胎异常磨损

125. 轮胎应当定期做动平衡检查，用（　　）检查。

A. 静平衡检测仪　　　　B. 动平衡检测仪　　　　C. 扒胎机　　　　D. 测功机

126. 铝合金发动机气缸盖的水道容易被腐蚀，轻者可（　　）修复。

A. 堆焊　　　　B. 镶补　　　　C. 环氧树脂粘补

D. 堆焊、镶补、环氧树脂粘补均可

127. 膜片弹簧离合器的压盘（　　），热容量大，不易产生过热。

A. 较大　　　　B. 较小　　　　C. 较薄　　　　D. 较厚

128. 膜片弹簧式离合器的分离杠杆的平面度误差不得大于（　　）mm。

A. 0.1　　　　B. 0.3　　　　C. 0.5　　　　D. 0.7

129. 气压制动系统中的气压调节器上的螺钉旋入时（　　）。

A. 气压降低　　　　B. 气压升高　　　　C. 气压不变　　　　D. 不可调

130. 汽车（　　）的行驶里程为 10000～15000km。

A. 日常维护　　　　B. 一级维护　　　　C. 二级维护　　　　D. 三级维护

131. 汽车半轴套管折断的原因之一是（　　）。

A. 高速行驶　　　　　　　　　　B. 传动系统过载

C. 严重超载　　　　　　　　　　D. 轮毂轴承润滑不良

132. 汽车车架变形会导致汽车（　　）。

A. 制动跑偏　　　　B. 行驶跑偏　　　　C. 制动甩尾　　　　D. 轮胎变形

133. 汽车传动系统应用最广泛的是十字轴式刚性万向节，它允许相连两轴的最大交角为（　　）。

A. 10°～15°　　　　B. 15°～20°　　　　C. 20°～25°　　　　D. 25°～30°

134. 汽车的前束值一般都小于（　　）mm。

A. 5　　　　　　　　B. 8　　　　　　　　C. 10　　　　　　　　D. 12

135. 汽车动力转向系统转向器滑阀内有脏物阻滞会导致汽车（　　）。

A. 不能转向　　　　B. 左右转向力不一致　　C. 转向沉重　　　　D. 转向发飘

136. 汽车二级维护的行驶里程为（　　）km。

A. 5000～10000　　B. 10000～15000　　C. 20000～30000　　D. 30000～40000

137. 汽车行驶时，充电指示灯由亮转灭，说明（　　）。

A. 发电机处于他励状态　　　　　　B. 发电机处于自励状态

C. 充电系统有故障　　　　　　　　D. 指示灯损坏

138. 汽车后桥壳上钢板弹簧中定位孔磨损偏移量不得超过（　　）mm。

A. 1　　　　　　　　B. 2　　　　　　　　C. 3　　　　　　　　D. 5

139. 汽车离合器压盘及飞轮表面烧蚀的主要原因是离合器（　　）。

A. 打滑　　　　　　　　　　　　　B. 分离不彻底

C. 动平衡破坏　　　　　　　　　　D. 踏板自由行程过大

140. 汽车离合器液压操纵系统漏油或有空气，会引起（　　）。

A. 离合器打滑　　　　　　　　　　B. 离合器分离不彻底

C. 离合器异响　　　　　　　　　　D. 离合器结合不柔合

141. 汽车轮胎尺寸规格标记在胎侧，比如 9.00R20，其中 R 表示（　　）。

A. 无内胎轮胎　　　　　　　　　　B. 普通斜交轮胎

C. 子午线轮胎　　　　　　　　　　D. 混合花纹轮胎

142. 汽车拖带挂车时，解除挂车制动时，要（　　）主车制动。

A. 同时或早于　　　B. 同时　　　　　　C. 晚于　　　　　　D. 晚于或同时

143. 汽车万向传动装置的十字轴万向节主要由十字轴、万向节叉和（　　）组成。

A. 套筒　　　　　　B. 滚针　　　　　　C. 套筒和滚针　　　　D. 双联叉

144. 汽车万向传动装置一般由万向节、（　　）和中间支撑组成。

A. 变矩器　　　　　B. 半轴　　　　　　C. 传动轴　　　　　　D. 拉杆

145. 汽车维护中常用扭力扳手的规格为（　　）。

A. 0～300N·m　　B. 0～500N·m　　　C. 0～1000N·m　　　D. 0～2000N·m

146. 汽车悬架一般都由弹性元件、（　　）和导向机构三部分组成。

A. 离合器　　　　　B. 减速器　　　　　C. 减振器　　　　　D. 差速器

147. 汽车液压动力转向系统的原始动力来自（　　）。

A. 蓄电池　　　　　B. 电动机　　　　　C. 发动机　　　　　D. 油泵

148. 汽车液压制动系统中个别车轮制动拖滞是由于（　　）。

A. 制动液太脏或粘度过大　　　　　B. 制动踏板自由行程过小

C. 制动蹄片与制动鼓间隙过小　　　D. 制动主缸旁通孔堵塞

149. 汽车一级维护的行驶里程为（　　）km。

A. 500～1000　　　B. 1000～2000　　C. 2000～3000　　D. 3000～4000

150. 汽车正常行驶时，总是偏向行驶方向的左侧或右侧，这种现象称为（　　）。

A. 行驶跑偏　　　　B. 制动跑偏　　　　C. 制动甩尾　　　　D. 车轮回正

151. 汽车制动解除时，若排气缓慢或不排气而造成全车制动鼓发热，应检查（　　）。

A. 制动气室　　　　B. 制动蹄回位弹簧　C. 制动操纵机构　　D. 储气筒

152. 汽车制动蹄支承销孔与支承销配合间隙不超过（　　）mm。

A. 0.5　　　　　　B. 0.05　　　　　　C. 0.15　　　　　　D. 0.1

153. 汽车转弯时，差速器中的行星齿轮（　　）。

A. 只公转　　　　　　　　　　　　　B. 只自转

C. 既公转又自转　　　　　　　　　　D. 既不公转又不自转

154. 汽车转向时，其内轮转向角（　　）外轮转向角。

A. 大于　　　　　　B. 小于　　　　　　C. 等于　　　　　　D. 大于或等于

155. 汽车左、右侧轮胎气压不一致不会导致（　　）。

A. 转向沉重　　　　B. 车身倾斜　　　　C. 轮胎磨损　　　　D. 制动跑偏

156. 前驱动轿车的半轴上均安装（　　）万向节。

A. 普通　　　　　　B. 十字轴　　　　　C. 准等速　　　　　D. 等速

157. 前悬是汽车最前端至（　　）中心线的距离。

A. 前轴　　　　　　B. 后轴　　　　　　C. 前轮　　　　　　D. 后轮

158. 前轴与转向节装配应适度，转动转向节的力一般不大于（　　）N。

A. 20　　　　　　　B. 15　　　　　　　C. 10　　　　　　　D. 5

159. 球轴承的拆卸选用（　　）。

A. 四爪拉器　　　　B. 球轴承拉器　　　C. 通用拉器　　　　D. 半轴套筒拉器

160. 如离合器间隙太大，离合器将出现（　　）的故障。

A. 打滑　　　　　　B. 分离不开　　　　C. 发抖　　　　　　D. 异响

161. 桑塔纳2000型轿车采用的是（　　）伺服制动装置。

A. 真空增压式　　　B. 气压助力式　　　C. 真空助力式　　　D. 涡流增压式

162. 桑塔纳2000型轿车的双回路液压制动装置采用的是（　　）配合。

A. 前独立式　　　　B. 后独立式　　　　C. 交叉式　　　　　D. 非交叉式

163. 桑塔纳2000型轿车后轮制动器制动蹄新摩擦片的厚度为5mm，磨损极限为（　　）mm。

A. 0.3　　　　　　B. 0.25　　　　　　C. 0.35　　　　　　D. 0.2

164. 桑塔纳2000型轿车离合器踏板自由行程为（　　）mm。

A. 5～15　　　　　　B. 15～20　　　　　　C. 30～40　　　　　　D. 40～45

165. 桑塔纳 2000 型轿车前后轮制动力分配为（　　　）。

A. 4.414：1　　　　　B. 4：1　　　　　　　C. 5：1　　　　　　　D. 1：1

166. 桑塔纳 2000 型轿车主减速器的主、从动齿轮的啮合间隙为（　　　）mm。

A. 0.15　　　　　　　B. 0.2　　　　　　　C. 0.25　　　　　　　D. 0.3

167. 桑塔纳轿车的离合器踏板自由行程为（　　　）mm。

A. 15～25　　　　　　B. 25～35　　　　　　C. 35～45　　　　　　D. 45～55

168. 桑塔纳轿车驻车制动器是（　　　）。

A. 气压式　　　　　　B. 综合式　　　　　　C. 液力式　　　　　　D. 人力式

169. 十字轴式万向节允许相邻两轴的最大交角为（　　　）。

A. 10°～15°　　　　B. 15°～20°　　　　C. 20°～25°　　　　D. 25°～30°

170. 双回路液压制动系统中任一回路失效，此时（　　　）。

A. 主腔不能工作　　　　　　　　　　　B. 踏板行程减小

C. 踏板行程不变　　　　　　　　　　　D. 制动效能降低

171. 双腔制动主缸中，前活塞回位弹簧比后活塞回位弹簧的弹力（　　　）。

A. 大　　　　　　　　B. 小　　　　　　　C. 相等　　　　　　　D. 大、小、相等都可能

172. 下列（　　　）不是行驶中有撞击声或异响的原因。

A. 弹簧折断　　　　　　　　　　　　　B. 单侧悬架弹簧弹力不足

C. 连接销松动　　　　　　　　　　　　D. 减振器损坏

173. 下列（　　　）不是液压制动系统制动不良的原因。

A. 液压制动系统中有空气　　　　　　　B. 总泵旁通孔堵塞

C. 总泵密封胶圈老化　　　　　　　　　D. 制动蹄片磨损过量

174. 下列（　　　）不是引起低速打摆现象的原因。

A. 前束过大、车轮外倾角、主销后倾角变小

B. 车架变形或铆钉松动

C. 转向器啮合间隙过大

D. 转向节主销与衬套间隙过大

175. 下列（　　　）不是制动跑偏、甩尾的原因。

A. 车架变形　　　　　　　　　　　　　B. 前悬架弹簧弹力不足

C. 单侧悬架弹簧弹力不足　　　　　　　D. 一侧车轮制动器制动性能减弱

176. 下列（　　　）不装备真空助力式液压制动传动装置。

A. 桑塔纳 2000 轿车　　　　　　　　　B. 奥迪 100 型轿车

C. 捷达轿车　　　　　　　　　　　　　D. 跃进 1061 汽车

177. 下列（　　　）是行驶中有异响的原因。

A. 减振器性能减弱　　　　　　　　　　B. 前悬架移位

C. 单侧悬架弹簧弹力不足　　　　　　　D. 弹簧折断

178. 下列（　　　）是汽车行驶中有撞击声的原因。

A. 减振器性能减弱　　　　　　　　　　B. 前悬架移位

C. 单侧悬架弹簧弹力不足　　　　　　　D. 弹簧折断

179. 下列（　　）是液压制动系统制动不良的原因。

A. 总泵旁通孔或回油孔堵塞　　　　　　B. 制动蹄回位弹簧过软、折断

C. 液压制动系统中有空气　　　　　　　D. 制动管路凹瘪堵塞

180. 下列（　　）是制动甩尾的原因。

A. 前悬架弹簧弹力不足　　　　　　　　B. 轮胎异常磨损

C. 减振器性能减弱　　　　　　　　　　D. 单侧悬架弹簧弹力不足

181. 下列因素中造成变速器乱档原因之一的是（　　　）。

A. 轮齿磨成锥形　　　　　　　　　　　B. 自锁装置失效

C. 互锁装置失效　　　　　　　　　　　D. 倒档锁失效

182. 下列因素中导致汽车液压制动不良的是（　　　）。

A. 制动主缸回油阀密封不良　　　　　　B. 制动主缸出油阀弹簧过软

C. 制动主缸旁通孔堵塞　　　　　　　　D. 制动踏板自由行程过小

183. 下面不是盘式制动器的优点的是（　　　）。

A. 散热能力强　　　　　　　　　　　　B. 抗水衰退能力强

C. 制动平顺性好　　　　　　　　　　　D. 管路液压低

184. 液压传动系统中的下列节流调速回路中溢流阀在正常工作时不抬起的是（　　　）。

A. 进油路节流调速　　　　　　　　　　B. 回油路节流调速

C. 旁油路节流调速　　　　　　　　　　D. 容积调速回路

185. 液压行车制动系统在达到规定的制动效能时，对于制动器装有自动调整间隙装置的车辆的踏板行程不得超过踏板全行程的（　　　）。

A. 1/4　　　　　　B. 2/4　　　　　　C. 3/4　　　　　　D. 4/5

186. 液压行车制动系统在达到规定的制动效能时，对于座位数大于9的载客汽车踏板行程应不得超过（　　　）mm。

A. 80　　　　　　B. 100　　　　　　C. 120　　　　　　D. 150

187. 液压行车制动系统在达到规定的制动效能时，踏板行程不得超过踏板全行程的（　　　）。

A. 1/4　　　　　　B. 2/4　　　　　　C. 3/4　　　　　　D. 7/8

188. 液压制动泵的安装程序是：安装真空助力器、制动主缸、（　　　）和制动踏板。

A. 制动传动装置　　B. 拉杆　　　　　C. 制动分泵　　　　D. 制动软管

189. 一般主销内倾角不大于（　　　）。

A. 5°　　　　　　　B. 8°　　　　　　　C. 10°　　　　　　D. 12°

190. 以下属于二级维护内容的是（　　　）。

A. 检查、调整转向节　　　　　　　　　B. 更换活塞环

C. 更换活塞销　　　　　　　　　　　　D. 检查曲轴轴向间隙

191. 以下属于离合器发抖原因的是（　　　）。

A. 离合器分离杠杆内端面不在同一平面内　B. 压紧弹簧弹力均匀

C. 摩擦片表面清洁　　　　　　　　　　D. 从动盘表面平整

192. 用脚施加于驻车制动操纵装置上的力，对于座位数小于或等于9的载客汽车应不大于（　　　）N。

A. 100   B. 200   C. 500   D. 700

193. 用百分表测量变速器倒档轴的径向跳动量，要求不大于（ ）mm，使用极限为0.06mm。

A. 0.02   B. 0.025   C. 0.03   D. 0.035

194. 用深度游标卡尺测量，衬片铆钉头距摩擦衬片表面应不小于（ ）mm，衬片厚度应不小于9mm。

A. 0.2   B. 0.3   C. 0.4   D. 0.8

195. 用深度游标卡尺测量，衬片铆钉头距摩擦衬片表面应不小于0.80mm，衬片厚度应不小于（ ）mm。

A. 3   B. 5   C. 7   D. 9

196. 用手施加于驻车制动操纵装置上的力，对于座位数小于或等于9的载客汽车应不大于（ ）N。

A. 100   B. 200   C. 400   D. 600

197. 有内胎充气轮胎由于帘布层的结构不同可分为（ ）。

A. 有内胎轮胎和无内胎轮胎   B. 高压轮胎和低压轮胎
C. 子午线轮胎和普通斜交轮胎   D. 普通花纹轮胎和混合花纹轮胎

198. 在液压传动过程中，换向阀的"位"是根据（ ）来划分的。

A. 对外接通的油口数   B. 阀芯的控制方式
C. 阀芯的运动形式   D. 阀芯在阀体内的工作位置

199. 真空助力式液压制动传动装置，加力气室和控制阀组成一个整体，叫做（ ）。

A. 真空助力器   B. 真空增压器   C. 空气增压器   D. 空气助力器

200. 正确的主减速器主、从动锥齿轮啮合印痕应位于（ ）。

A. 齿长方向偏向大端，齿高方向偏向顶端   B. 齿长方向偏向小端，齿高方向偏向顶端
C. 齿长方向偏向大端，齿高方向偏向底端   D. 齿长方向偏向小端，齿高方向偏向底端

201. 正确的主减速器主、从动锥齿轮啮合印痕应位于齿长方向偏向（ ）端，齿高方向偏向顶端。

A. 小   B. 大
C. 中   D. 小、大、中都不正确

202. 正确的主减速器主、从动锥齿轮啮合印痕应位于齿长方向偏向小端，齿高方向偏向（ ）端。

A. 底   B. 顶
C. 中   D. 底、顶、中都不正确

203. 制动鼓失圆，将不能导致（ ）。

A. 车辆行驶跑偏   B. 无制动   C. 制动时间变长   D. 制动距离变长

204. 制动距离过长，应调整（ ）。

A. 制动踏板高度   B. 制动气室压力
C. 储气筒压力   D. 制动底板上的偏心支承

205. 制动钳体缸筒（ ）误差应不大于0.02mm。

A. 圆度   B. 圆柱度   C. 平面度   D. 粗糙度

206. 制动钳体缸筒与活塞的（　　）配合间隙应小于 0.15mm。

A. 极限　　　　　B. 理想　　　　　C. 最小　　　　　D. 理论

207. 制动甩尾的原因有（　　）。

A. 制动阀调整不当　　　　　　　　B. 两后轮制动间隙过小

C. 两后轮制动气室制动管路漏气　　D. 前桥悬架弹簧弹力不一致

208. 制动踏板轴卡滞会导致汽车（　　）。

A. 制动拖滞　　　B. 制动甩尾　　　C. 制动失效　　　D. 制动过迟

209. 制动蹄与制动鼓之间的间隙过大，将会导致（　　）。

A. 车辆行驶跑偏　　　　　　　　　　B. 制动不良

C. 制动时间变长　　　　　　　　　　D. 制动距离变长

210. 制动蹄与制动鼓之间的间隙过大，应调整（　　）。

A. 制动踏板高度　　　　　　　　　　B. 制动气室压力

C. 储气筒压力　　　　　　　　　　　D. 制动底板上的偏心支承

211. 制动蹄与制动鼓之间的间隙过小，将导致（　　）。

A. 车辆行驶跑偏　B. 无制动　　　　C. 制动时间变长　D. 制动距离变长

212. 制动主缸装配前，用（　　）清洗缸壁。

A. 酒精　　　　　B. 汽油　　　　　C. 柴油　　　　　D. 防冻液

213. 当传动轴中间支承的轴向间隙大于（　　）mm 时，应解体中间支承总成。

A. 0.1　　　　　B. 0.3　　　　　C. 0.5　　　　　D. 0.7

214. 中型以上越野汽车和自卸汽车多用（　　）转向器。

A. 可逆式　　　　B. 不可逆式　　　C. 极限可逆式　　D. 齿轮条式

215. 重型汽车的制动传动装置多采用（　　）。

A. 真空助力式液压装置　　　　　　B. 空气增压装置

C. 真空增压式液压装置　　　　　　D. 助力式液压装置

216. 主减速器主、从动锥齿轮啮合印痕可通过（　　）来调整。

A. 增减主动锥齿轮前端调整垫片　　B. 增减主动锥齿轮后端调整垫片

C. 增减从动锥齿轮后端调整垫片　　D. 增减从动锥齿轮后端调整垫片

217. 驻车制动器多安装在（　　）或分动器之后。

A. 离合器　　　　B. 变速器　　　　C. 差速器　　　　D. 主减速器

218. 转向节各部位螺纹的损伤不得超过（　　）。

A. 一牙　　　　　B. 二牙　　　　　C. 三牙　　　　　D. 四牙

219. 转向盘（　　）转动量是指将转向盘转动而车轮不随之摆动的这一过程转向盘所转过的角度。

A. 最小　　　　　B. 自由　　　　　C. 最大　　　　　D. 极限

220. 转向桥和（　　）属于从动桥。

A. 驱动桥　　　　B. 转向驱动桥　　C. 支持桥　　　　D. 后桥

221. 装备气压制动系统的汽车气压不足警告灯报警开关安装在（　　）上。

A. 储气筒　　　　B. 制动踏板　　　C. 制动气室　　　D. 制动器

222. 装备手动变速器的汽车，可安装（　　）来减小换挡所引起的齿轮冲击。

A. 同步器　　　　　　B. 差速器　　　　　　C. 离合器　　　　　　D. 制动器

223. 装传动轴时，十字轴轴颈如有压痕，压痕不严重且不在传力面时，可将十字轴由原装配位置旋转（　　）°装复。

A. 30　　　　　　　　B. 60　　　　　　　　C. 80　　　　　　　　D. 90

224. 自动变速器内（　　）的作用是制动。

A. 单向离合器　　　　B. 离合器　　　　　　C. 制动器　　　　　　D. 手动阀

225. 自动变速器内的单向离合器的作用是（　　）。

A. 联接　　　　　　　B. 固定　　　　　　　C. 锁止　　　　　　　D. 制动

226. 自动变速器内的离合器的作用是（　　）。

A. 联接　　　　　　　B. 固定　　　　　　　C. 锁止　　　　　　　D. 制动

227. 自动变速器内的制动器的作用是（　　）。

A. 联接　　　　　　　B. 固定　　　　　　　C. 锁止　　　　　　　D. 制动

228. 自动变速器试验后，应让发动机怠速运转（　　）s左右，以使自动变速器油温正常。

A. 10　　　　　　　　B. 20　　　　　　　　C. 30　　　　　　　　D. 60

229. （　　）不会导致气压制动系统制动不良。

A. 空气压缩机损坏　　　　　　　　　　　　B. 制动软管破裂

C. 制动器室膜片破裂　　　　　　　　　　　D. 制动踏板行程过小

230. （　　）不是车身倾斜的原因。

A. 车架轻微变形　　　　　　　　　　　　　B. 单侧悬架弹簧弹力不足

C. 减振器损坏　　　　　　　　　　　　　　D. 轮胎气压不平衡

231. （　　）不是导致汽车钢板弹簧损坏的主要原因。

A. 汽车长期超载　　　　　　　　　　　　　B. 材质不符合要求

C. 装配不符合要求　　　　　　　　　　　　D. 未按要求对轮胎进行换位

232. （　　）不是无气压或气压低引起气压制动系统制动失效的原因。

A. 空气压缩机损坏或供气量小　　　　　　　B. 制动器室膜片破裂

C. 空气压缩机传动带打滑　　　　　　　　　D. 单向阀卡滞或制动管路堵塞

233. （　　）不是悬架系统损坏引起的常见故障。

A. 轮胎异常磨损　　　B. 后桥异响　　　　　C. 车身倾斜　　　　　D. 汽车行驶跑偏

234. （　　）不是液压制动系统卡死的原因。

A. 总泵皮碗、密封胶圈老化、发胀或翻转

B. 制动蹄摩擦片与制动鼓间隙过小

C. 总泵旁通孔或回油孔堵塞

D. 制动管路凹瘪或老化、堵塞

235. 为避免汽车转向沉重，主销后倾角一般不超过（　　）。

A. 2°　　　　　　　　B. 4°　　　　　　　　C. 5°　　　　　　　　D. 3°

236. 在空载状态下，驻车制动装置应能保证机动车在坡度为（　　）%、轮胎与路面间的附着系数不小于0.7的坡道上正、反两个方向保持固定不动，其时间不应少于5min。

A. 10　　　　　　　　B. 20　　　　　　　　C. 30　　　　　　　　D. 40

237. 在空载状态下，驻车制动装置应能保证机动车在坡度为 20%、轮胎与路面间的附着系数不小于 0.7 的坡道上正、反两个方向保持固定不动，其时间不应少于（　　　）min。

　　A. 2　　　　　　　　B. 3　　　　　　　　C. 4　　　　　　　　D. 5

238. 在制动时，液压制动系统中制动主缸与制动轮缸的油压是（　　　）。

　　A. 主缸高于轮缸　　　B. 主缸低于轮缸　　　C. 轮缸主缸相同　　　D. 不确定

239. 总质量不大于 3500kg 的低速货车在 30km/h 的初速度下采用行车制动系统制动时，空载检验时制动距离要求不大于（　　　）m。

　　A. 8　　　　　　　　B. 18　　　　　　　　C. 28　　　　　　　　D. 38

240. 总质量不大于 3500kg 的低速货车在 30km/h 的初速度下采用行车制动系统制动时，满载检验时制动距离要求不大于（　　　）m。

　　A. 9　　　　　　　　B. 19　　　　　　　　C. 29　　　　　　　　D. 39

241. 最大爬坡度是车辆（　　　）时的最大爬坡能力。

　　A. 满载　　　　　　　B. 空载　　　　　　　C. 小于 5t　　　　　　D. 大于 5t

242. 座位在 9 座以上"包括驾驶人座位在内"的载客汽车称为（　　　）。

　　A. 小型乘用车　　　B. 普通乘用车　　　C. 高级乘用车　　　D. 客车

243. 轴针式电磁喷油器所用的密封圈是（　　　）形密封圈。

　　A. Y　　　　　　　　B. V　　　　　　　　C. O　　　　　　　　D. 唇

（三）判断题

（　　　）1. 普通变速器由变速传动机构和变速操纵机构两大部分组成。

（　　　）2. EQ1092F 型汽车前轮外倾角为 1°。

（　　　）3. EQ1092F 型汽车转向盘自由转动量应为 15°～20°。

（　　　）4. EQ1092 型汽车蹄鼓间隙值支承端比凸轮端大。

（　　　）5. 半轴花键与半轴齿轮及突缘键槽的侧隙不大于原设计规定 0.30mm。

（　　　）6. 变速器常啮合齿轮齿厚磨损不得超过 0.25mm。

（　　　）7. 变速器在验收时，各档均不允许有噪声。

（　　　）8. 常流式液压动力转向装置因泄漏大、消耗功率高，故目前应用较少。

（　　　）9. 车轮平衡机是用来检测和调校汽车车轮的动静平衡，保证车轮运转安全平稳。

（　　　）10. 车轮平衡有静平衡和动平衡之分。

（　　　）11. 车身倾斜是悬架系统损坏引起的常见故障之一。

（　　　）12. 磁感应式车速里程表的结构中没有电路连接。

（　　　）13. 单侧悬架弹簧弹力不足是车身倾斜的原因之一。

（　　　）14. 单侧悬架弹簧弹力不足是制动跑偏、甩尾的原因之一。

（　　　）15. 等速万向节只能用于转向驱动桥的半轴上。

（　　　）16. 对于双管路制动传动装置，当其中一套管路发生制动失效时，另一套管路仍能继续工作，使汽车仍具有一定的制动能力。

（　　　）17. 对于双级主减速器，一般第一级为斜齿圆柱齿轮，第二级为锥齿轮。

（　　　）18. 客车在 30km/h 的初速度下采用应急制动系统制动时，制动距离要求不大于 40m。

（　　）19. 空气压缩机损坏或供气量小是无气压或气压低引起气压制动系统制动失效的原因之一。

（　　）20. 空气液压制动传动装置分为增压式和助力式两种。

（　　）21. 空气助力器与真空助力器的助力作用都是直接增大制动主缸的推力。

（　　）22. 离合器按工作原理不同可分为摩擦片式离合器和液力离合器。

（　　）23. 离合器从动盘表面有油污时，应用汽油将其清洁。

（　　）24. 离合器压盘产生裂纹应焊修。

（　　）25. 两前轮胎气压差过大或磨损程度不一致是行驶跑偏的原因之一。

（　　）26. 膜片弹簧离合器在分离时，膜片弹簧会产生反向锥形变形，使压盘与从动盘分离。

（　　）27. 膜片弹簧离合器在高速旋转时，压盘的压紧力不会产生变化。

（　　）28. 气压制动传动装置的特点是制动踏板行程较长。

（　　）29. 汽车变速器中所有常啮合齿轮均为斜齿轮。

（　　）30. 汽车传动系统应用最广泛的是十字轴式刚性万向节，它允许相连两轴的最大交角为 25°。

（　　）31. 汽车制动系统中鼓式车轮制动器按张开装置的形式不同，可分为简单非平衡式制动器、平衡式制动器和自动增力式制动器。

（　　）32. 液压传动系统中的回油路节流调速回路的节流阀放在分支油路上。

（　　）33. 液压传动系统中的减压回路主要减主油路的压力。

（　　）34. 液压传动易实现精确的定比传动。

（　　）35. 液压行车制动系统在达到规定的制动效能时，对于座位数大于 9 的载客汽车踏板行程应不得超过 100mm。

（　　）36. 液压制动的汽车，由于温度过高，制动液汽化而产生气阻会造成制动不良。

（　　）37. 液压制动系统排气要在装车之前。

（　　）38. 用脚施加于驻车制动操纵装置上的力，对于座位数小于 9 的载客汽车应不大于 600N。

（　　）39. 在空载状态下，驻车制动装置应能保证机动车在坡度为 20%、轮胎与路面间的附着系数不小于 0.7 的坡道上正、反两个方向保持固定不动，其时间不应少于 5min。

（　　）40. 制动传动装置按制动管路布置形式可分为单管路制动传动装置和双管路制动传动装置。

（　　）41. 制动阀进气阀打不开是气压正常，但气压制动系统制动失效的原因之一。

（　　）42. 制动阀调整不当是气压制动系统制动不良的原因之一。

（　　）43. 制动分泵的皮碗用汽油清洗。

（　　）44. 制动主缸的作用是将由制动踏板输入的机械推力转变成制动力。

（　　）45. 制冷系统如果制冷剂泄漏速度很慢，对冷冻机油泄漏影响不大。

（　　）46. 驻车制动装置通常由驾驶人用手操纵。

（　　）47. 转盘式清洗机主要用于整车清洗。

（　　）48. 转向操纵机构应转动灵活、无卡滞现象、装配齐全、紧固可靠。

（　　）49. 转向器按结构不同主要有循环球式、齿轮－齿条式和螺母螺杆式。

（　　）50. 转向器是转向操纵机构的重要组成部分。

（　　）51. 转向器转向轴弯曲或管柱凹瘪相互摩擦是转向沉重的原因之一。

（　　）52. 自动变速器手动阀的作用是控制阀板内油压，使之不高于某一压力。

（　　）53. 总泵旁通孔或回油孔堵塞是液压制动系统卡死的原因之一。

（　　）54. 总泵皮碗、密封胶圈老化、发胀或翻转是液压制动系统制动不良的原因之一。

（　　）55. 发动机纵向传出的转矩经驱动桥后，使其改变60°后横向传出。

（　　）56. 对于允许挂接挂车的汽车，其驻车制动装置必须使汽车列车在满载状态下时能停在坡度12%的坡道上。

（　　）57. 分配阀的滑阀偏离中间位置是汽车动力转向左、右转向力不一致的原因之一。

（　　）58. 分配阀反作用弹簧过软或损坏就是动力转向方向发飘或跑偏的原因。

（　　）59. 浮动钳型盘式制动器的制动间隙由轮缸活塞上的橡胶密封圈实现。

（　　）60. 干式气缸套的外表面可以与冷却液接触。

（　　）61. 行车制动器的功用是使汽车停放可靠，防止汽车滑溜。

（　　）62. 行车制动系统的踏板自由行程越大越好。

（　　）63. 机动车转向盘的最大自由转动量对于最大设计车速大于100km/h的机动车不得大于20°。

（　　）64. 检查传动轴花键轴与滑动叉花键的配合间隙，最大不得超过0.4mm。

（　　）65. 如汽车制动跑偏，说明汽车某一侧车轮制动间隙过大。

（　　）66. 若在良好的路面上出现侧滑，应检查车轮定位。

（　　）67. 桑塔纳2000型轿车前轮采用的是浮动钳型盘式制动器。

（　　）68. 桑塔纳2000型轿车制动鼓内径磨损不得超过1mm。

（　　）69. 前悬架移位只是汽车行驶跑偏的原因。

（　　）70. 手动变速器操纵机构没有倒档锁装置。

（　　）71. 所有汽车的转向轮前束值不能为负值。

八、汽车辅助控制系统知识

（一）汽车辅助控制系统理论知识

1. 汽车空调的功能与特点

（1）汽车空调的功能　汽车空调即汽车室内空气调节的简称，它用以调节车内的温度、湿度、气流速度、空气洁净度等，从而为乘客创造清新舒适的车内环境。汽车空调主要有如下功能：

1）调节车内温度：汽车空调在冬季利用其采暖装置升高车内的温度，轿车和中小型汽车一般以发动机冷却液作为暖气的热源；在夏季，车内降温则由制冷装置完成。

2）调节车内湿度：普通汽车空调一般不具备这种功能，只有采用冷暖一体化的空调器，才能对车内的湿度进行适量调节。它通过制冷装置冷却、去除空气中的水分，再由取暖装置升温以降低空气的相对湿度。目前在多数汽车上还没有安装加湿装置，只能通过打开车窗或通风设施，靠车外的新风来调节车内湿度。

3）调节车内空气流速：空气的流速和方向对人体舒适性的影响很大。在夏季，较大的气流速度，有利于人体散热降温；但过大的风速直接吹到人体上，也会使人感到不舒服，最舒适的气流速度一般为 0.25m/s 左右。在冬季，风速太大会影响人体保温，因而冬季采暖时气流速度应尽量小一些，一般为 0.15～0.20m/s。根据人体生理特点，头部对冷比较敏感，脚部对热比较敏感，因此，在布置空调出风口时，应采取上冷下暖的方式，即让冷风吹到乘员头部，暖风吹到乘员脚部。

4）过滤、净化车内空气：由于车内空间小，乘员密度大，车内极易出现缺氧和二氧化碳浓度过高的情况；汽车发动机废气中的一氧化碳和道路上的粉尘、野外的花粉都容易进入车内，造成车内空气污浊，影响乘员的身体健康，因此必须要求汽车空调具有补充车外新鲜空气、过滤和净化车内空气的功能。一般汽车空调装置上都设有进风门、排风门、空气过滤装置和空气净化装置。

（2）汽车空调的特点　汽车空调是以消耗发动机的动力来调节控制车内环境的。了解汽车空调特点，有利于汽车空调的使用和维修。汽车空调主要有如下特点：

1）抗冲击能力强：车辆行驶时，汽车空调承受剧烈、频繁的振动和冲击，因此汽车空调的各个零部件应有足够的强度和抗振能力，接头牢固并防漏。汽车空调制冷系统容易发生制冷剂的泄漏，破坏整个空调系统的工作条件，甚至破坏制冷系统的部件，如压缩机。所以，汽车空调各部件的连接要牢固。

2）动力源多样化：空调系统所需的动力来自发动机。轿车、轻型汽车、中小型客车及工程机械，其空调所需的动力和驱动汽车的动力都来自同一个发动机，这种空调系统叫做非独立空调系统；对于大型客车和豪华型大、中客车，由于所需制冷量和暖气量大，一般采用专用发动机驱动制冷压缩机和设置独立的采暖设备，故称之为独立式空调系统。非独立式空调系统，会影响汽车的动力性能，但比独立式空调系统在设备成本和运行成本上都经济。汽车安装了非独立式空调后，耗油量平均增加 10% ~ 20%（和汽车的速度有关），发动机的输出功率减少 10% ~ 12%。非独立式汽车空调的采暖系统一般利用发动机的冷却液，独立式空调系统则采用独立采暖的燃烧器。

3）制冷制热能力强：汽车空调要求汽车的制冷制热能力强，其原因如下。

① 车内乘员密度大，产生热量多，热负荷大，而冬天人体所需的热量也大。

② 汽车为了减轻自重，隔热层薄；汽车的门窗多、面积大，所以汽车隔热性能差，热量流失严重。

③ 汽车都在室外工作，直接接受太阳的热、霜雪的冷、风雨的潮湿，环境恶劣，千变万化。要使汽车空调能迅速地降温，在最短的时间里达到舒适的环境，要求制冷量特别大。

4）结构紧凑、质量小：由于汽车本身的特点，要求汽车空调结构紧凑，能在有限的空间进行安装，而且安装了空调后，不至于使汽车增重太多，影响其他性能。

2. 汽车空调系统的组成与分类

（1）汽车空调系统的组成　汽车安装空调系统的目的是为了调节车内空气的温度、湿度，改善车内空气的流动性，提高空气的清洁度。因此，汽车空调系统主要由以下几部分组成：

1）制冷装置对车内空气或由外部进入车内的新鲜空气进行冷却或除湿，使车内空气变得凉爽舒适。

制冷装置由压缩机、冷凝器、储液干燥器、膨胀阀、蒸发器、冷凝器散热风扇、制冷管道、制冷剂等组成，如图 8-1 所示。

2）暖风装置主要用于取暖，对车内空气或由外部进入车内的新鲜空气进行加热，达到取暖除霜的目的。它由加热器、热水阀、水管等组成，如图 8-2 所示。

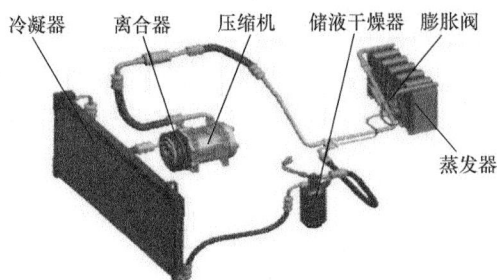

图 8-1　空调系统的组成

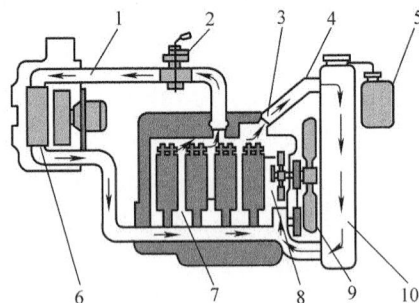

图 8-2　暖风装置
1—热交换器软管　2—热水阀　3—节温器
4—散热器软管　5—膨胀水箱　6—热交换器芯
7—发动机　8—水泵　9—风扇　10—散热器

3）通风装置将外部新鲜空气吸进车内，起通风和换气作用。同时，通风可以防止风窗玻璃起雾。它由进气模式风门、鼓风机、混合气模式风门、气流模式风门、导风管等组成，如图 8-3 所示。

图 8-3　通风装置

1—前风窗玻璃除霜或除水气通风口　2—前风窗玻璃除霜或除水气通风口
3—侧面通风口　4—中间通风口　5—前排下部通风口　6—后排下部通风口

4）空气净化装置除去车内空气中的尘埃、臭味、烟气及有毒气体，使车内空气变得清洁。它由车内、外空气交换和车内空气循环两部分组成。

5）空调控制装置对制冷、取暖和空气配送系统的温度、压力进行控制，同时对车内的温度、风量、流向进行调节，并配有故障诊断和网络通信功能，完善了控制系统的自动程度。控制装置包括点火开关、A/C 开关、电磁离合器、鼓风机开关、调速电阻器、各种温度传感器、制冷剂高低压力开关、温度控制器、送风模式控制装置、各种继电器。近几年来不少中、高级轿车上普遍采用了电脑自动控制，大幅度降低了人工调节的麻烦，提高了空调经济性和空调制冷效果。将上述全部或部分有机地组合在一起安装在汽车上，便组成了汽车空调系统。在一般的轿车和客、货车上，通常只有制冷装置、暖风装置和通风装置，在高级轿车和高级大、中客车上，还有加湿装置和空气净化装置。

（2）汽车空调系统的分类

1）按功能分：汽车空调系统按功能可分为单一功能和组合式两种。

① 单一功能是指冷风、暖风各自独立，自成系统，一般用于大、中型客车上。

② 组合式是指冷、暖风合用一个鼓风机、一套操纵机构。这种结构又分为冷、暖风分别工作和冷、暖风可同时工作两种方式，多用于轿车上。

2）按驱动方式分：汽车空调系统按驱动方式可分为非独立式和独立式两种。

① 非独立式汽车空调系统：空调制冷压缩机由汽车本身的发动机驱动，汽车空调系统的制冷性能受汽车发动机工况的影响较大，工作稳定性较差，尤其是低速时制冷量不足，而在高速时制冷量过剩，并且消耗功率较大，影响发动机动力性。这种类型的汽车空调系统一般多用于制冷量相对较小的中、小型汽车上。

② 独立式汽车空调系统：空调制冷压缩机由专用的空调发动机（也称副发动机）驱动，故汽车空调系统的制冷性能不受汽车主发动机工况的影响，工作稳定，制冷量大，但由于加

装了一台发动机，不仅成本增加，而且体积和质量也增加。这种类型的汽车空调系统多用于大、中型客车。

3）按控制方式分：汽车空调系统按控制方式可分为手动、半自动和全自动（智能）三种。

① 手动空调系统：这类系统不具备车内温度和空气配送自动调节功能，制冷、采暖和风量的调节需要使用者按照需要调节，控制电路简单，通常使用在普及型轿车和中、大型货车上。

② 半自动空调系统：这类系统虽然具备车内温度和空气配送调节功能，但制冷、采暖和送风量等部分功能仍然需要使用者调节，它配有电子控制和保护电路，通常使用在普及型或者部分中档轿车上。

③ 全自动（智能）空调系统：这类系统具有自动调节和控制车内温度、风量以及空气配送方式的功能，保护系统完善，并具有故障诊断和网络通信功能，工作稳定可靠，目前广泛应用在中、高档轿车和大型豪华客车上。

3. 中控门锁的组成

中控门锁由门锁控制开关、门锁总成、钥匙操纵开关、行李箱门锁等组成，如图 8-4 所示，门锁总成如图 8-5 所示，门锁传动机构如图 8-6 所示，门锁位置开关工作情况如图 8-7 所示。

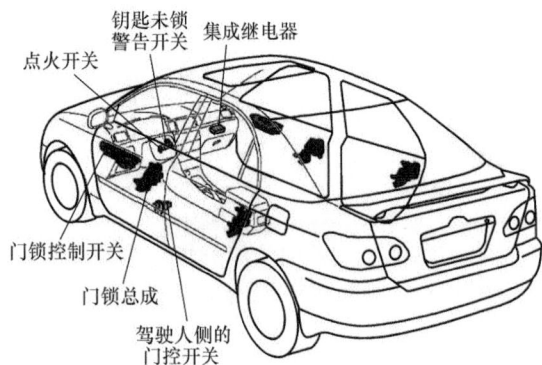

图 8-4　门锁组成示意图

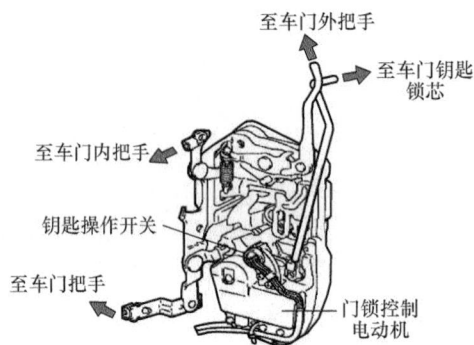

图 8-5　门锁总成

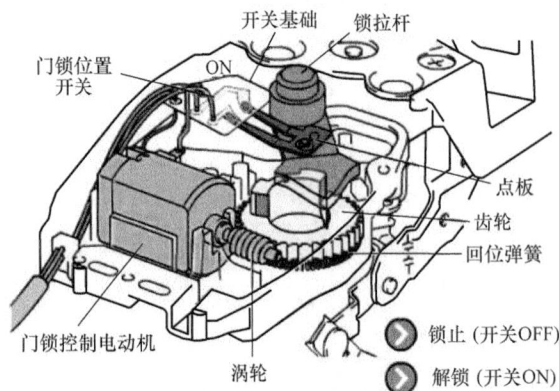

图 8-6　门锁传动机构

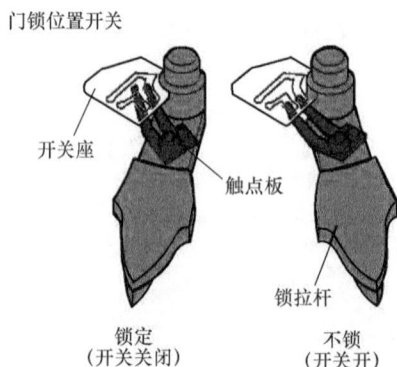

图 8-7　门锁位置开关工作情况

4. 中控门锁的功能

汽车中央控制门锁系统具有钥匙联动开闭车门和钥匙占用预防功能。根据不同车型、等级和使用地区，门锁装置具有各种不同的功能。具体功能如下：

1）中央控制：当驾驶人锁住车门时，其他车门均同时锁住；驾驶人也可通过门锁开关打开所有门锁。

2）速度控制：当车速达到一定数值时，能自动将所有的车门锁锁定（有的车型无此功能）。

3）单独控制：为了方便，除中央控制外，乘员仍可利用车门的机械式弹簧锁开、关车门。

4）两级开锁功能：许多车辆具有钥匙联动开锁功能，其中的一级开锁操作，只能以机械方法打开钥匙插入的门锁。二级开锁操作，则同时打开其他车门锁。一般来说，所有车门都可以通过右前侧或左前侧车门上的钥匙来同时关闭和打开。

5）钥匙占用预防功能：若已经执行了锁门操作，而钥匙仍然插在点火开关内，则所有的车门会自动打开。

6）安全功能：当钥匙已经从点火开关中拔出而且车门也锁住时，车门不能用门锁控制开关打开。

7）电动车窗不用钥匙的动作功能：驾驶人和乘客的车门都关上，点火开关断开后，电动车窗仍可动作60s。

8）自动打开或关闭电动车窗功能：一些高级车辆中，在用钥匙或遥控器将门锁打开或锁止时，电动车窗会自动打开或关闭。

9）后车门儿童安全锁止功能：防止车内儿童擅自打开车门，只有当中央门锁系统在"开锁"状态时，儿童安全锁闩才能退出。有的车锁是当儿童安全锁闩拨到锁止位置时，在车内用内锁扣不能开门，而在车外用外锁扣可以开门。

10）防盗功能：配合防盗系统，实现汽车防盗。

5. 电动车窗的功用及组成

电动车窗可以让驾驶人操作四个车窗中的任意一个上升或下降，乘客只能使所靠近侧的车窗上升或下降。电动车窗由车窗玻璃、玻璃升降器、电动机、继电器、断路器和控制开关等组成，如图8-8所示。

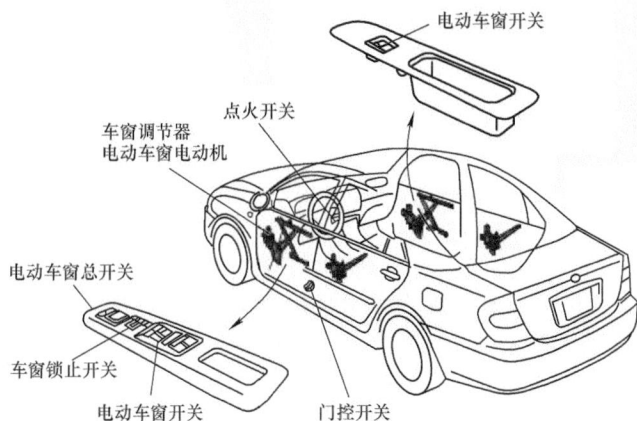

图8-8　电动车窗组成

6. 电动座椅的功用及组成

现代轿车的前排电动座椅，可进行座椅的前后位置、座椅靠背位置、座椅倾斜位置、座椅的高度位置共计 8 个方向的调节，主要由座椅开关、电动机、传动装置等组成。电动机采用永磁双向直流电动机。如要完成 8 个方向的调整，则需要 4 个电动机来完成，如图 8-9 所示。

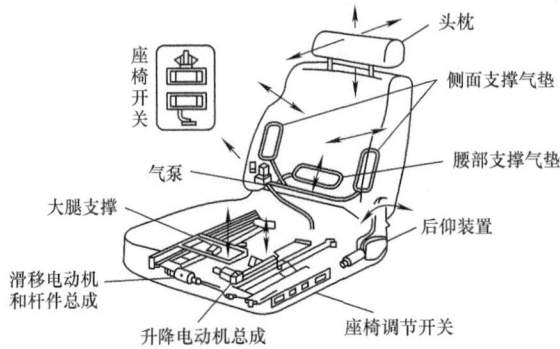

图 8-9　电动座椅调节方向

7. 电动后视镜的组成

电动后视镜一般由镜片、微型直流电动机、驱动器、控制开关等组成。在每个后视镜镜面的背后都有两个可逆的电动机，可操纵其上、下及左、右运动。通常垂直方向的倾斜运动由一个永磁电动机控制，水平方向的倾斜运动由另一个永磁电动机控制。每个电动后视镜都有一个独立控制开关，开关杆可多方向移动，可使一个电动机工作或两个电动机同时工作。有的电动后视镜还带有伸缩功能，由伸缩开关控制伸缩电动机工作，使整个后视镜回转伸出或缩回。电动后视镜的结构和控制开关如图 8-10 所示。

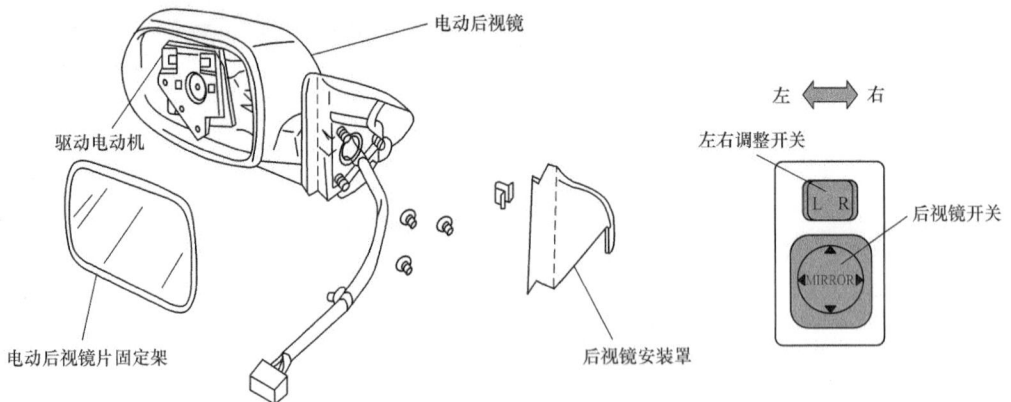

图 8-10　电动后视镜的结构和控制开关示意图

8. 刮水器的作用

汽车在雨天、雪天、雾天、扬沙或尘土较多的环境中行驶时，会由于灰尘落在风窗玻璃上而影响驾驶人的视线。为了保证在上述不良天气时驾驶人仍有良好的视线，因此很多汽车的刮水系统中安装了清洗装置，必要时向风窗玻璃喷水或专用清洗液，在刮水器的配合下，保持风窗玻璃洁净，位置如图8-11所示。

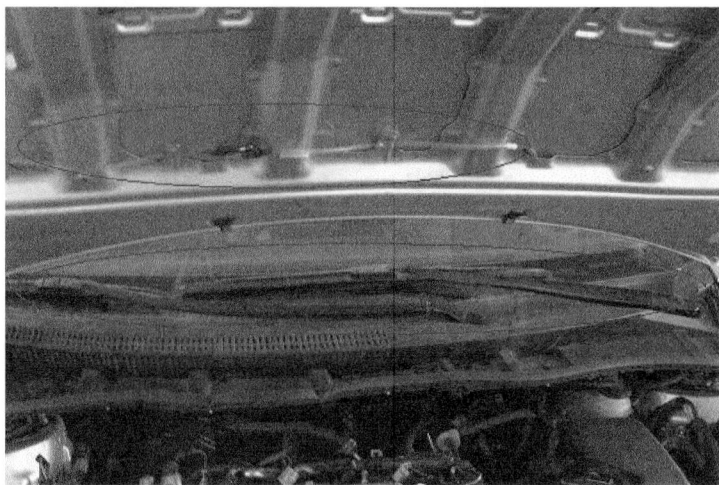

图8-11　刮水器在车上的位置

9. 刮水器及清洗系统的组成

1）电动刮水器：电动刮水器主要由直流电动机、涡轮箱、曲柄、连杆、摆杆、摆臂和刮水片等组成。如图8-12所示，一般电动机和蜗杆箱结合成一体，组成刮水器电动机总成。曲柄、连杆和摆杆等杆件可以把涡轮的旋转运动转变为摆臂的往复摆动，使摆臂上的刮水片实现刮水动作。

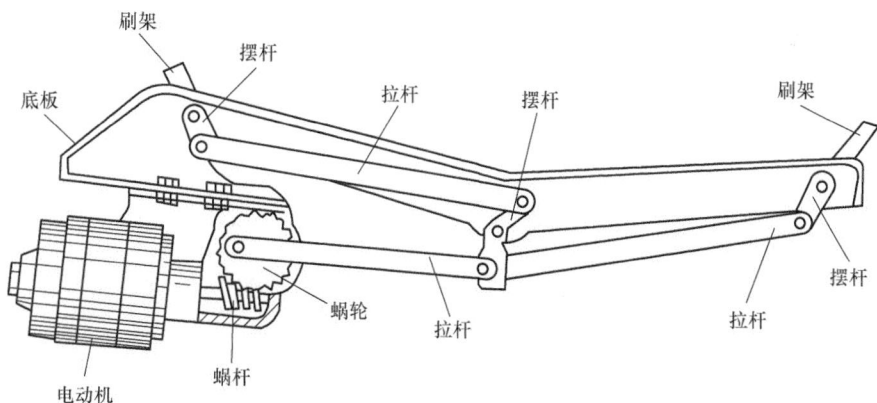

图8-12　刮水器的组成

2）风窗洗涤装置：为了更好地消除附在风窗玻璃上的灰尘污物，在汽车上增设了洗涤装置，与刮水器配合使用，可以使汽车风窗玻璃更好地完成刮水工作，并获得更好的刮水效果。

风窗玻璃洗涤装置的组成如图8-13所示，它主要由储液箱、洗涤泵、输液管、喷嘴等组成。洗涤泵由永磁直流电动机和离心式叶片泵组成为一体，安装在储液箱上或管路内，喷射压力达 70 ~ 88kPa。

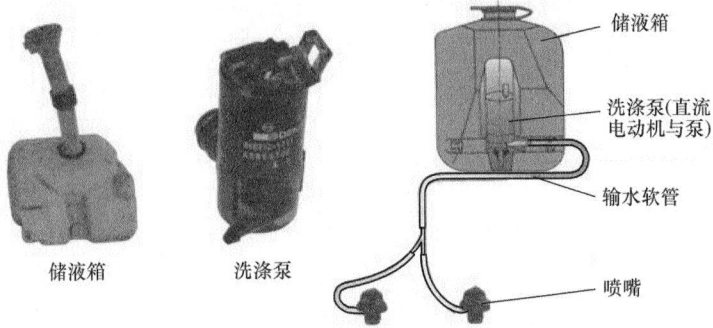

储液箱

洗涤泵

储液箱

洗涤泵(直流
电动机与泵)

输水软管

喷嘴

图 8-13　风窗洗涤装置

3）除霜装置：在有雨或雪的天气，由于车内水蒸气易凝结在玻璃上，形成一层霜，尤其是后方的玻璃因为不易擦拭到，而且风也吹不到，对行车视野妨碍比较大，因此在一些汽车上安装有除霜装置，汽车前、侧风窗玻璃上的霜可以利用空调系统产生的暖气进行除霜，后风窗玻璃多使用电热丝除霜。

除霜装置是把电热丝一条一条地粘在后风窗玻璃内部，以两端相接成并联电路，只需要供给两端要求的电压，即可加温玻璃，从而达到除霜的目的。除霜电热丝的电压控制方式分手动和自动两种。一般自动的除霜装置由开关、自动除霜传感器、自动除霜控制器、除霜电热丝和配线等组成，如图 8-14 所示。自动除霜传感器安装在后风窗玻璃上，其作用是将后风窗玻璃上是否结霜、结霜层的厚度告知除霜控制电路，结霜层厚度越大，传感器电阻越小。

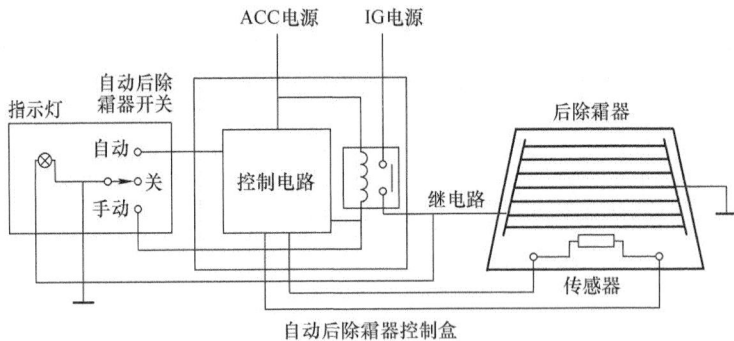

ACC电源　IG电源

指示灯

自动后除
霜器开关

自动

关

手动

控制电路

后除霜器

继电路

传感器

自动后除霜器控制盒

图 8-14　除霜装置

10. 电动天窗的功用与组成

汽车的电动天窗通常被称为太阳车顶或电动车顶，这是汽车移动式车顶的一种，如图 8-15 所示，即车厢的顶部可以部分打开或关闭，以改善车厢内的采光、通风。电动天窗主要由天窗组件、滑动机构、驱动机构和控制系统等组成。

1）天窗组件包括天窗框架、天窗玻璃、遮阳板、导流槽、排水槽等部分。

2）驱动机构主要由电动机、传动机构、滑动螺杆等组成，如图 8-16 所示。工作时，电

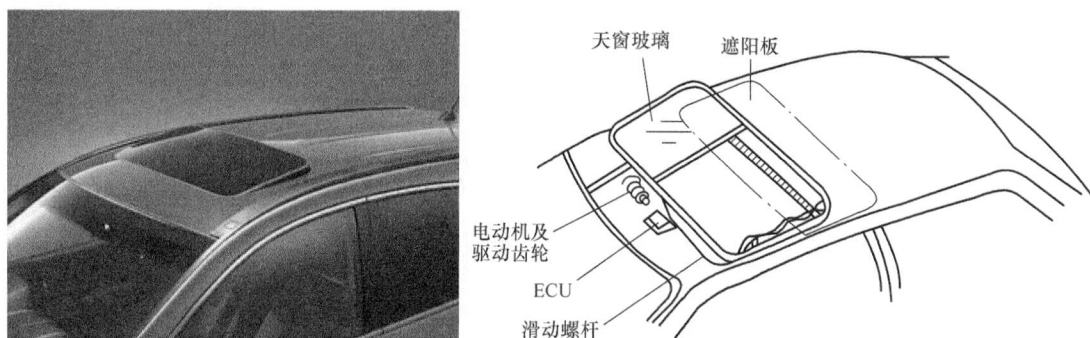

图 8-15　电动天窗

动机驱动传动机构，使得天窗滑移开启或倾斜开启。驱动电动机正转使天窗玻璃向前滑动，反转使天窗玻璃向后滑动。

　　3）天窗控制系统主要包括天窗控制开关、电控单元（ECU）、继电器、限位开关等。天窗控制开关有滑动开启和倾斜开启两种功能。滑动开关有滑动打开、滑动关闭和断开三个位置；倾斜开关也有斜升、斜降和断开三个位置。

　　电动天窗控制单元和中央控制器单元之间为电气相连，具有以下功能：通过中央门锁可方便地关闭电动车窗（点火开关关闭后或车门未开时）。用车钥匙关闭电动车窗，必须在关闭所有车窗后将钥匙位于"中央门锁锁止"

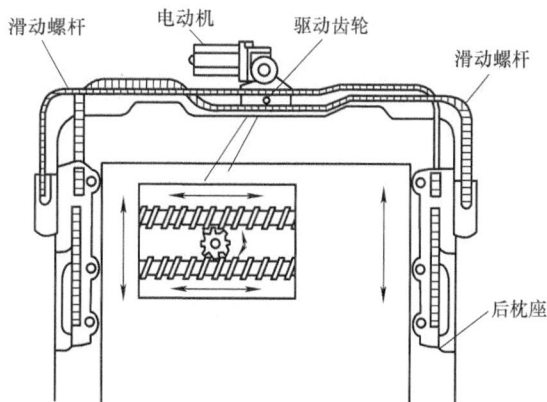

图 8-16　天窗驱动机构

位置。如果所有的车窗都关闭，车钥匙必须在"中央门锁锁止"的位置保持 1s 以上。出于安全考虑，电动天窗不能由无线电遥控关闭。限位开关依靠凸轮来检测天窗玻璃所处位置。限位开关安装在天窗玻璃处全关闭位置前约 200mm 时停止的位置，天窗玻璃到达此位置便立即停止滑动。一旦松开限位开关或再次推动滑动开关时，天窗玻璃便会完全关闭。

（二）选择题

1. （　　）不能导致驾驶人侧电动车门锁不能开启。

A. 熔断器故障　　　　B. 开关故障　　　　C. 遥控器故障　　　　D. 点火开关故障

2. （　　）不能导致驾驶人侧电动车门锁不能锁定。

A. 熔断器故障　　　　B. 开关故障　　　　C. 搭铁不良　　　　D. 点火开关故障

3. （　　）不能导致前排乘客侧电动车门锁不能锁定。

A. 熔断器故障　　　　B. 开关故障　　　　C. 遥控器故障　　　　D. 点火开关故障

4. （　　）不能导致所有电动车门锁都不工作。

　　A. 熔断器故障　　　　B. 开关故障　　　　C. 搭铁不良　　　　D. 左侧车门锁开关故障

5. （　　）不能导致左后侧电动车门锁不能锁定。

　　A. 熔断器故障　　　　B. 开关故障　　　　C. 搭铁不良　　　　D. 点火开关故障

6. （　　）导致不能用驾驶人侧车门锁按钮开启两扇车门。

　　A. 熔断器故障　　　　　　　　　　B. 驾驶人侧开关故障

　　C. 乘客侧开关故障　　　　　　　　D. 搭铁不良

7. （　　）导致不能用驾驶人侧车门锁按钮开启一扇车门。

　　A. 熔断器故障　　　　　　　　　　B. 驾驶人侧开关故障

　　C. 导线断路　　　　　　　　　　　D. 车门锁起动器故障

8. （　　）导致不能用驾驶人侧车门锁按钮锁定两扇车门。

　　A. 熔断器故障　　　　　　　　　　B. 驾驶人侧开关故障

　　C. 乘客侧开关故障　　　　　　　　D. 搭铁不良

9. （　　）导致不能用驾驶人侧车门锁按钮锁定一扇车门。

　　A. 熔断器故障　　　　　　　　　　B. 驾驶人侧开关故障

　　C. 导线断路　　　　　　　　　　　D. 车门锁起动器故障

10. （　　）导致驾驶人电动座椅不能动。

　　A. 熔断器故障　　　　　　　　　　B. 主控开关搭铁不良

　　C. 主控开关搭铁线断路　　　　　　D. 驾驶人侧开关故障

11. （　　）导致前排乘客侧电动车窗不能升降。

　　A. 熔断器故障　　　　　　　　　　B. 前排乘客侧开关故障

　　C. 左后乘客侧开关故障　　　　　　D. 右后乘客侧开关故障

12. （　　）导致前排乘客电动座椅不能动。

　　A. 熔断器故障　　　　　　　　　　B. 主控开关搭铁不良

　　C. 主控开关搭铁线断路　　　　　　D. 乘客侧开关故障

13. （　　）导致所有车门锁都不能工作。

　　A. 电源导线断路　　　　　　　　　B. 左侧电动车门锁电路断路

　　C. 右侧电动车门锁故障　　　　　　D. 左侧电动车门锁故障

14. （　　）导致所有电动车窗都不能升降。

　　A. 熔断器故障　　　　　　　　　　B. 前排乘客侧开关故障

　　C. 左后乘客侧开关故障　　　　　　D. 右后乘客侧开关故障

15. （　　）导致左后侧电动车窗不能升降。

　　A. 熔断器故障　　　　　　　　　　B. 前排乘客侧开关故障

　　C. 左后乘客侧开关故障　　　　　　D. 右后乘客侧开关故障

16. （　　）能导致驾驶人侧电动车门锁不能开启。

　　A. 车门锁拉杆卡住　　　　　　　　B. 车窗天线故障

　　C. 遥控器故障　　　　　　　　　　D. 开关故障

17. （　　）能导致驾驶人侧电动车门锁不能锁定。

　　A. 车门锁拉杆卡住　　　　　　　　B. 车窗天线故障

　　C. 遥控器故障　　　　　　　　　　D. 搭铁线故障

18. （　　）能导致前排乘客侧电动车门锁不能锁定。

A. 车门锁拉杆卡住　　　　　　　　B. 车窗天线故障

C. 遥控器故障　　　　　　　　　　D. 搭铁线故障

19. （　　）能导致左后侧电动车门锁不能锁定。

A. 车门锁拉杆卡住　　　　　　　　B. 车窗天线故障

C. 遥控器故障　　　　　　　　　　D. 搭铁线故障

20. （　　）的操作方法是向系统充注氟利昂蒸气，使系统压力高达 0.35MPa，然后用卤素灯检漏仪检漏。

A. 抽真空　　　　B. 充氟试漏　　　　C. 加压　　　　D. 测试压力

21. （　　）用来吸收汽车空调系统中制冷剂中的水分。

A. 储液干燥器　　　B. 冷凝器　　　C. 膨胀阀　　　D. 蒸发器

22. （　　）只能导致右侧电动后视镜不能动。

A. 熔断器故障　　　　　　　　　　B. 右侧电动机电路断路

C. 左侧后视镜电动机故障　　　　　D. 右侧后视镜电动机故障

23. HCFC 类制冷剂包括 R22、R123、（　　）等。

A. R133　　　　B. R143　　　　C. R153　　　　D. R163

24. 电喇叭上共鸣片、膜片、衔铁及（　　）刚性连为一体。

A. 上铁心　　　B. 下铁心　　　C. 弹簧　　　D. 按钮

25. 关于车速里程表，甲说车速里程表的车速表动力源来自变速器的输入轴；乙说车速里程表的里程表由汽车的变速器软轴驱动仪表的主动轴。你认为以上观点（　　）。

A. 甲正确　　　B. 乙正确　　　C. 甲、乙都正确　　　D. 甲、乙都不正确

26. 关于车速里程表，甲说车速里程表的动力源来自变速器的输出轴；乙说车速里程表由汽车的变速器软轴驱动仪表的主动轴。你认为以上观点（　　）。

A. 甲正确　　　B. 乙正确　　　C. 甲、乙都正确　　　D. 甲、乙都不正确

27. 关于电压表检修，甲说车载电压表读数不一定准确；乙说车载电压表的读数仅供参考。你认为以上观点（　　）。

A. 甲正确　　　B. 乙正确　　　C. 甲、乙都正确　　　D. 甲、乙都不正确

28. 关于电压表检修，甲说车载电压表显示的数值为蓄电池或发电机的端电压；乙说车载电压表显示的数值为点火系统的高压电压。你认为以上观点（　　）。

A. 甲正确　　　B. 乙正确　　　C. 甲、乙都正确　　　D. 甲、乙都不正确

29、关于空调压缩机不停转故障，甲说空调压缩机不停转故障的原因可能是空调继电器故障；乙说空调压缩机不停转故障的原因可能是空调开关故障。你认为以上观点（　　）。

A. 甲正确　　　B. 乙正确　　　C. 甲、乙都正确　　　D. 甲、乙都不正确

30. 关于空调压缩机不停转故障，甲说空调压缩机不停转故障的原因可能是空调控制线路短路故障；乙说空调压缩机不停转故障的原因可能是空调开关故障。你认为以上观点（　　）。

A. 甲正确　　　B. 乙正确　　　C. 甲、乙都正确　　　D. 甲、乙都不正确

31. 关于空调压缩机不运转故障，甲说空调压缩机不运转故障的原因可能是电磁离合器传动带盘与压力板接合面磨损严重而打滑；乙说空调压缩机不运转故障的原因可能是电磁离

合器从动压力板连接半圆键松脱。你认为以上观点（　　　）。

  A. 甲正确   B. 乙正确   C. 甲、乙都正确   D. 甲、乙都不正确

  32. 关于空调压缩机不运转故障，甲说空调压缩机不运转故障的原因可能是空调系统内无制冷剂；乙说空调压缩机不运转故障的原因可能是传动带过松。你认为以上观点（　　　）。

  A. 甲正确   B. 乙正确   C. 甲、乙都正确   D. 甲、乙都不正确

  33. 关于喇叭不响故障，甲说喇叭不响故障的原因可能是喇叭按钮接触不良；乙说喇叭不响故障的原因可能是导线断路。你认为以上观点（　　　）。

  A. 甲正确   B. 乙正确   C. 甲、乙都正确   D. 甲、乙都不正确

  34. 关于喇叭不响故障，甲说喇叭不响故障的原因可能是喇叭线圈烧坏；乙说喇叭不响故障的原因可能是喇叭电源线路短路。你认为以上观点（　　　）。

  A. 甲正确   B. 乙正确   C. 甲、乙都正确   D. 甲、乙都不正确

  35. 关于喇叭触点经常烧坏故障，甲说喇叭触点经常烧坏故障的原因可能是电容量过大；乙说喇叭触点经常烧坏故障的原因可能是电容量过小。你认为以上观点（　　　）。

  A. 甲正确   B. 乙正确   C. 甲、乙都正确   D. 甲、乙都不正确

  36. 关于喇叭触点经常烧坏故障，甲说喇叭触点经常烧坏故障的原因可能是喇叭触点间隙调整过小；乙说喇叭触点经常烧坏故障的原因可能是喇叭线圈匝间短路。你认为以上观点（　　　）。

  A. 甲正确   B. 乙正确   C. 甲、乙都正确   D. 甲、乙都不正确

  37. 关于喇叭声响不正常故障，甲说喇叭声响不正常故障的原因可能是喇叭支架松动；乙说喇叭声响不正常故障的原因可能是喇叭电路电阻过大。你认为以上观点（　　　）。

  A. 甲正确   B. 乙正确   C. 甲、乙都正确   D. 甲、乙都不正确

  38. 关于喇叭声响不正常故障，甲说喇叭声响不正常故障的原因可能是喇叭支架松动；乙说喇叭声响不正常故障的原因可能是蓄电池存电不足。你认为以上观点（　　　）。

  A. 甲正确   B. 乙正确   C. 甲、乙都正确   D. 甲、乙都不正确

  39. 关于喇叭长鸣故障，甲说喇叭长鸣故障的原因可能是喇叭按钮回位弹簧过弱；乙说喇叭长鸣故障的原因可能是喇叭按钮短路。你认为以上观点（　　　）。

  A. 甲正确   B. 乙正确   C. 甲、乙都正确   D. 甲、乙都不正确

  40. 关于喇叭长鸣故障，甲说喇叭长鸣故障的原因可能是喇叭按钮回位弹簧过弱；乙说喇叭长鸣故障的原因可能是喇叭按钮回位弹簧折断。你认为以上观点（　　　）。

  A. 甲正确   B. 乙正确   C. 甲、乙都正确   D. 甲、乙都不正确

  41. 关于喇叭长鸣故障，甲说喇叭长鸣故障的原因可能是喇叭继电器触点烧结；乙说喇叭长鸣故障的原因可能是喇叭继电器短路。你认为以上观点（　　　）。

  A. 甲正确   B. 乙正确   C. 甲、乙都正确   D. 甲、乙都不正确

  42. 关于冷凝器，甲说气体状态的载热制冷剂在冷凝器中得到液化；乙说气体状态的载热制冷剂在冷凝器中得到冷凝。你认为以上观点（　　　）。

  A. 甲正确   B. 乙正确   C. 甲、乙都正确   D. 甲、乙都不正确

  43. 关于冷凝器，甲说制冷剂离开冷凝器时并不总是100%的液体；乙说少量制冷剂可能以气态离开冷凝器。你认为以上观点（　　　）。

  A. 甲正确   B. 乙正确   C. 甲、乙都正确   D. 甲、乙都不正确

44. 关于膨胀阀，甲说膨胀阀安装于驾驶室内；乙说膨胀阀安装于蒸发器旁。你认为以上观点（   ）。

  A. 甲正确   B. 乙正确   C. 甲、乙都正确   D. 甲、乙都不正确

45. 关于膨胀阀，甲说膨胀阀位于蒸发器入口侧；乙说膨胀阀可将系统的高压侧与低压侧隔离开来。你认为以上观点。

  A. 甲正确   B. 乙正确   C. 甲、乙都正确   D. 甲、乙都不正确

46. 关于汽车电流表，甲说电流表指示"－"时为蓄电池放电；乙说电流表指示"＋"时为发电机向蓄电池充电。你认为以上观点（   ）。

  A. 甲正确   B. 乙正确   C. 甲、乙都正确   D. 甲、乙都不正确

47. 关于汽车电流表，甲说电流表指示值表明发电机是否正常工作；乙说电流表指示值表明蓄电池充电状况。你认为以上观点（   ）。

  A. 甲正确   B. 乙正确   C. 甲、乙都正确   D. 甲、乙都不正确

48. 关于汽车电流表检修，甲说电流表只允许通过较小电流；乙说电喇叭的电流不通过电流表。你认为以上观点（   ）。

  A. 甲正确   B. 乙正确   C. 甲、乙都正确   D. 甲、乙都不正确

49、关于燃油表检修，甲说在安装传感器时，与油箱搭铁必须良好；乙说传感器的电阻末端必须搭铁，这样可以避免因滑片与电阻接触不良时产生火花而引起火灾。你认为以上观点（   ）。

  A. 甲正确   B. 乙正确   C. 甲、乙都正确   D. 甲、乙都不正确

50. 关于燃油表指示，甲说如燃油表指示"F"，表明油箱内的燃油为满箱；乙说如燃油表指示"E"，表明油箱内的燃油为半箱。你认为以上观点（   ）。

  A. 甲正确   B. 乙正确   C. 甲、乙都正确   D. 甲、乙都不正确

51. 关于燃油表指示，甲说如燃油表指示"F"，表明油箱内的燃油为满箱；乙说如燃油表指针位于红色区域，表明油箱内的燃油为空箱。你认为以上观点（   ）。

  A. 甲正确   B. 乙正确   C. 甲、乙都正确   D. 甲、乙都不正确

52. 关于调整膨胀阀调节螺钉，甲说顺时针方向拧，内弹簧减弱，开度增大；反之，开度减小。乙说拧一圈，温度变化1℃，一般在1/2～1圈范围内微调，切忌乱拧。你认为以上观点（   ）。

  A. 甲正确   B. 乙正确   C. 甲、乙都正确   D. 甲、乙都不正确

53. 关于蒸发器，甲说蒸发器安装在车辆驾驶室内用于冷却室内空气；乙说蒸发器安装在车辆驾驶室内用于除去空气中湿气。你认为以上观点（   ）。

  A. 甲正确   B. 乙正确   C. 甲、乙都正确   D. 甲、乙都不正确

54. 关于蒸发器，甲说蒸发器管件间如严重脏污会导致制冷效果不良；乙说蒸发器管件间如严重脏污会导致空气中水分在蒸发器处冷却后流入驾驶室内。你认为以上观点（   ）。

  A. 甲正确   B. 乙正确   C. 甲、乙都正确   D. 甲、乙都不正确

55. 检查汽车空调压缩机性能时，应使发动机转速达到（   ）r/min。

  A. 1000   B. 1500   C. 1600   D. 2000

56. 喇叭上的触点为（   ）式。

  A. 常开   B. 常闭   C. 半开半闭   D. 处于任意状态

57. 冷却液温度升高到（　　）℃时，冷却液温度过高警告灯报警开关的双金属片变形，触点闭合，警告灯亮。

    A. 25～35　　　　　　B. 45～55　　　　　　C. 65～75　　　　　　D. 95～105

58. 冷却液温度升高到95～105℃时，冷却液温度过高警告灯报警开关的双金属片变形，触点（　　），警告灯（　　）。

    A. 分开，不亮　　　B. 分开，亮　　　C. 闭合，不亮　　　D. 闭合，亮

59. 冷却液温度传感器安装在（　　）。

    A. 进气道上　　　B. 排气管上　　　C. 水道上　　　D. 油底壳上

60. 冷却液温度传感器的输出信号是（　　）。

    A. 脉冲信号　　　B. 数字信号　　　C. 模拟信号　　　D. 固定信号

61. 汽车空调操纵面板上的A/C开关是用来控制（　　）系统的。

    A. 采暖　　　B. 通风　　　C. 制冷　　　D. 转换

62. 汽车空调系统低压压力开关在（　　）时起作用。

    A. 系统压力过高　　　B. 系统压力过低　　　C. 系统压力过高或过低

    D. 系统压力过高、系统压力过低、系统压力过高或过低都不是

63. 在汽车空调系统中，（　　）将系统的低压侧与高压侧分隔开。

    A. 空调压缩机　　　B. 干燥罐　　　C. 蒸发器　　　D. 冷凝器

64. 在汽车制冷循环系统中，被吸入压缩机的制冷剂是（　　）状态。

    A. 低压液体　　　B. 高压液体　　　C. 低压气体　　　D. 固体

65. 在汽车制冷循环系统中，经膨胀阀送往蒸发器管道中的制冷剂是（　　）状态。

    A. 高温高压液体　　　B. 低温低压液体　　　C. 低温高压气体　　　D. 高温低压液体

66. 充氟试漏是向系统充注氟利昂蒸气，使系统压力高达0.35MPa，然后用（　　）检漏仪检漏。

    A. 二极管　　　B. 卤素灯　　　C. 白炽灯　　　D. 荧光灯

67. 用汽车万用表测量空调出风口湿度时，温度传感器应放在（　　）。

    A. 驾驶室内　　　B. 驾驶室外　　　C. 高压管路内　　　D. 风道内

68. 制冷剂进入压缩机时的状态为（　　）。

    A. 低压过热蒸气　　　　　　　　　　B. 低压过冷蒸气

    C. 高压过热蒸气　　　　　　　　　　D. 高压过冷蒸气

（三）判断题

（　　）1. 当汽车油箱内燃油量多时，负温度系统的热敏电阻元件温度低，电阻值大。

（　　）2. 当汽车油箱内燃油量少时，负温度系统的热敏电阻元件电阻值小，警告灯亮。

（　　）3. 电磁离合器从动压力板连接半圆键松脱会导致空调压缩机不运转故障。

（　　）4. 电磁离合器传动带盘与压力板接合面磨损严重而打滑会导致空调压缩机不运转故障。

（　　）5. 电动后视镜熔断器故障能导致所有电动后视镜都不能动。

（　　）6. 电喇叭的触点为常开式，喇叭继电器的触点为常闭式。

（　　）7. 更换汽车空调压缩机时，空调压缩机传动带要同时进行更换。

（　　）8. 进行空调系统检修时，抽真空之前，应进行泄漏检查。

（　　）9. 可以用数字式万用表检查电控发动机电路及燃油泵是否有故障。

（　　）10. 空调调节器故障会导致空调压缩机不运转故障。

（　　）11. 喇叭触点经常烧坏故障的原因可能是喇叭线圈匝间短路。

（　　）12. 喇叭声响不正常故障的原因可能是蓄电池存电不足。

（　　）13. 冷却液温度正常时，冷却液温度过高警告灯报警开关的双金属片几乎不变形，触点分开，警告灯不亮。

（　　）14. 冷却液温度传感器安装在水道上。

（　　）15. 膨胀阀开度过小，一般高、低压侧压力均低，制冷不足。

（　　）16. 汽车空调温度控制器称温度调节器、恒温器等。

（　　）17. 前排乘客侧门锁开关导线断路导致前排乘客侧电动门锁不能锁定。

（　　）18. 如发现空调压缩机排气压力过高，不能正常制冷，冷凝器导管外部有结霜、结冰现象，说明冷凝器导管内部脏堵。

（　　）19. 压力调节器是电控发动机空气供给系统的组成部分。

（　　）20. 油管堵塞不会引起发动机怠速不稳。

（　　）21. 在安装燃油表传感器时，与油箱搭铁必须良好。

（　　）22. 装复蒸发器时，膨胀阀和感温包要敷好保温材料，蒸发器内要加注一定量的冷冻机油。

九、模拟考试

模拟考试（一）

一、单项选择题（第1题～第160题。选择一个正确的答案，将相应的字母填入题内的括号中。每题0.5分，满分80分）。

1. 下列选项属于职业道德范畴的是（　　）。

A. 人们的内心信念　　B. 人们的文化水平　　C. 人们的思维习惯　　D. 员工的技术水平

2. 职业道德通过（　　），起着增强企业凝聚力的作用。

A. 协调员工之间的关系　　　　　　　　B. 增加职工福利

C. 为员工创造发展空间　　　　　　　　D. 调节企业与社会的关系

3. 坚持办事公道，要努力做到（　　）。

A. 公私分开　　　　B. 有求必应　　　　C. 公正公平　　　　D. 公开办事

4. 企业生产经营活动中，要求员工遵纪守法是（　　）。

A. 约束人的体现　　　　　　　　　　　B. 由经济活动决定的

C. 人为的规定　　　　　　　　　　　　D. 追求利益的体现

5. 关于创新的正确论述是（　　）。

A. 不墨守成规，但也不可标新立异

B. 企业经不起折腾，大胆地闯迟早会出问题

C. 创新是企业发展的动力　　　　　　　D. 创新需要灵感，但不需要情感

6. 对社会保障制度理解不恰当的是（　　）。

A. 是一种物质帮助制度　　　　　　　　B. 是一种精神帮助制度

C. 是一种物质补偿制度

D. 是一种在较特殊情况下的物质帮助制度

7. 《消费者权益保护法》规定的经营者的义务不包括（　　）的义务。

A. 接受监督　　　　　　　　　　　　　B. 接受教育

C. 提供商品和服务真实信息　　　　　　D. 出具购货凭证

8. （　　）是指金属材料是否容易被切削工具进行加工的性能。

A. 可焊性　　　　B. 延展性　　　　C. 切削性　　　　D. 渗透性

9. 下列选项属于形状公差的是（　　）。

A. 圆度　　　　B. 平行度　　　　C. 垂直度　　　　D. 同轴度

10. 对形状公差进行标注时，不必考虑的选项是（　　）。

A. 指引线的位置　　　B. 项目符号　　　C. 基准代号字母　　　D. 公差值

11. 由基尔霍夫第二定律可知，当电阻的电流方向与回路和绕行方向相同时，则电阻上的电压降取（　　　）。

    A. 正   B. 负   C. 零   D. 不能确定

12. 容积式液压传动属于（　　　）液压传动。

    A. 动力式   B. 静力式

    C. 组合式   D. 动力式、静力式、组合式都不对

13. 轮胎应当定期做动平衡检查，用（　　　）检查。

    A. 静平衡检测仪   B. 动平衡检测仪   C. 扒胎机   D. 测功机

14. 前悬是汽车最前端至（　　　）中心线的距离。

    A. 前轴   B. 后轴   C. 前轮   D. 后轮

15. 四冲程柴油机在工作时，混合气体是（　　　）的。

    A. 点燃   B. 压燃

    C. 点燃、压燃均可   D. 其他三个选项均不对

16. 变速器上的（　　　）用于防止自动脱档。

    A. 变速杆   B. 拨叉   C. 自锁装置   D. 拨叉轴

17. 汽车传动系统应用最广泛的是十字轴式刚性万向节，它允许相连两轴的最大交角为（　　　）。

    A. 10°～15°   B. 15°～20°   C. 20°～25°   D. 25°～30°

18. （　　　）转向器主要由壳体、转向螺杆、摇臂轴、转向螺母等组成。

    A. 循环球式   B. 齿轮－齿条式   C. 蜗杆指销式   D. 双指销式

19. 电喇叭上的共鸣片、膜片、衔铁及（　　　）刚性连为一体。

    A. 上铁心   B. 下铁心   C. 弹簧   D. 按钮

20. ROM 表示（　　　）。

    A. 随机存储器   B. 只读存储器   C. 中央处理器   D. 转换器

21. 轴针式电磁喷油器所用的密封圈是（　　　）形密封圈。

    A. Y   B. V   C. O   D. 唇

22. （　　　）与血液中的血红蛋白结合，形成碳氧血红蛋白，从而使这部分血红蛋白失去送氧的能力，使人体缺氧。

    A. CO   B. HC   C. NO_x D. 微粒

23. 对全面质量管理方法的特点描述恰当的是（　　　）。

    A. 单一性   B. 机械性   C. 多样性   D. 专一性

24. 对于 EQ1092F 型汽车，发动机转速为 800r/min、气门间隙为 0.25mm 时，排气门滞后角为（　　　）。

    A. 10.5°   B. 20.5°   C. 30.5°   D. 40.5°

25. 对于 EQ1092F 型汽车，发动机处于（　　　）时，机油压力应不小于 0.3MPa。

    A. 怠速   B. 中速   C. 加速   D. 减速

26. （　　　）用于测量发动机无负荷功率及转速。

    A. 汽车无负荷测功表   B. 气缸压力表

    C. 发动机转速表   D. 发动机分析仪

27. L－EQC 油铁含量大于（　　）mg/kg。

A. 250　　　　　　B. 300　　　　　　C. 350　　　　　　D. 400

28. 以下属于二级维护内容的是（　　）。

A. 检查、调整转向节　　　　　　　　B. 更换活塞环

C. 更换活塞销　　　　　　　　　　　D. 检查曲轴轴向间隙

29. 汽车（　　）的行驶里程为 10000～15000km。

A. 日常维护　　　　B. 一级维护　　　　C. 二级维护　　　　D. 三级维护

30. 用手工刮削的轴承要求接触面积不小于轴承内部面积的（　　）%。

A. 45　　　　　　B. 60　　　　　　C. 75　　　　　　D. 90

31. 同一活塞环上漏光弧长所对应的圆心角总和不超过（　　）。

A. 15°　　　　　B. 25°　　　　　C. 45°　　　　　D. 60°

32. 对于曲轴前端装止推垫片的发动机，曲轴轴向间隙因磨损而增大时，应在保证前止推片为标准厚度的情况下，加厚（　　）止推垫片的厚度，以满足车辆曲轴轴向间隙的要求。

A. 前　　　　　　B. 后　　　　　　C. 第一道　　　　　D. 第二道

33. 符号⌖代表（　　）。

A. 平行度　　　　B. 垂直度　　　　C. 倾斜度　　　　D. 位置度

34. 待修件是指具有较好（　　）的零件。

A. 修理工艺　　　　B. 修理价值　　　　C. 使用价值　　　　D. 几何形状

35. 汽车离合器压盘及飞轮表面烧蚀的主要原因是离合器（　　）。

A. 打滑　　　　　　　　　　　　　　B. 分离不彻底

C. 动平衡破坏　　　　　　　　　　　D. 踏板自由行程过大

36. 发动机气缸径向的磨损量最大的位置一般在进气门（　　）略偏向排气门一侧。

A. 侧面　　　　　　B. 后面　　　　　　C. 对面　　　　　　D. 下面

37. 以下属于气缸体螺纹损伤的原因是（　　）。

A. 装配时螺栓没有拧正　　　　　　　B. 异物碰撞

C. 工具使用不当　　　　　　　　　　D. 气缸盖过小

38. 以下不属于凸轮轴变形的主要原因的是（　　）。

A. 曲轴受到冲击　　　　　　　　　　B. 按规定力矩拧紧螺栓力矩

C. 未按规定力矩拧紧螺栓　　　　　　D. 材料缺陷

39. 确定发动机曲轴修理尺寸时，除根据测量的圆柱度、圆度进行计算外，还应考虑（　　）对修理尺寸的影响。

A. 裂纹　　　　　　B. 弯曲　　　　　　C. 连杆　　　　　　D. 轴瓦

40. 发动机凸轮轴轴颈磨损后，主要产生（　　）误差。

A. 圆度　　　　　　B. 圆柱度　　　　　C. 圆跳动　　　　　D. 圆度和圆柱度

41. 气门杆磨损用（　　）测量。

A. 外径千分尺　　　　B. 内径千分尺　　　　C. 直尺　　　　　D. 刀尺

42. 铰削 EQ6100－1 气门座时，应选用（　　）铰刀铰削 15°上斜面。

A. 45°　　　　　　B. 75°　　　　　　C. 15°　　　　　　D. 25°

43. （　　）用于减小燃油压力波动。

A. 油泵 　　　　B. 喷油器 　　　　C. 油压调节器 　　　　D. 油压缓冲器

44. 喷油器每循环喷出的燃油量基本上决定于（　　）时间。

A. 开启持续 　　B. 开启开始 　　　C. 关闭持续 　　　　D. 关闭开始

45. 如热线式空气流量传感器的热线沾污，不会导致（　　）。

A. 不易起动 　　B. 加速不良 　　　C. 急速不稳 　　　　D. 飞车

46. 节气门体过脏会导致（　　）。

A. 不易起动 　　B. 急速不稳 　　　C. 加速不良 　　　　D. 减速熄火

47. 一般来说，电动燃油泵的工作电压是（　　）V。

A. 5 　　　　　　B. 12 　　　　　　C. 24 　　　　　　　D. 42

48. 低阻抗喷油器的电阻值为（　　）Ω。

A. 2～3 　　　　B. 5～10 　　　　　C. 12～15 　　　　　D. 50～100

49. 开关式急速控制阀控制线路断路会导致（　　）。

A. 不能起动 　　B. 急速过高 　　　C. 急速不稳 　　　　D. 减速不良

50. （　　）的开启与关闭形成了发动机冷却系统大小循环。

A. 节温器 　　　　　　　　　　　　B. 水箱（散热器）盖

C. 放水塞 　　　　　　　　　　　　D. 水温（冷却液温度）开关

51. AJR 发动机机油泵安装在发动机的（　　）。

A. 前端 　　　　B. 后端 　　　　　C. 侧面 　　　　　　D. 下面

52. 风冷却系统为了更有效地利用空气流，加强冷却，一般都装有（　　）。

A. 导流罩 　　　B. 散热片 　　　　C. 分流板 　　　　　D. 鼓风机

53. 燃油泵盖和泵体接合面不平度不应大于（　　）mm。

A. 0.10 　　　　B. 0.15 　　　　　C. 0.12 　　　　　　D. 0.20

54. 汽油机分电器中的（　　）由分火头和分电器盖组成。

A. 配电器 　　　B. 断电器 　　　　C. 点火提前装置 　　D. 电容器

55. 霍尔元件产生的霍尔电压为（　　）级。

A. mV 　　　　　B. V 　　　　　　C. kV 　　　　　　　D. μV

56. （　　）的作用是按发动机的工作顺序依次分配高压电至各缸火花塞上。

A. 分火头 　　　B. 断电器 　　　　C. 点火线圈 　　　　D. 点火器

57. （　　）的作用是把高压导线送来的高压电放电，击穿火花塞两电极间空气，产生电火花以此引燃气缸内的混合气体。

A. 分电器 　　　B. 点火线圈 　　　C. 电容器 　　　　　D. 火花塞

58. 桑塔纳 DQ171 型点火线圈二次绕组的电阻为（　　）Ω。

A. 1400～2500 　B. 2400～3500 　　C. 3400～4500 　　　D. 4400～5500

59. 关于火花塞检测，甲说定期或在对某缸火花塞性能有怀疑时，可进行单缸断火试验；乙说根据发动机运转情况判断火花塞的好坏，若性能不良或有明显损坏时，一般应予更换。对于以上说法（　　）。

A. 甲正确 　　　B. 乙正确 　　　　C. 甲、乙都正确 　　D. 甲、乙都不正确

60. 桑塔纳 2000GLS 型轿车 JV 型发动机分电器触发叶轮的叶片在空隙时，霍尔传感器

信号发生器的输出电压值为（　　　）V。

　　A. 0.3～0.4　　　　　B. 0.5～0.6　　　　　C. 0.5～0.7　　　　　D. 0.5～0.8

61. 不是"自行放电"而蓄电池没电的原因是（　　　）。

　　A. 电解液不纯　　　　B. 蓄电池长期存放　　C. 正、负极柱导通　　D. 电解液不足

62. 下列为汽油发动机起动困难的现象之一的是（　　　）。

　　A. 有着火征兆　　　　B. 无着火征兆　　　　C. 不能起动　　　　　D. 顺利起动

63. 起动发动机时，无着火征兆，油路故障是（　　　）。

　　A. 混合气浓　　　　　B. 混合气稀　　　　　C. 不来油　　　　　　D. 来油不畅

64. 六缸发动机怠速运转不稳，拔下第二缸高压线后，运转状况无变化，故障在（　　　）。

　　A. 第二缸　　　　　　B. 相邻缸　　　　　　C. 中央高压线　　　　D. 化油器

65. （　　　）不是连杆轴承异响的特征。

　　A. 温度升高，声音变化不大　　　　　　　　B. 随发动机转速增加，声音加大

　　C. 尖脆的"嗒嗒"声　　　　　　　　　　　D. 发出较大清脆的"嗵嗵"金属敲击声

66. （　　　）导致活塞销产生异响。

　　A. 活塞销松旷　　　　　　　　　　　　　　B. 活塞磨损过大

　　C. 气缸磨损过大　　　　　　　　　　　　　D. 发动机压缩比过大

67. （　　　）导致发动机温度过高。

　　A. 发动机散热风扇转速过高　　　　　　　　B. 发动机散热风扇转速过低

　　C. 发动机冷却系统始终处于大循环　　　　　D. 发动机负荷过小

68. （　　　）不是电控发动机燃油喷射系统的组成部分。

　　A. 空气系统　　　　　B. 燃油系统　　　　　C. 控制系统　　　　　D. 空调系统

69. 氧传感器检测发动机排气中氧的含量，向ECU输入空燃比反馈信号，进行喷油量的（　　　）。

　　A. 开环控制　　　　　B. 闭环控制　　　　　C. 控制　　　　　　　D. 开环或闭环控制

70. 1995年7月10日后定型柴油汽车，烟度值排放应小于（　　　）FSN。

　　A. 5.0　　　　　　　　B. 4.5　　　　　　　　C. 4.0　　　　　　　　D. 3.5

71. 在检测排放前，应调整好汽油发动机的（　　　）。

　　A. 怠速　　　　　　　B. 点火正时　　　　　C. 供油量　　　　　　D. 怠速和点火正时

72. 电控汽油喷射发动机运转不稳是指发动机转速处于（　　　）情况，发动机运转都不稳定，有抖动现象。

　　A. 怠速　　　　　　　B. 任一转速　　　　　C. 中速　　　　　　　D. 加速

73. 用（　　　）检查电控燃油汽油机各缸是否工作。

　　A. 数字式万用表　　　B. 单缸断火法　　　　C. 模拟式万用表　　　D. 双缸断火法

74. （　　　）用于检测柴油车废气中有害气体的含量。

　　A. 烟度计　　　　　　B. 废气分析仪　　　　C. 示波器　　　　　　D. 万用表

75. 用汽车万用表测量空调出风口湿度时，温度传感器应放在（　　　）。

　　A. 驾驶室内　　　　　B. 驾驶室外　　　　　C. 高压管路内　　　　D. 风道内

76. 用诊断仪对发动机进行检测，点火开关应（　　　）。

　　A. 关闭　　　　　　　B. 打开　　　　　　　C. 位于起动档　　　　D. 位于锁止档

77. 桑塔纳 2000GLS 型轿车 JV 型发动机怠速转速在（800 ± 50）r/min 时，点火提前角应为（　　）。

    A. 11°~13°　　　　B. 11°~12°　　　　C. 10°~11°　　　　D. 9°~10°

78. 打开桑塔纳 2000GLS 型轿车点火开关，用数字式万用表的（　　）档测量点火控制器端子的电压，可检查点火控制器的故障。

    A. 电阻　　　　　B. 直流电压　　　　C. 兆欧　　　　　D. 交流电压

79. 改善喷油器喷雾质量可降低柴油机排放污染物中（　　）的含量。

    A. 碳烟　　　　　B. 水　　　　　　C. 二氧化硫　　　D. 氮

80. 电控燃油喷射发动机燃油压力检测时，将油压表接在供油管和（　　）之间。

    A. 燃油泵　　　　B. 燃油滤清器　　C. 分配油管　　　D. 喷油器

81. 关于行车制动性能的要求，甲说汽车行车制动、应急制动和驻车制动的各系统应以某种方式相连；乙说各种制动系统在其中之一失效时，汽车应能正常制动。对于以上说法（　　）。

    A. 甲正确　　　　B. 乙正确　　　　C. 甲、乙都正确　D. 甲、乙都不正确

82. 对于允许挂接挂车的汽车，其驻车制动装置必须能使汽车列车在满载状态下时能停在坡度（　　）% 的坡道上。

    A. 2　　　　　　B. 5　　　　　　C. 8　　　　　　D. 12

83. 解放 CA1092 型汽车支承销与底板销孔的配合间隙应为（　　）mm。

    A. 0.02~0.085　B. 0.06~0.08　C. 0.05~0.10　D. 0.15~0.25

84. 膜片弹簧离合器的压盘（　　），热容量大，不易产生过热。

    A. 较大　　　　　B. 较小　　　　　C. 较薄　　　　　D. 较厚

85. 以下属于离合器发抖原因的是（　　）。

    A. 离合器分离杠杆内端面不在同一平面内　B. 压紧弹簧弹力均匀

    C. 摩擦片表面清洁　　　　　　　　　　　D. 从动盘表面平整

86. 变速器在换档过程中，必须使即将啮合的一对齿轮的（　　）达到相同，才能顺利地挂上档。

    A. 角速度　　　　B. 线速度　　　　C. 转速　　　　　D. 圆周速度

87. 装备手动变速器的汽车，可安装（　　）来减小换档所引起的齿轮冲击。

    A. 同步器　　　　B. 差速器　　　　C. 离合器　　　　D. 制动器

88. 变速器壳上各承孔轴线的平行度公差允许比原设计规定增加（　　）mm。

    A. 0.01　　　　　B. 0.02　　　　　C. 0.03　　　　　D. 0.04

89. 东风 EQ1092 型汽车变速器共有（　　）个档位。

    A. 3　　　　　　B. 4　　　　　　C. 5　　　　　　D. 6

90. 自动变速器内（　　）的作用是制动。

    A. 单向离合器　　B. 离合器　　　　C. 制动器　　　　D. 手动阀

91. （　　）用于控制油路，使自动变速器油只能朝一个方向流动。

    A. 主调节阀　　　B. 手动阀　　　　C. 换档阀　　　　D. 单向阀

92. 进行自动变速器（　　）时，时间不得超过5s。

    A. 油压试验　　　B. 失速试验　　　C. 时滞试验　　　D. 手动试验

93. 下列零件中不属于单级主减速器的零件是（　　）。

　　A. 调整垫片　　　　　B. 主动圆锥齿轮　　　C. 调整螺母　　　　D. 半轴齿轮

94. 当汽车左转向时，由于差速器的作用，左、右两侧驱动轮转速不同，那么转矩的分配是（　　）。

　　A. 左轮大于右轮　　　B. 右轮大于左轮　　　C. 左、右轮相等　　D. 右轮为零

95. 桑塔纳2000型轿车主减速器的主、从动齿轮的啮合间隙为（　　）mm。

　　A. 0.15　　　　　　　B. 0.20　　　　　　　C. 0.25　　　　　　D. 0.30

96. 圆锥主动齿轮与突缘键槽的侧隙不大于（　　）mm。

　　A. 0.10　　　　　　　B. 0.20　　　　　　　C. 0.25　　　　　　D. 0.30

97. 汽车万向传动装置的十字轴万向节主要由十字轴、万向节叉和（　　）组成。

　　A. 套筒　　　　　　　B. 滚针　　　　　　　C. 套筒和滚针　　　D. 双联叉

98. 圆锥主、从动齿轮（　　）为0.15~0.50mm。

　　A. 长度　　　　　　　B. 宽度　　　　　　　C. 厚度　　　　　　D. 啮合间隙

99. （　　）转向器有利于转向结束后转向轮和转向盘自动回正，但也容易将坏路面对车轮的冲击力传到转向盘，出现"打手"现象。

　　A. 可逆式　　　　　　B. 不可逆式　　　　　C. 极限可逆式　　　D. 齿轮齿条式

100. 转向节各部位螺纹的损伤不得超过（　　）。

　　A. 一牙　　　　　　　B. 二牙　　　　　　　C. 三牙　　　　　　D. 四牙

101. 桑塔纳2000、一汽奥迪、神龙富康轿车的转向系统均采用（　　）。

　　A. 液压助力式　　　　B. 循环球式　　　　　C. 齿轮齿条式　　　D. 指销式

102. 东风EQ1092型汽车的车架类型属于（　　）。

　　A. 边梁式　　　　　　B. 中梁式　　　　　　C. 综合式　　　　　D. 无梁式

103. 对于独立悬架，弹簧的（　　）对乘客的舒适性起主要影响。

　　A. 强度　　　　　　　B. 刚度　　　　　　　C. 自由长度　　　　D. 压缩长度

104. 为避免汽车转向沉重，主销后倾角一般不超过（　　）。

　　A. 2°　　　　　　　　B. 4°　　　　　　　　C. 5°　　　　　　　D. 3°

105. 对于真空增压制动传动装置，解除制动时，控制油压下降，（　　）互相沟通，又具有一定的真空度，膜片、推杆、辅助缸活塞都在回位弹簧作用下各自回位。

　　A. 辅助缸　　　　　　B. 控制阀　　　　　　C. 加力气室　　　　D. 主缸

106. （　　）的助力源是压缩空气与大气的压力差。

　　A. 真空助力器　　　　B. 真空增压器　　　　C. 空气增压器　　　D. 空气助力器

107. 真空助力式液压制动传动装置，加力气室和控制阀组成一个整体，叫做（　　）。

　　A. 真空助力器　　　　B. 真空增压器　　　　C. 空气增压器　　　D. 空气助力器

108. 重型汽车的制动传动装置多采用（　　）。

　　A. 真空助力式液压装置　　　　　　　　　　B. 空气增压装置

　　C. 真空增压式液压装置　　　　　　　　　　D. 助力式液压装置

109. 制动蹄与制动鼓之间的间隙过大，将会导致（　　）。

　　A. 车辆行驶跑偏　　　B. 制动不良　　　　　C. 制动时间变长　　D. 制动距离变长

110. 捷达轿车驻车制动器是（　　）。

A. 气压式　　　　　B. 综合式　　　　　C. 液力式　　　　　D. 人力式

111. 在制动时，液压制动系统中制动主缸与制动轮缸的油压的关系是（　　）。

A. 主缸高于轮缸　　B. 主缸低于轮缸　　C. 轮缸主缸相同　　D. 不确定

112. 汽车正常行驶时，总是偏向行驶方向的左侧或右侧，这种现象称为（　　）。

A. 行驶跑偏　　　　B. 制动跑偏　　　　C. 制动甩尾　　　　D. 车轮回正

113. 关于引起高速打摆现象的主要原因，甲认为车架变形是打摆现象的主要原因；乙认为前减振器失效是其中原因之一；丙认为前束过大是其中原因之一。看法正确的是（　　）。

A. 甲和乙　　　　　B. 乙和丙　　　　　C. 丙和甲　　　　　D. 均错

114. 动力转向液压助力系统转向助力泵损坏会导致（　　）。

A. 不能转向　　　　B. 转向沉重　　　　C. 制动跑偏　　　　D. 行驶跑偏

115. （　　）是装备动力转向系统的汽车方向发飘的原因。

A. 油泵磨损　　　　　　　　　　B. 缺液压油或滤油器堵塞

C. 油路中有气泡　　　　　　　　D. 分配阀反作用弹簧过软或损坏

116. （　　）是汽车动力转向左、右转向力不一致的原因。

A. 分配阀反作用弹簧过软或损坏　　B. 缺液压油或滤油器堵塞

C. 滑阀内有脏物阻滞　　　　　　D. 油泵磨损

117. （　　）不是导致汽车钢板弹簧损坏的主要原因。

A. 汽车长期超载　　　　　　　　B. 材质不符合要求

C. 装配不符合要求　　　　　　　D. 未按要求对轮胎进行换位

118. （　　）不是车身倾斜的原因。

A. 车架轻微变形　　　　　　　　B. 单侧悬架弹簧弹力不足

C. 减振器损坏　　　　　　　　　D. 轮胎气压不平衡

119. 下列（　　）不是行驶中有撞击声或异响的原因。

A. 弹簧折断　　　　　　　　　　B. 单侧悬架弹簧弹力不足

C. 连接销松动　　　　　　　　　D. 减振器损坏

120. 汽车车架变形会导致汽车（　　）。

A. 制动跑偏　　　　B. 行驶跑偏　　　　C. 制动甩尾　　　　D. 轮胎变形

121. （　　）是气压低引起气压制动系统制动失效的原因。

A. 车轮制动器失效　　　　　　　B. 制动阀进气阀打不开

C. 制动器室膜片破裂　　　　　　D. 空气压缩机传动带打滑

122. （　　）导致气压制动系统制动失效。

A. 空气压缩机润滑不良　　　　　B. 制动踏板行程过小

C. 制动踏板自由行程过小　　　　D. 空气压缩机传动带打滑

123. 两前轮车轮制动器间隙不一致会导致汽车（　　）。

A. 制动失效　　　　B. 制动跑偏　　　　C. 制动过热　　　　D. 轮胎异常磨损

124. 制动踏板轴卡滞会导致汽车（　　）。

A. 制动拖滞　　　　B. 制动甩尾　　　　C. 制动失效　　　　D. 制动过迟

125. 下列（　　）是液压制动系统制动不良的原因。

A. 总泵旁通孔或回油孔堵塞 　　　　B. 制动蹄回位弹簧过软、折断

C. 液压制动系统中有空气 　　　　　D. 制动管路凹瘪堵塞

126. （　　）不是液压制动系统卡死的原因。

A. 总泵皮碗、密封胶圈老化、发胀或翻转 　B. 制动蹄摩擦片与制动鼓间隙过小

C. 总泵旁通孔或回油孔堵塞 　　　　D. 制动管路凹瘪或老化、堵塞

127. 下列因素造成变速器乱档原因之一的是（　　）。

A. 轮齿磨成锥形　　B. 自锁装置失效　　C. 互锁装置失效　　D. 倒档锁失效

128. 汽车液压制动系统中个别车轮制动拖滞是由于（　　）。

A. 制动液太脏或粘度过大 　　　　　B. 制动踏板自由行程过小

C. 制动蹄片与制动鼓间隙过小 　　　D. 制动主缸旁通孔堵塞

129. 进行汽车二级维护前，检查发动机的转速为（　　）r/min 时，点火提前角应为 13°±1°。

A. 600　　　　　　B. 800　　　　　　C. 1000　　　　　D. 1200

130. 进行汽车二级维护前，检查发动机的转速为 1200r/min 时，单缸发动机断火转速下降应不小于（　　）r/min。

A. 30　　　　　　 B. 50　　　　　　 C. 70　　　　　　 D. 90

131. 为保证车辆顺利起动，起动电流稳定值应该为 100 ~ 150A，蓄电池内阻不大于（　　）mΩ；稳定电压不小于 9V。

A. 5　　　　　　　B. 10　　　　　　 C. 20　　　　　　D. 50

132. 一般技术状况良好的蓄电池，单格电压应在 1.5V 以上，并在 5s 内保持稳定。若 5s 内下降至（　　）V，说明存电量足。

A. 1.3　　　　　　B. 1.5　　　　　　C. 1.7　　　　　　D. 1.9

133. 霍尔元件产生的霍尔电压为（　　）级。

A. mV　　　　　　B. V　　　　　　　C. kV　　　　　　D. μV

134. 车速传感器安装在（　　）。

A. 气缸体上　　　 B. 油底壳上　　　 C. 离合器上　　　 D. 变速器上

135. 汽车起动机电磁开关通电，活动铁心完全吸入驱动齿轮时，驱动齿轮与止推环之间的间隙一般为（　　）mm。

A. 1.5 ~ 2.5　　　 B. 5　　　　　　　C. 5 ~ 10　　　　 D. 5 ~ 7

136. 装于汽车发电机内部的调节器是（　　）。

A. FT61 型　　　　B. JFT106 型　　　C. 集成电路调节器　D. 晶体调节器

137. 解放 CA1091 型汽车发电机空转时，在转速不大于 1150r/min 的条件下，电压为（　　）V。

A. 11　　　　　　 B. 12　　　　　　 C. 13　　　　　　 D. 14

138. HCFC 类制冷剂包括 R22、R123、（　　）等。

A. R133　　　　　B. R143　　　　　C. R153　　　　　D. R163

139. （　　）的最大的特点是不含氯原子，ODP 值为 0，GWP 也很低，大约为 0.25 ~ 0.26。

A. HFC12　　　　 B. HFC13　　　　 C. HFC14　　　　 D. HFC134a

140. 制冷剂离开压缩机时的状态为（　　　）。

A. 低压过热蒸气　　　　B. 低压过冷蒸气　　　　C. 高压过热蒸气　　　　D. 高压过冷蒸气

141. 关于膨胀阀，甲说膨胀阀位于蒸发器入口侧；乙说膨胀阀可将系统的高压侧与低压侧隔离开来。你认为以上观点（　　　）。

A. 甲正确　　　　B. 乙正确　　　　C. 甲、乙都正确　　　　D. 甲、乙都不正确

142. 汽车空调系统低压压力开关在（　　　）起作用。

A. 系统压力过高　　　　　　　　　　B. 系统压力过低

C. 系统压力过高或过低

D. 系统压力过高、系统压力过低、系统压力过高或过低都不是

143. 关于汽车电流表，甲说电流表指示"－"时为蓄电池放电；乙说电流表指示"＋"时为发电机向蓄电池充电。你认为以上观点（　　　）。

A. 甲正确　　　　B. 乙正确　　　　C. 甲、乙都正确　　　　D. 甲、乙都不正确

144. 关于充电电流不稳故障的原因，甲说充电电流不稳的原因可能是发电机内部定子或转子线圈某处有断路或短路；乙说充电电流不稳的原因可能是电压调节器有关线路板松动或搭铁不良。你认为以上观点（　　　）。

A. 甲正确　　　　B. 乙正确　　　　C. 甲、乙都正确　　　　D. 甲、乙都不正确

145. 关于高压无火故障，甲说高压无火故障的原因可能是分电器盖中心碳极脱落；乙说高压无火故障的原因可能是火花塞工作不良。你认为以上观点（　　　）。

A. 甲正确　　　　B. 乙正确　　　　C. 甲、乙都正确　　　　D. 甲、乙都不正确

146. （　　　）可导致发电机异响。

A. 转子与定子之间碰擦　　　　　　　　B. 电刷过短

C. 定子短路　　　　　　　　　　　　　D. 转子短路

147. 关于起动机不能与飞轮结合故障，甲说故障的原因主要在起动机的控制部分；乙说原因主要在主回路接触盘的行程过小。你认为以上观点（　　　）。

A. 甲正确　　　　B. 乙正确　　　　C. 甲、乙都正确　　　　D. 甲、乙都不正确

148. 关于喇叭声响不正常故障，甲说喇叭声响不正常故障的原因可能是喇叭支架松动；乙说喇叭声响不正常故障的原因可能是喇叭电路电阻过大。你认为以上观点（　　　）。

A. 甲正确　　　　B. 乙正确　　　　C. 甲、乙都正确　　　　D. 甲、乙都不正确

149. 关于喇叭长鸣故障，甲说喇叭长鸣故障的原因可能是喇叭按钮回位弹簧过弱；乙说喇叭长鸣故障的原因可能是喇叭按钮短路。你认为以上观点（　　　）。

A. 甲正确　　　　B. 乙正确　　　　C. 甲、乙都正确　　　　D. 甲、乙都不正确

150. 关于空调压缩机不运转故障，甲说空调压缩机不运转故障的原因可能是空调系统内无制冷剂；乙说空调压缩机不运转故障的原因可能是传动带过松。你认为以上观点（　　　）。

A. 甲正确　　　　B. 乙正确　　　　C. 甲、乙都正确　　　　D. 甲、乙都不正确

151. 冷却液温度升高到（　　　）℃以上时，冷却液温度过高警告灯报警开关的双金属片变形，触点闭合，警告灯亮。

A. 25～35　　　　B. 45～55　　　　C. 65～75　　　　D. 95～105

152. 当汽车气压制动系统储气筒内的气压高于某一值时，气压不足警告灯报警开关触点

（　　），警告灯（　　　）。

    A. 分开，不亮　　　　　B. 分开，亮　　　　　C. 闭合，不亮　　　　　D. 闭合，亮

153. 当汽车油箱内燃油量少时，负温度系统的热敏电阻元件电阻值（　　　），警告灯（　　　）。

    A. 大，亮　　　　　　B. 小，亮　　　　　C. 大，不亮　　　　　D. 小，不亮

154. 液晶显示器件的英文缩写是（　　　）。

    A. LBD　　　　　　B. LCD　　　　　C. LDD　　　　　D. LED

155. （　　　）导致左后侧电动车窗不能升降。

    A. 熔断器故障　　　　　　　　　　B. 前排乘客侧开关故障

    C. 左后乘客侧开关故障　　　　　　D. 右后乘客侧开关故障

156. （　　　）导致所有车门锁都不能工作。

    A. 熔断器故障　　　　　　　　　　B. 左侧电动车门锁电路断路

    C. 右侧电动车门锁故障　　　　　　D. 左侧电动车门锁故障

157. （　　　）能导致左后侧电动车门锁不能锁定。

    A. 车门锁拉杆卡住　　B. 车窗天线故障　　C. 遥控器故障　　　D. 搭铁线故障

158. （　　　）导致不能用驾驶人侧车门锁按钮锁定一扇车门。

    A. 熔断器故障　　　　　　　　　　B. 驾驶人侧开关故障

    C. 导线断路　　　　　　　　　　　D. 车门锁起动器故障

159. （　　　）导致不能用驾驶人侧车门锁按钮开启两扇车门。

    A. 熔断器故障　　　　　　　　　　B. 驾驶人侧开关故障

    C. 乘客侧开关故障　　　　　　　　D. 搭铁不良

160. （　　　）用于测试发电机端电压。

    A. 万用表　　　　　　B. 气压表　　　　　C. 真空表　　　　　D. 油压表

二、判断题（第161题~第200题。将判断结果填入括号中。正确的填"√"，错误的填"×"。每题0.5分，满分20分。）

（　　　）161. 勤劳是现代市场经济所需要的，而节俭则不宜提倡。

（　　　）162. 劳动合同只要一订立即具有法律约束力，当事人必须履行劳动合同规定的义务。

（　　　）163. 国家技术监督局负责全国产品监督管理工作。

（　　　）164. 用游标卡尺测量工件外径时，将活动量爪向内移动，使两量爪间距小于工件外径，然后再慢慢移动游标使两量爪与工件接触。

（　　　）165. 对于新锉刀在使用时应两面同时交替使用。

（　　　）166. 汽油机油和柴油机油有时可以代替使用。

（　　　）167. 可以用磁力线的疏密程度表示磁场的方向，磁感应线的切线方向表示磁场的强度。

（　　　）168. 液压传动系统中的回油路节流调速回路的节流阀设置在分支油路上。

（　　　）169. 使用活塞环拆装钳拆装活塞环时用力必须均匀。

（　　　）170. 任何一台发动机都不能缺少点火系统、起动系统等部分。

（　　　）171. 一般进气门锥角为45°，排气门锥角为30°。

（　　）172. 顶置式配气机构按凸轮轴的布置形式可分为凸轮轴下置式、凸轮轴中置式和凸轮轴上置式。

（　　）173. 柴油机的空气供给装置用来提供可燃混合气。

（　　）174. 有时六轮汽车的六个轮都是驱动轮。

（　　）175. 当发电机的端电压高于蓄电池的电压时，蓄电池可以储存电能。

（　　）176. 若在良好的路面上出现侧滑，应检查车轮定位。

（　　）177. D 阶段指的是全面质量管理的检查阶段。

（　　）178. 对于 EQ1092F 型汽车，发动机处于怠速运转转速为 500~600r/min 时，真空度波动值应不大于 5kPa。

（　　）179. 发动机气缸盖翘曲，不可用敲击法校正。

（　　）180. 汽油滤清器堵塞不会引起发动机怠速不稳。

（　　）181. EQ1092F 车前轮外倾角为 1°。

（　　）182. EQ1092F 车转向盘自由转动量应为 15°~20°。

（　　）183. 二级维护前检测桑塔纳 LX 型轿车，车轮动不平衡量为 0。

（　　）184. 液压行车制动系统在达到规定的制动效能时，对于座位数大于 9 的载客汽车，踏板行程应不得超过 100mm。

（　　）185. 总质量不大于 3500kg 的低速货车在 30km/h 的初速度下采用行车制动系统制动时，满载检验时制动距离要求不大于 8m。

（　　）186. 客车在 30km/h 的初速度下采用应急制动系统制动时，制动距离要求不大于 40m。

（　　）187. 制动分泵的皮碗用汽油清洗。

（　　）188. 浮动钳型盘式制动器的制动间隙由轮缸活塞上的橡胶密封圈实现。

（　　）189. 汽车拖带挂车时，解除挂车制动时，要晚于主车制动。

（　　）190. 转向器转向轴弯曲或管柱凹瘪相互摩擦是转向沉重的原因之一。

（　　）191. 制动阀调整不当是气压制动系统制动不良的原因之一。

（　　）192. 进行汽车二级维护前，检测分电器重叠角，国家标准规定分电器重叠角应不大于 9°。

（　　）193. 蓄电池一般由 3 个或 6 个单体电池串联而成。

（　　）194. 点火模块用于控制点火线圈的次级绕组。

（　　）195. 起动机的电刷在电刷架内应滑动自如。

（　　）196. 冬季采暖时，必须打开汽车 A/C 开关。

（　　）197. 磁感应式车速里程表的结构中没有电路连接。

（　　）198. 起动机电枢轴弯曲与磁极碰擦导致起动机运转无力。

（　　）199. 电动后视镜熔断器故障能导致所有电动后视镜都不能动。

（　　）200. 前排乘客侧门锁开关导线断路导致前排乘客侧电动门锁不能锁定。

模拟考试（二）

一、单项选择题（第 1 题~第 160 题。选择一个正确的答案，将相应的字母填入题内的括号中。每题 0.5 分，满分 80 分。）

1. 在商业活动中，不符合待人热情要求的是（　　　）。

A. 严肃待客，不卑不亢　　　　　　　　B. 主动服务，细致周到

C. 微笑大方，不厌其烦　　　　　　　　D. 亲切友好，宾至如归

2. 下列关于勤劳节俭的论述中，不正确的选项是（　　　）。

A. 企业可提倡勤劳，但不宜提倡节俭　　B. "一分钟应看成是八分钟"

C. 1997 年亚洲金融危机是"饱暖思淫欲"的结果

D. "节省一块钱，就等于净赚一块钱"

3. 企业员工在生产经营活动中，不符合平等尊重要求的是（　　　）。

A. 真诚相待，一视同仁　　　　　　　　B. 互相借鉴，取长补短

C. 长幼有序，尊卑有别　　　　　　　　D. 男女平等，友爱亲善

4. 企业创新要求员工努力做到（　　　）。

A. 不能墨守成规，但也不能标新立异

B. 大胆地破除现有的结论，自创理论体系

C. 大胆地试大胆地闯，敢于提出新问题

D. 激发人的灵感，遏制冲动和情感

5. 未成年工是指（　　　）的劳动者。

A. 小于 16 周岁　　　　　　　　　　　B. 已满 16 周岁未满 18 周岁

C. 小于 18 周岁　　　　　　　　　　　D. 等于 18 周岁

6. 《消费者权益保护法》不包括消费者的（　　　）权。

A. 劳动　　　　　　B. 安全　　　　　　C. 知情　　　　　　D. 自主选择

7. 台虎钳的丝杠、螺母及其他活动表面（　　　），并保持清洁。

A. 要随用随加润滑油　B. 要经常加润滑油　C. 不用加润滑油　　D. 不准加润滑油

8. （　　　）具有较高的强度和良好的韧性，在汽车上主要用于制造受热、受磨损和冲击载荷较强烈的零件。

A. 合金结构钢　　　　B. 合金工具钢　　　　C. 特殊性能钢　　　　D. 碳素钢

9. 有内胎充气轮胎由于帘布层的结构不同可分为（　　　）。

A. 有内胎轮胎和无内胎轮胎　　　　　　B. 高压轮胎和低压轮胎

C. 子午线轮胎和普通斜交轮胎　　　　　D. 普通花纹轮胎和混合花纹轮胎

10. 交流电的有效值是根据（　　　）来确定的。

A. 电流　　　　　　B. 电压　　　　　　C. 最大值　　　　　　D. 热效应

11. 液压传动系统中的下列节流调速回路中溢流阀在正常工作时不抬起的是（　　　）。

A. 进油路节流调速回路　　　　　　　　B. 回油路节流调速回路

C. 旁油路节流调速回路　　　　　　　　D. 容积调速回路

12. 汽车型号由（　　　）部分构成。

A. 2　　　　　　　　B. 3　　　　　　　　C. 4　　　　　　　　D. 5

13. 在发动机的四个工作冲程中，只有（　　　）冲程是有效冲程。

A. 进气　　　　　　B. 压缩　　　　　　C. 做功　　　　　　D. 排气

14. （　　　）的功用是用来控制各气缸的进、排气门开闭时刻，使之符合发动机工作次序和配气相位的要求，同时控制气门开度的变化规律。

A. 推杆　　　　　　　B. 凸轮轴　　　　　　C. 正时齿轮　　　　　D. 气门导管

15. 柴油机燃烧室按结构形式可分为（　　）燃烧室和统一式燃烧室。

A. 球形式　　　　　　B. 分开式　　　　　　C. U 形式　　　　　　D. W 形式

16. 驻车制动器多安装在（　　）或分动器之后。

A. 离合器　　　　　　B. 变速器　　　　　　C. 差速器　　　　　　D. 主减速器

17. （　　）的作用是控制点火线圈一次侧电路的通断，配合点火线圈完成升压任务。

A. 配电器　　　　　　B. 电容器　　　　　　C. 断电器　　　　　　D. 电阻器

18. （　　）用来吸收汽车空调系统中制冷剂的水分。

A. 储液干燥器　　　　B. 冷凝器　　　　　　C. 膨胀阀　　　　　　D. 蒸发器

19. 将非电信号转换为可测电信号的电子器件是（　　）。

A. 放大器　　　　　　B. 整流器　　　　　　C. 继电器　　　　　　D. 传感器

20. 下列排放物中危害眼、呼吸道和肺的是（　　）。

A. CO　　　　　　　　B. HC　　　　　　　　C. NO　　　　　　　　D. NO_2

21. 全面的质量管理是把（　　）和效益统一起来的质量管理。

A. 产品质量　　　　　B. 工作质量　　　　　C. 质量成本　　　　　D. 使用成本

22. 对于 EQ1092F 型汽车，发动机处于怠速运转转速为（　　）r/min 时，真空度应为 50～70kPa。

A. 300～400　　　　　B. 400～500　　　　　C. 500～600　　　　　D. 600～700

23. 对于 EQ1092F 型汽车，发动机处于怠速时，机油压力应不小于（　　）MPa。

A. 0.1　　　　　　　　B. 0.2　　　　　　　　C. 0.3　　　　　　　　D. 0.4

24. （　　）用于诊断发动机气缸及进、排气门的密封状况。

A. 气缸漏气量检测仪　B. 真空表　　　　　　C. 发动机分析仪　　　D. 尾气分析仪

25. L–EQC 油铁含量大于（　　）mg/kg。

A. 250　　　　　　　　B. 300　　　　　　　　C. 350　　　　　　　　D. 400

26. 汽车（　　）的行驶里程为 2000～3000km。

A. 日常维护　　　　　B. 一级维护　　　　　C. 二级维护　　　　　D. 三级维护

27. 气门座圈承孔的表面粗糙度应小于（　　）μm。

A. 1.25　　　　　　　B. 1.50　　　　　　　C. 1.75　　　　　　　D. 2.00

28. 检查连杆轴承间隙时，在轴承表面上涂以清洁的机油，将轴承装在连杆轴颈上，按规定拧紧螺母，将连杆放平，以杆身的重量徐徐下垂，用手握住连杆小端，沿（　　）向扳动时应无松旷感。

A. 轴　　　　　　　　B. 径　　　　　　　　C. 前后　　　　　　　D. 水平

29. 活塞环漏光处的缝隙应不大于（　　）mm。

A. 0.01　　　　　　　B. 0.03　　　　　　　C. 0.05　　　　　　　D. 0.07

30. 捷达发动机新轴的轴向间隙为 0.07～0.17mm，磨损极限为（　　）mm。

A. 0.10　　　　　　　B. 0.15　　　　　　　C. 0.20　　　　　　　D. 0.25

31. 喷油器试验器用油应为沉淀后的（　　）。

A. "0" 号轻柴油　　　B. 煤油　　　　　　　C. 液压油　　　　　　D. 机械油

32. 符号⊥代表（　　）。

A. 平行度   B. 垂直度   C. 倾斜度   D. 位置度

33. 待修件是指具有较好（   ）的零件。

A. 修理工艺   B. 修理价值   C. 使用价值   D. 几何形状

34. 发动机气缸体上平面翘曲后，应采用（   ）修理。

A. 刨削   B. 磨削   C. 冷压校正   D. 加热校正

35. 以下属于曲轴轴承螺纹损伤的原因的是（   ）。

A. 装配时螺栓没有拧正   B. 异物碰撞

C. 工具使用不当   D. 螺栓重复使用

36. 在测量发动机气缸磨损程度时，为准确起见，应在不同的位置和方向共测出至少（   ）个值。

A. 2   B. 4   C. 6   D. 8

37. 发动机曲轴各轴颈的圆度和圆柱度误差一般用（   ）来测量。

A. 游标卡尺   B. 百分表   C. 外径千分尺   D. 内径千分尺

38. 发动机凸轮轴变形的主要形式是（   ）。

A. 弯曲   B. 扭曲   C. 弯曲和扭曲   D. 圆度误差

39. 气缸套上端面应不低于气缸体上平面，亦不高出（   ）mm。

A. 0.10   B. 0.075   C. 0.05   D. 0.25

40. 气门高度用（   ）测量。

A. 外径千分尺   B. 内径千分尺   C. 直尺   D. 刀尺

41. 发动机气门座圈与座圈孔应为（   ）。

A. 过渡配合   B. 过盈配合

C. 间隙配合   D. 过渡配合、过盈配合、间隙配合均可

42. 如热线式空气流量传感器的热线沾污，不会导致（   ）。

A. 不易起动   B. 加速不良   C. 怠速不稳   D. 飞车

43. 如冷却液温度传感器失效，会导致（   ）。

A. 不易起动   B. 怠速不稳   C. 进气温度过高   D. 进气温度过低

44. 节气门位置传感器断路会导致（   ）。

A. 不易起动   B. 加速不良   C. 减速熄火   D. 飞车

45. 喷油器滴漏会导致发动机（   ）。

A. 不能起动   B. 不易起动   C. 怠速不稳   D. 加速不良

46. 开关式怠速控制阀控制线路断路会导致（   ）。

A. 不能起动   B. 怠速过高   C. 怠速不稳   D. 减速不良

47. 冷却液温度传感器的输出信号是（   ）。

A. 脉冲信号   B. 数字信号   C. 模拟信号   D. 固定信号

48. （   ）的作用是密封冷却液以免泄漏，同时将冷却液与水泵轴承隔离，以保护轴承。

A. 水封   B. 叶轮   C. 泵轴   D. 轴承

49. 关于硅油风扇离合器检测，甲说起动发动机，使其在冷状态下以中速运转 1~2min，以便使工作腔内的硅油返回储油室；乙说在发动机停转之后，用手应能较轻松地拨动风扇叶

片。对于以上说法（　　）。

    A. 甲正确　　　　　　B. 乙正确　　　　　　C. 甲、乙都正确　　　D. 甲、乙都不正确

50. 汽油机分电器中的（　　）由分火头和分电器盖组成。

    A. 配电器　　　　　　B. 断电器　　　　　　C. 点火提前装置　　　D. 电容器

51. （　　）的作用是减小起动后点火线圈电流。

    A. 分火头　　　　　　B. 断电器　　　　　　C. 点火线圈　　　　　D. 附加电阻

52. 一般来说，普通火花塞中心电极与侧电极之间的间隙为（　　）mm。

    A. 0.35 ~ 0.45　　　B. 0.45 ~ 0.55　　　C. 0.50 ~ 0.60　　　D. 0.70 ~ 0.90

53. 传统点火系统中，分电器的电容器的容量一般为（　　）。

    A. 0.15 ~ 0.25μF　　B. 0.15 ~ 0.25μF　　C. 0.15 ~ 0.25F　　D. 0.15 ~ 0.25mF

54. 检查分电器轴与衬套之间的间隙，分电器轴与衬套的正常配合间隙为（　　）mm，最大不得超过0.07mm。

    A. 0.01 ~ 0.02　　　B. 0.02 ~ 0.04　　　C. 0.04 ~ 0.06　　　D. 0.06 ~ 0.08

55. 拆下火花塞，观察绝缘体裙部颜色，（　　）且电极有被烧蚀痕迹，则选用的火花塞为热型。

    A. 浅褐色　　　　　　B. 黑色　　　　　　　C. 灰白色　　　　　　D. 棕色

56. 在实际工作中，常采用模拟信号发生器的（　　）来断定模拟信号发生器的好坏。

    A. 电流　　　　　　　B. 电压　　　　　　　C. 电阻　　　　　　　D. 动作

57. 不是"自行放电"而蓄电池没电的原因是（　　）。

    A. 电解液不纯　　　　B. 蓄电池长期存放　　C. 正、负极柱导通　　D. 电解液不足

58. 发动机起动困难，大多发生在（　　）。

    A. 起动系统　　　　　　　　　　　　　　　B. 点火系统

    C. 燃料系统　　　　　　　　　　　　　　　D. 起动系统、点火系统、燃料系统

59. （　　）导致发动机回火。

    A. 混合气过稀　　　　B. 混合气过浓　　　　C. 点火电压过高　　　D. 点火电压过低

60. 关于爆燃的原因，甲说燃油辛烷值过低；乙说发动机温度过高。对于以上说法（　　）。

    A. 甲正确　　　　　　B. 乙正确　　　　　　C. 甲、乙都正确　　　D. 甲、乙都不正确

61. （　　）不是活塞销松旷造成的异响特征。

    A. 发出尖脆的嗒嗒声　　　　　　　　　　　B. 温度升高，声音减弱或消失

    C. 急速或低速较明显

    D. 单缸断（油）时，声音减弱或消失，恢复工作时，声音明显或连续两声响声

62. （　　）是正时齿轮异响的特征。

    A. 发动机转速升高，声音随之变小　　　　　B. 声音与发动机温度有关

    C. 发动机转速升高，声音随之加大　　　　　D. 清脆的嗒嗒声

63. 关于发动机温度过高的主要原因，甲认为：就是点火提前角过大或过小造成的。乙认为：可能是风扇V带松紧度过松造成的。丙认为：可能是节温器损坏造成的。认为正确的是（　　）。

    A. 甲和丙　　　　　　B. 乙和丙　　　　　　C. 甲和乙　　　　　　D. 均是

64. （　　　）是导致发动机缺火的原因。

A. 火花塞损坏　　　　　B. 点火器失效　　　　　C. 点火线圈失效　　　　　D. 点火开关失效

65. 电控发动机燃油喷射系统中的怠速旁通阀是（　　　）系统的组成部分。

A. 供气　　　　　　　　B. 供油　　　　　　　　C. 控制　　　　　　　　D. 空调

66. 用来检测进气压力的传感器是（　　　）传感器。

A. 进气温度　　　　　　B. 进气压力　　　　　　C. 曲轴位置　　　　　　D. 进气温度

67. 发动机微机控制系统主要由信号输入装置、（　　　）、执行器等组成。

A. 传感器　　　　　　　　　　　　　　　　　B. 电子控制单元（ECU）

C. 中央处理器（CPU）　　　　　　　　　　　D. 存储器

68. 柴油车废气排放检测的是（　　　）。

A. CO　　　　　　　　　B. HC　　　　　　　　　C. CO 和 HC　　　　　　D. 烟度值

69. 在检测排放前，应调整好汽油发动机的（　　　）。

A. 怠速　　　　　　　　B. 点火正时　　　　　　C. 供油量　　　　　　　D. 怠速和点火正时

70. 电控汽油喷射发动机回火是指汽车行驶中，发动机有时回火，动力（　　　）。

A. 明显下降　　　　　　B. 不变　　　　　　　　C. 有所下降　　　　　　D. 下降或不变

71. 电控发动机可用（　　　）检查发动机电脑是否有故障。

A. 万用表　　　　　　　B. 数字式万用表　　　　C. 模拟式万用表　　　　D. 试灯或万用表

72. 用汽车万用表测量空调出风口湿度时，温度传感器应放在（　　　）。

A. 驾驶室内　　　　　　B. 驾驶室外　　　　　　C. 高压管路内　　　　　D. 风道内

73. 用诊断仪读取故障码时，应选择（　　　）。

A. 故障诊断　　　　　　B. 数据流　　　　　　　C. 执行元件测试　　　　D. 基本设定

74. 以下属于混合气过浓引发的故障的是（　　　）。

A. 发动机油耗高　　　　B. 发动机怠速不稳　　　C. 发动机加速不良　　　D. 发动机减速不良

75. 检测电控燃油喷射发动机燃油压力时，将油压表接在供油管和（　　　）之间。

A. 燃油泵　　　　　　　B. 燃油滤清器　　　　　C. 分配油管　　　　　　D. 喷油器

76. EQ1092F 车的转向盘（　　　）转动量应为15°～30°。

A. 最小　　　　　　　　B. 自由　　　　　　　　C. 最大　　　　　　　　D. 极限

77. 二级维护前检测桑塔纳 LX 型轿车，轮胎气压应符合规定：前轮（　　　）kPa，后轮 190kPa；车轮动不平衡量为零。

A. 180　　　　　　　　　B. 200　　　　　　　　　C. 300　　　　　　　　　D. 400

78. 用脚施加于驻车制动操纵装置上的力，对于座位数小于或等于9的载客汽车应不大于（　　　）N。

A. 100　　　　　　　　　B. 200　　　　　　　　　C. 500　　　　　　　　　D. 700

79. 液压行车制动系统在达到规定的制动效能时，对于座位数大于9的载客汽车，踏板行程应不得超过（　　　）mm。

A. 80　　　　　　　　　　B. 100　　　　　　　　　C. 120　　　　　　　　　D. 150

80. 采用气压制动系统的机动车，发动机在 75% 的标定功率转速下，（　　　）min 内气压表的指示气压应从零开始升至起步气压。

A. 1　　　　　　　　　　B. 2　　　　　　　　　　C. 3　　　　　　　　　　D. 4

81. 机动车转向盘的最大自由转动量，对于最大设计车速小于 100km/h 的机动车不得大于（　　）°。

    A. 5　　　　　　　　B. 10　　　　　　　　C. 15　　　　　　　　D. 20

82. 在空载状态下，驻车制动装置应能保证机动车在坡度为 20% 、轮胎与路面间的附着系数不小于 0.7 的坡道上正、反两个方向保持固定不动，其时间不应少于（　　）min。

    A. 2　　　　　　　　B. 3　　　　　　　　C. 4　　　　　　　　D. 5

83. 解放 CA1092 型汽车制动鼓工作表面粗糙度 Ra 为（　　）μm。

    A. 10 ~ 15　　　　B. 5 ~ 10　　　　　C. 10 ~ 12　　　　D. 2 ~ 5

84. 桑塔纳轿车的离合器踏板自由行程为（　　）mm。

    A. 15 ~ 25　　　　B. 25 ~ 35　　　　C. 35 ~ 45　　　　D. 45 ~ 55

85. 离合器传动钢片的主要作用是（　　）。

    A. 将离合器盖的动力传给压盘　　　　　　B. 将压盘的动力传给离合器盖

    C. 固定离合器盖和压盘　　　　　　　　　D. 减小振动

86. 变速器在换档过程中，必须使即将啮合的一对齿轮的（　　）达到相同，才能顺利地挂上档。

    A. 角速度　　　　　B. 线速度　　　　　C. 转速　　　　　　D. 圆周速度

87. 用百分表测量变速器输出轴的径向跳动量，要求不大于（　　）mm，使用极限为 0.06mm。

    A. 0.020　　　　　B. 0.025　　　　　C. 0.030　　　　　D. 0.035

88. 齿长磨损不得超过原齿长的（　　）% 。

    A. 20　　　　　　　B. 25　　　　　　　C. 30　　　　　　　D. 35

89. 变速叉端面对变速叉轴孔轴线的垂直度公差为（　　）mm。

    A. 0.20　　　　　　B. 0.15　　　　　　C. 0.10　　　　　　D. 0.08

90. 东风 EQ1092 型汽车变速器共有（　　）个档位。

    A. 3　　　　　　　　B. 4　　　　　　　　C. 5　　　　　　　　D. 6

91. 自动变速器内的单向离合器的作用是（　　）。

    A. 联接　　　　　　B. 固定　　　　　　C. 锁止　　　　　　D. 制动

92. 进行自动变速器（　　）时，时间不得超过 5s。

    A. 油压试验　　　　B. 失速试验　　　　C. 时滞试验　　　　D. 手动试验

93. 当汽车左转向时，由于差速器的作用，左、右两侧驱动轮转速不同，那么转矩的分配是（　　）。

    A. 左轮大于右轮　　B. 右轮大于左轮　　C. 左、右轮相等　　D. 右轮为零

94. 汽车转弯时，差速器中的行星齿轮（　　）。

    A. 只公转　　　　　　　　　　　　　　　B. 只自转

    C. 既公转又自转　　　　　　　　　　　　D. 既不公转又不自转

95. 主减速器主、从动锥齿轮啮合印痕可通过（　　）来调整。

    A. 增减主动锥齿轮前端调整垫片　　　　　B. 增减主动锥齿轮后端调整垫片

    C. 增减从动锥齿轮前端调整垫片　　　　　D. 增减从动锥齿轮后端调整垫片

96. 圆锥主、从动齿轮啮合间隙为（　　）mm。

A. 0.15～0.25   B. 0.15～0.35   C. 0.15～0.45   D. 0.15～0.50

97. 十字轴式万向节允许相邻两轴的最大交角为（　　）。

A. 10°～15°   B. 15°～20°   C. 20°～25°   D. 25°～30°

98. 前轴与转向节装配应适度，转动转向节的力一般不大于（　　）N。

A. 20   B. 15   C. 10   D. 5

99. 汽车转向时，其内轮转向角（　　）外轮转向角。

A. 大于   B. 小于   C. 等于   D. 大于或等于

100. 轮胎的尺寸 34×7，其中 × 表示（　　）。

A. 低压胎   B. 高压胎   C. 超低压胎   D. 超高压胎

101. 对于非独立悬架，（　　）是影响乘员舒适性的主要因素。

A. 钢板弹簧   B. 轴   C. 车轮   D. 轮胎

102. 解放 CA1092 型汽车主销内倾角为（　　）。

A. 6°   B. 10°   C. 8°   D. 4°

103. 下面不是盘式制动器的优点的是（　　）。

A. 散热能力强   B. 抗水衰退能力强   C. 制动平顺性好   D. 管路液压低

104. （　　）的作用是使储气筒的气压保持在规定范围内，以减小发动机的功率消耗。

A. 泄压阀   B. 单向阀   C. 限压阀   D. 调压器

105. 以下（　　）总成，在 FIAT650 型汽车制动传动装置中装备有此装置。

A. 真空助力器   B. 真空增压器   C. 空气增压器   D. 空气助力器

106. 真空助力式液压制动传动装置，加力气室和控制阀组成一个整体，叫做（　　）。

A. 真空助力器   B. 真空增压器   C. 空气增压器   D. 空气助力器

107. 安装好制动凸轮轴后，应使两轴轴向间隙不大于（　　）mm。

A. 0.6   B. 0.7   C. 0.65   D. 0.5

108. 制动钳体缸筒（　　）误差应不大于 0.02mm。

A. 圆度   B. 圆柱度   C. 平面度   D. 粗糙度

109. 捷达轿车驻车制动器是（　　）。

A. 气压式   B. 综合式   C. 液力式   D. 人力式

110. 在制动时，液压制动系统中制动主缸与制动轮缸的油压是（　　）。

A. 主缸高于轮缸   B. 主缸低于轮缸   C. 轮缸主缸相同   D. 不确定

111. （　　）是导致转向沉重的主要原因。

A. 转向轮轮胎气压过高   B. 转向轮轮胎气压过低

C. 汽车空气阻力过大   D. 汽车坡道阻力过大

112. 汽车正常行驶时，总是偏向行驶方向的左侧或右侧，这种现象称为（　　）。

A. 行驶跑偏   B. 制动跑偏   C. 制动甩尾   D. 车轮回正

113. （　　）不是引起高速打摆现象的主要原因。

A. 前轮胎修补、前轮辋变形、前轮毂螺栓短缺引起动不平衡

B. 减振器失效，前钢板弹力不一致

C. 车架变形或铆钉松动

D. 前束过大、车轮外倾角、主销后倾角变小

114. 动力转向液压助力系统缺少液压油会导致（　　）。

A. 行驶跑偏　　　　B. 转向沉重　　　　C. 制动跑偏　　　　D. 不能转向

115. 汽车动力转向系统转向器滑阀内有脏物阻滞会导致汽车（　　）。

A. 不能转向　　　　B. 左右转向力不一致　C. 转向沉重　　　　D. 转向发飘

116. （　　）不是悬架系统损坏引起的常见故障。

A. 轮胎异常磨损　　B. 后桥异响　　　　C. 车身倾斜　　　　D. 汽车行驶跑偏

117. （　　）是车身倾斜的原因。

A. 后桥异响　　　　　　　　　　　　B. 主销变形

C. 车架轻微变形　　　　　　　　　　D. 单侧悬架弹簧弹力不足

118. 下列（　　）是行驶中有异响的原因。

A. 减振器性能减弱　　　　　　　　　B. 前悬架移位

C. 单侧悬架弹簧弹力不足　　　　　　D. 弹簧折断

119. 汽车车架变形会导致汽车（　　）。

A. 制动跑偏　　　　B. 行驶跑偏　　　　C. 制动甩尾　　　　D. 轮胎变形

120. 下列（　　）是制动甩尾的原因。

A. 前悬架弹簧弹力不足　　　　　　　B. 轮胎异常磨损

C. 减振器性能减弱　　　　　　　　　D. 单侧悬架弹簧弹力不足

121. （　　）是气压低引起气压制动系统制动失效的原因。

A. 车轮制动器失效　　　　　　　　　B. 制动阀进气阀打不开

C. 制动器室膜片破裂　　　　　　　　D. 空气压缩机传动带打滑

122. （　　）不是气压制动系统制动不良的原因。

A. 制动总泵、制动踏板行程调整不当　B. 空气压缩机传动带打滑

C. 制动阀调整不当

D. 制动蹄摩擦片沾有油污、水，表面结焦炭化或摩擦片碎裂，磨损过大

123. 两前轮车轮制动器间隙不一致会导致汽车（　　）。

A. 制动失效　　　　B. 制动跑偏　　　　C. 制动过热　　　　D. 轮胎异常磨损

124. 制动甩尾的原因有（　　）。

A. 制动阀调整不当　　　　　　　　　B. 两后轮制动间隙过小

C. 两后轮制动气室制动管路漏气　　　D. 前桥悬架弹簧弹力不一致

125. （　　）是液压制动系统卡死的原因。

A. 液压制动系统中有空气　　　　　　B. 总泵旁通孔或回油孔堵塞

C. 总泵皮碗、密封胶圈老化、发胀或翻转

D. 制动蹄片磨损过量

126. 下列因素中造成变速器乱档原因之一的是（　　）。

A. 轮齿磨成锥形　　B. 自锁装置失效　　C. 互锁装置失效　　D. 倒档锁失效

127. 汽车液压制动系统的个别车轮制动拖滞是由于（　　）。

A. 制动液太脏或粘度过大　　　　　　B. 制动踏板自由行程过小

C. 制动蹄片与制动鼓间隙过小　　　　D. 制动主缸旁通孔堵塞

128. 进行汽车二级维护前，检查发动机的转速为（　　）r/min 时，点火提前角应

为9°。

    A. 200   B. 400   C. 600   D. 800

129. 为保证车辆顺利起动，起动电流稳定值应该为 100 ~ 150A，蓄电池内阻不大于 20mΩ；稳定电压不小于（   ）V。

    A. 3   B. 6   C. 9   D. 12

130. 橡胶壳蓄电池电解液液面高度应高出极板（   ）mm。

    A. 5 ~ 10   B. 10 ~ 15   C. 15 ~ 20   D. 20 ~ 25

131. 霍尔元件产生的霍尔电压为（   ）级。

    A. mV   B. V   C. kV   D. μV

132. 在充电完成2h后测量电解液相对密度，若不符合要求，可用蒸馏水（过高时）或相对密度为1.4的（   ）（过低时）调整。

    A. 稀硝酸   B. 浓硝酸   C. 稀硫酸   D. 浓硫酸

133. 爆燃传感器安装在（   ）。

    A. 气缸体上   B. 油底壳上   C. 离合器上   D. 变速器上

134. 起动机电磁开关吸拉线圈的电阻值为（   ）Ω。

    A. 1.5 ~ 2.6   B. 1.6 ~ 2.6   C. 2.6 ~ 2.7   D. 2.7 ~ 2.9

135. 起动机的驱动齿轮与止推垫之间的间隙应为（   ）mm。

    A. 1 ~ 4   B. 1 ~ 2   C. 0.5 ~ 1   D. 0.5 ~ 0.9

136. 交流发电机单相桥式硅整流器每个二极管，在一个周期内的导通时间为（   ）周期。

    A. 1/2   B. 1/3   C. 1/4   D. 1/6

137. 汽车行驶时，充电指示灯由亮转灭，说明（   ）。

    A. 发电机处于他励状态   B. 发电机处于自励状态

    C. 充电系统有故障   D. 发电机有故障

138. 东风 EQ1090 型汽车发电机空转时，在转速不大于 1150r/min 的条件下，电压为（   ）V。

    A. 11   B. 12   C. 13   D. 14

139. HCFC 类制冷剂包括 R22、R123、（   ）等。

    A. R133   B. R143   C. R153   D. R163

140. 关于膨胀阀，甲说膨胀阀位于蒸发器入口侧；乙说膨胀阀可将系统的高压侧与低压侧隔离开来。你认为以上观点（   ）。

    A. 甲正确   B. 乙正确   C. 甲、乙都正确   D. 甲、乙都不正确

141. 关于电压表检修，甲说车载电压表显示的数值为蓄电池或发电机的端电压；乙说车载电压表显示的数值为点火系统的高压电压。你认为以上观点（   ）。

    A. 甲正确   B. 乙正确   C. 甲、乙都正确   D. 甲、乙都不正确

142. 关于燃油表指示，甲说如燃油表指示 "F"，表明油箱内的燃油为满箱；乙说如燃油表指针位于红色区域，表明油箱内的燃油为空箱。你认为以上观点（   ）。

    A. 甲正确   B. 乙正确   C. 甲、乙都正确   D. 甲、乙都不正确

143. 关于车速里程表，甲说车速里程表的车速表动力源来自变速器的输入轴；乙说车

速里程表的里程表由汽车的变速器软轴驱动仪表的主动轴。你认为以上观点（　　　）。

  A. 甲正确   B. 乙正确   C. 甲、乙都正确 D. 甲、乙都不正确

  144. 关于起动机运转无力故障的原因，甲说起动机运转无力的原因可能是起动机轴承过松；乙说起动机运转无力的原因可能是起动机轴承过紧。你认为以上观点（　　　）。

  A. 甲正确   B. 乙正确   C. 甲、乙都正确 D. 甲、乙都不正确

  145. 关于火花塞间歇性跳火故障的原因，甲说火花塞间歇性跳火的原因是个别缸高压线断路；乙说火花塞间歇性跳火的原因是点火正时不对。你认为以上观点（　　　）。

  A. 甲正确   B. 乙正确   C. 甲、乙都正确 D. 甲、乙都不正确

  146. 关于低速断火故障，甲说低速断火故障的原因可能是火花塞间隙过大；乙说低速断火故障的原因可能是电容器工作不良。你认为以上观点（　　　）。

  A. 甲正确   B. 乙正确   C. 甲、乙都正确 D. 甲、乙都不正确

  147. （　　　）可导致发电机异响。

  A. 转子与定子之间碰擦   B. 电刷过短

  C. 定子短路   D. 转子短路

  148. 关于起动机不能与飞轮结合故障，甲说故障的原因主要在起动机的控制部分；乙说故障的原因主要在起动机的操纵部分。你认为以上观点（　　　）。

  A. 甲正确   B. 乙正确   C. 甲、乙都正确 D. 甲、乙都不正确

  149. 关于喇叭声响不正常故障，甲说喇叭声响不正常故障的原因可能是喇叭支架松动；乙说喇叭声响不正常故障的原因可能是喇叭电路电阻过大。你认为以上观点（　　　）。

  A. 甲正确   B. 乙正确   C. 甲、乙都正确 D. 甲、乙都不正确

  150. 关于喇叭长鸣故障，甲说喇叭长鸣故障的原因可能是喇叭按钮回位弹簧过弱；乙说喇叭长鸣故障的原因可能是喇叭按钮短路。你认为以上观点（　　　）。

  A. 甲正确   B. 乙正确   C. 甲、乙都正确 D. 甲、乙都不正确

  151. 机油压力过低警告灯报警开关安装在（　　　）上。

  A. 润滑油主油道 B. 发动机曲轴箱 C. 气门室罩盖 D. 节气门体

  152. 当蓄电池液面高度正常时，传感器的铅棒上的电位为（　　　）V，警告灯（　　　）。

  A. 8，亮   B. 8，不亮   C. 6，亮   D. 6，亮

  153. 液晶显示器件的英文缩写是（　　　）。

  A. LBD   B. LCD   C. LDD   D. LED

  154. （　　　）导致前排乘客电动座椅不能动。

  A. 熔断器故障   B. 主控开关搭铁不良

  C. 主控开关搭铁线断路   D. 乘客侧开关故障

  155. （　　　）导致所有车门锁都不能工作。

  A. 电源导线断路   B. 左侧电动车门锁电路断路

  C. 右侧电动车门锁故障   D. 左侧电动车门锁故障

  156. （　　　）不能导致驾驶人侧电动车门锁不能开启。

  A. 熔断器故障 B. 开关故障 C. 遥控器故障 D. 点火开关故障

  157. （　　　）不能导致驾驶人侧电动车门锁不能锁定。

  A. 熔断器故障 B. 开关故障 C. 搭铁不良 D. 点火开关故障

158. （　　）能导致前排乘客侧电动车门锁不能锁定。

A. 车门锁拉杆卡住　　B. 车窗天线故障　　C. 遥控器故障　　D. 开关故障

159. （　　）导致不能用驾驶人侧车门锁按钮锁定一扇车门。

A. 熔断器故障　　　　　　　　　　B. 驾驶人侧开关故障

C. 导线断路　　　　　　　　　　　D. 车门锁起动器故障

160. （　　）用于测试发电机端电压。

A. 万用表　　　　　　B. 气压表　　　　　　C. 真空表　　　　　　D. 油压表

二、判断题（第 161 题 ~ 第 200 题。将判断结果填入括号中。正确的填"√"，错误的填"×"。每题 0.5 分，满分 20 分。）

（　　）161. 企业文化对企业具有整合的功能。

（　　）162. 职业纪律是企业的行为规范，职业纪律具有随意性的特点。

（　　）163. 合同的形式是合同内容的载体。

（　　）164. 国家技术监督局负责全国产品监督管理工作。

（　　）165. 游标卡尺按其测量功能不同可分为 0.10mm、0.02mm 和 0.05mm 三种。

（　　）166. 尺寸公差是指允许尺寸的变动量，等于最大极限尺寸与最小极限尺寸代数差的绝对值。

（　　）167. 基本尺寸相同的一批孔和轴共有两种配合形式，即间隙配合和过盈配合。

（　　）168. 测量误差通过改善测量方法可以消除。

（　　）169. 液压传动系统中的减压回路主要减主油路的压力。

（　　）170. 使用活塞环拆装钳拆装活塞环时用力必须均匀。

（　　）171. 转盘式清洗机主要用于整车清洗。

（　　）172. 汽车通常由发动机、底盘、车身和电气设备四大部分组成。

（　　）173. 按点火方式不同发动机可分为点燃式和压燃式两种。

（　　）174. 有时六轮汽车的六个轮都是驱动轮。

（　　）175. 对于双级主减速器，一般第一级为斜齿圆柱齿轮，第二级为锥齿轮。

（　　）176. 汽车制动系统中鼓式车轮制动器按张开装置的形式不同可分为简单非平衡式制动器、平衡式制动器和自动增力式制动器。

（　　）177. 普通电磁继电器由电磁铁和触点组成。

（　　）178. 发生 D 级火灾时，首先切断电源。

（　　）179. A 阶段是全面质量管理的基本工作方法的计划阶段。

（　　）180. 装配气缸盖螺栓时，扭紧力不均匀会导致气缸盖翘曲变形。

（　　）181. 凸轮轴轴颈擦伤可能是由于润滑油不清洁造成的。

（　　）182. 燃油压力的大小与发动机负荷没有任何关系。

（　　）183. 当发动机达到一定冷却液温度时，蜡式节温器主阀门开始打开，部分冷却液开始进行大循环。

（　　）184. 用正时灯检查发动机点火提前角，应将正时记号对正上止点前 11°~13°的地方。

（　　）185. 电控发动机燃油泵工作电压应该用模拟式万用表检测。

（　　）186. EQ1092F 型汽车前轮外倾角为 1°。

（　　）187. 行车制动系统的踏板自由行程越大越好。

（　　）188. 膜片弹簧离合器在分离时，膜片弹簧会产生反向锥形变形，使压盘与从动盘分离。

（　　）189. 检查传动轴花键轴与滑动叉花键的配合间隙，最大不得超过 0.4mm。

（　　）190. EQ1092 型汽车的蹄鼓间隙值，支承端比凸轮端大。

（　　）191. 流量控制阀被卡住是动力转向方向发飘或跑偏的原因之一。

（　　）192. 总泵皮碗、密封胶圈老化、发胀或翻转是液压制动系统制动不良的原因之一。

（　　）193. 进行汽车二级维护前，检查发动机的转速为 1200r/min 时，单缸发动机断火转速下降应不小于 90r/min。

（　　）194. 进行空调系统检修时，抽真空之前，应进行泄漏检查。

（　　）195. 一般技术状况良好的蓄电池，单格电压应在 1.5V 以上，并在 5s 内保持稳定。

（　　）196. 在蒙特利尔协议书中 CFC134a 被列为第二批禁用物质。

（　　）197. 冬季采暖时，必须打开汽车 A/C 开关。

（　　）198. 发电机内部定子或转子线圈某处有断路或短路导致充电电流不稳。

（　　）199. 喇叭触点经常烧坏故障的原因可能是喇叭线圈匝间短路。

（　　）200. 电磁离合器传动带盘与压力板接合面磨损严重而打滑会导致空调压缩机不运转故障。

参 考 答 案

一、职业道德知识

（二）选择题

1. B	2. B	3. C	4. C	5. B	6. D	7. A	8. B	9. C	10. C
11. D	12. D	13. C	14. B	15. D	16. C	17. C	18. C	19. B	20. C
21. C	22. A	23. D	24. D	25. B	26. B	27. D	28. A	29. C	30. A
31. A	32. A	33. A	34. A	35. D	36. B	37. B	38. B	39. B	40. A
41. C	42. D	43. A	44. A	45. B					

（三）判断题

1. ×	2. ×	3. ×	4. ×	5. ×	6. √	7. ×	8. ×	9. √	10. √
11. ×	12. √	13. √	14. ×	15. ×	16. ×	17. √	18. ×	19. ×	20. ×
21. √	22. √	23. √	24. ×	25. √	26. √	27. √	28. ×	29. ×	30. ×

二、汽车修理基础知识

（二）选择题

1. B	2. A	3. C	4. D	5. A	6. A	7. A	8. A	9. A	10. D
11. C	12. B	13. A	14. A	15. B	16. D	17. D	18. A	19. D	20. A
21. B	22. D	23. B	24. B	25. B	26. C	27. B	28. B	29. A	30. C
31. C	32. A	33. D	34. D	35. A	36. B	37. D	38. A	39. B	40. B
41. A	42. C	43. D	44. A	45. D	46. A	47. B	48. A	49. B	50. B
51. C	52. D	53. B	54. C	55. D	56. D	57. D	58. D	59. D	60. D
61. A	62. D	63. D	64. C	65. B	66. B	67. A	68. B	69. D	70. A
71. B	72. C	73. A	74. D	75. A	76. B	77. A	78. C	79. D	80. B
81. B	82. A	83. D	84. C	85. C	86. A	87. D	88. B	89. A	90. B
91. B	92. A								

（三）判断题

1. ×	2. ×	3. √	4. ×	5. √	6. √	7. √	8. ×	9. ×	10. ×
11. √	12. ×	13. ×	14. ×	15. ×	16. ×	17. ×	18. √	19. ×	20. √
21. ×	22. ×	23. √	24. √	25. √	26. √	27. ×	28. √	29. ×	30. ×
31. √	32. ×	33. ×	34. ×	35. √	36. ×	37. √	38. √	39. √	40. ×
41. ×	42. ×	43. √	44. ×	45. √	46. ×	47. √	48. ×	49. √	50. √
51. √	52. √	53. √	54. √	55. ×	56. √	57. √	58. √	59. √	60. ×
61. √	62. ×	63. √	64. ×	65. √	66. √	67. √	68. √	69. √	

三、汽车电源系统知识

（二）选择题

1. C	2. A	3. A	4. A	5. B	6. A	7. D	8. A	9. B	10. A

11. A	12. B	13. C	14. C	15. C	16. C	17. D	18. A	19. A	20. C
21. B	22. A	23. C	24. C	25. C	26. C	27. C	28. C	29. C	30. C
31. D	32. A	33. C							

（三）判断题

| 1. √ | 2. √ | 3. × | 4. √ | 5. √ | 6. × | 7. √ | 8. √ | 9. × | 10. √ |
| 11. × | 12. × | 13. √ | 14. √ | 15. √ | 16. √ | 17. × | | | |

四、汽车起动系统知识

（二）选择题

| 1. C | 2. C | 3. C | 4. C | 5. C | 6. C | 7. A | 8. C | 9. A | 10. B |
| 11. A | 12. B | 13. B | 14. A | | | | | | |

（三）判断题

| 1. √ | 2. √ | 3. √ | 4. √ |

五、汽车点火系统知识

（二）选择题

1. D	2. A	3. A	4. C	5. B	6. C	7. A	8. C	9. B	10. A
11. C	12. B	13. B	14. A	15. A	16. A	17. C	18. A	19. D	20. C
21. D	22. A	23. C	24. C	25. B	26. C	27. C	28. B	29. D	30. D
31. D	32. D	33. C	34. D	35. D	36. B	37. A	38. A	39. B	40. A
41. C	42. C	43. B	44. A	45. B	46. B	47. D	48. A	49. D	50. D
51. D	52. D	53. A	54. C	55. C	56. A	57. C	58. B		

（三）判断题

| 1. √ | 2. √ | 3. × | 4. × | 5. √ | 6. √ | 7. × | 8. × | 9. √ | 10. √ |
| 11. √ | 12. √ | 13. × | 14. × | | | | | | |

六、汽车发动机知识

（二）选择题

1. D	2. D	3. C	4. B	5. C	6. B	7. A	8. A	9. B	10. B
11. A	12. B	13. A	14. D	15. D	16. A	17. A	18. B	19. C	20. A
21. A	22. A	23. A	24. D	25. B	26. D	27. C	28. A	29. D	30. A
31. B	32. B	33. B	34. B	35. A	36. B	37. B	38. C	39. A	40. C
41. D	42. C	43. C	44. B	45. B	46. B	47. C	48. B	49. C	50. A
51. D	52. A	53. D	54. A	55. C	56. A	57. B	58. B	59. A	60. B
61. A	62. B	63. A	64. A	65. A	66. B	67. A	68. C	69. B	70. C
71. D	72. C	73. B	74. B	75. A	76. C	77. C	78. D	79. A	80. C
81. A	82. B	83. C	84. B	85. B	86. D	87. B	88. A	89. C	90. B
91. D	92. A	93. C	94. C	95. A	96. B	97. A	98. D	99. D	100. D
101. C	102. D	103. A	104. B	105. B	106. B	107. B	108. C	109. C	110. A
111. C	112. C	113. C	114. B	115. A	116. C	117. C	118. A	119. A	120. B
121. C	122. A	123. C	124. D	125. B	126. A	127. A	128. B	129. B	130. B
131. D	132. B	133. B	134. A	135. A	136. C	137. B	138. B	139. C	140. D

141. C	142. A	143. A	144. A	145. C	146. A	147. C	148. A	149. A	150. A
151. B	152. A	153. C	154. D	155. B	156. D	157. D	158. C	159. B	160. B
161. D	162. D	163. D	164. B	165. C	166. A	167. B	168. C	169. C	170. A
171. B	172. A	173. A	174. B	175. B	176. D	177. C	178. C	179. C	180. C
181. A	182. A	183. B	184. D	185. D	186. B	187. D	188. B	189. A	190. B
191. A	192. C	193. B	194. A	195. C	196. A	197. C	198. A	199. C	200. B
201. B	202. D	203. B	204. B	205. A	206. A	207. A	208. A	209. C	210. C
211. D									

（三）判断题

1. ×	2. ×	3. ×	4. ×	5. √	6. ×	7. ×	8. √	9. √	10. √
11. √	12. √	13. √	14. ×	15. ×	16. ×	17. √	18. √	19. ×	20. √
21. √	22. ×	23. ×	24. ×	25. ×	26. √	27. ×	28. ×	29. ×	30. ×
31. √	32. ×	33. ×	34. √	35. √	36. √	37. √	38. √	39. √	40. ×
41. √	42. ×	43. ×	44. ×	45. √	46. ×	47. ×	48. √	49. √	50. √
51. ×									

七、汽车底盘知识

（二）选择题

1. B	2. D	3. D	4. A	5. B	6. A	7. A	8. D	9. B	10. B
11. C	12. D	13. A	14. D	15. D	16. C	17. C	18. A	19. D	20. B
21. A	22. C	23. D	24. A	25. A	26. C	27. A	28. A	29. A	30. A
31. D	32. B	33. A	34. D	35. A	36. B	37. C	38. A	39. C	40. A
41. C	42. A	43. D	44. B	45. C	46. C	47. B	48. D	49. A	50. C
51. C	52. B	53. A	54. B	55. D	56. A	57. A	58. D	59. C	60. D
61. A	62. C	63. A	64. B	65. A	66. A	67. A	68. B	69. B	70. D
71. A	72. B	73. C	74. B	75. A	76. D	77. C	78. C	79. A	80. A
81. A	82. A	83. B	84. B	85. B	86. D	87. A	88. D	89. B	90. A
91. C	92. B	93. B	94. B	95. B	96. B	97. B	98. A	99. A	100. C
101. A	102. B	103. B	104. D	105. C	106. C	107. D	108. D	109. A	110. D
111. A	112. A	113. B	114. C	115. C	116. A	117. C	118. B	119. A	120. B
121. A	122. D	123. A	124. B	125. B	126. C	127. D	128. B	129. B	130. C
131. C	132. B	133. B	134. C	135. B	136. B	137. B	138. A	139. A	140. B
141. C	142. A	143. C	144. A	145. A	146. C	147. C	148. C	149. C	150. A
151. C	152. B	153. C	154. A	155. D	156. D	157. A	158. C	159. B	160. B
161. C	162. C	163. B	164. B	165. A	166. A	167. A	168. D	169. B	170. D
171. A	172. B	173. B	174. B	175. B	176. D	177. D	178. D	179. C	180. D
181. C	182. C	183. D	184. B	185. D	186. D	187. C	188. B	189. B	190. A
191. A	192. C	193. B	194. D	195. D	196. C	197. C	198. D	199. A	200. B
201. A	202. B	203. B	204. D	205. B	206. A	207. A	208. A	209. B	210. D
211. A	212. A	213. A	214. C	215. B	216. B	217. B	218. B	219. B	220. C

221. A	222. A	223. D	224. C	225. C	226. A	227. B	228. D	229. D	230. A
231. B	232. B	233. A	234. A	235. D	236. B	237. D	238. C	239. A	240. A
241. A	242. D	243. C							

（三）判断题

1. √	2. √	3. ×	4. ×	5. ×	6. √	7. ×	8. ×	9. √	10. √
11. √	12. √	13. √	14. √	15. ×	16. √	17. ×	18. ×	19. √	20. √
21. √	22. √	23. ×	24. ×	25. √	26. √	27. √	28. ×	29. √	30. ×
31. ×	32. ×	33. ×	34. √	35. ×	36. √	37. ×	38. ×	39. √	40. √
41. √	42. √	43. ×	44. ×	45. √	46. ×	47. √	48. √	49. ×	50. √
51. √	52. ×	53. √	54. √	55. ×	56. √	57. √	58. ×	59. √	60. ×
61. ×	62. ×	63. √	64. √	65. √	66. √	67. √	68. √	69. ×	70. ×
71. ×									

八、汽车辅助控制系统知识

（二）选择题

1. D	2. D	3. D	4. D	5. D	6. D	7. D	8. D	9. D	10. D
11. B	12. D	13. A	14. A	15. C	16. D	17. D	18. D	19. D	20. B
21. A	22. B	23. A	24. A	25. B	26. C	27. C	28. A	29. C	30. C
31. C	32. C	33. C	34. C	35. C	36. C	37. C	38. C	39. C	40. C
41. C	42. C	43. C	44. C	45. C	46. C	47. C	48. C	49. C	50. A
51. A	52. C	53. A	54. C	55. B	56. B	57. D	58. D	59. C	60. C
61. C	62. A	63. A	64. C	65. C	66. B	67. D	68. A		

（三）判断题

1. √	2. √	3. √	4. √	5. √	6. ×	7. ×	8. √	9. √	10. √
11. √	12. √	13. √	14. √	15. √	16. √	17. √	18. √	19. ×	20. ×
21. √	22. √								

九、模拟考试

模拟考试（一）

一、单项选择题

1. A	2. A	3. C	4. B	5. C	6. B	7. B	8. C	9. A	10. C
11. A	12. B	13. B	14. A	15. B	16. C	17. B	18. A	19. A	20. B
21. C	22. A	23. C	24. B	25. B	26. A	27. A	28. A	29. C	30. C
31. C	32. B	33. D	34. B	35. A	36. C	37. A	38. B	39. B	40. D
41. A	42. B	43. D	44. A	45. D	46. B	47. B	48. A	49. A	50. A
51. D	52. C	53. A	54. A	55. A	56. A	57. D	58. B	59. C	60. A
61. D	62. A	63. C	64. A	65. C	66. A	67. B	68. D	69. B	70. D
71. D	72. B	73. B	74. A	75. D	76. B	77. A	78. B	79. A	80. C
81. C	82. D	83. A	84. D	85. A	86. D	87. A	88. B	89. D	90. C
91. D	92. B	93. D	94. C	95. A	96. B	97. C	98. D	99. A	100. B

101. C 102. A 103. B 104. D 105. C 106. C 107. A 108. B 109. B 110. D
111. C 112. A 113. A 114. B 115. D 116. C 117. B 118. A 119. B 120. B
121. D 122. D 123. B 124. A 125. C 126. A 127. C 128. C 129. D 130. D
131. C 132. C 133. A 134. B 135. B 136. C 137. C 138. A 139. D 140. C
141. C 142. B 143. C 144. C 145. C 146. A 147. C 148. C 149. C 150. C
151. D 152. A 153. B 154. B 155. C 156. A 157. D 158. D 159. D 160. A

二、判断题

161. × 162. × 163. √ 164. × 165. × 166. × 167. × 168. × 169. √ 170. ×
171. × 172. √ 173. × 174. √ 175. √ 176. √ 177. × 178. √ 179. √ 180. ×
181. √ 182. × 183. √ 184. × 185. × 186. × 187. × 188. √ 189. × 190. √
191. √ 192. √ 193. √ 194. × 195. √ 196. × 197. √ 198. √ 199. √ 200. √

模拟考试（二）

一、单项选择题

1. A 2. A 3. C 4. C 5. B 6. A 7. B 8. A 9. C 10. D
11. C 12. B 13. C 14. B 15. B 16. B 17. C 18. A 19. D 20. D
21. C 22. C 23. A 24. A 25. A 26. B 27. A 28. A 29. B 30. D
31. A 32. B 33. B 34. B 35. A 36. C 37. C 38. A 39. A 40. C
41. B 42. D 43. B 44. B 45. C 46. A 47. C 48. A 49. C 50. A
51. D 52. D 53. B 54. B 55. C 56. D 57. D 58. D 59. A 60. C
61. B 62. C 63. B 64. A 65. A 66. B 67. B 68. D 69. D 70. A
71. B 72. D 73. A 74. A 75. C 76. B 77. A 78. C 79. D 80. D
81. C 82. D 83. B 84. A 85. A 86. D 87. B 88. C 89. A 90. D
91. C 92. B 93. C 94. C 95. B 96. D 97. B 98. C 99. A 100. B
101. A 102. C 103. D 104. D 105. D 106. A 107. B 108. B 109. D 110. C
111. B 112. A 113. D 114. B 115. B 116. B 117. D 118. D 119. B 120. D
121. D 122. B 123. B 124. A 125. B 126. C 127. C 128. D 129. C 130. B
131. A 132. C 133. A 134. C 135. B 136. A 137. B 138. C 139. A 140. C
141. A 142. A 143. B 144. C 145. A 146. C 147. A 148. C 149. C 150. C
151. A 152. B 153. B 154. D 155. A 156. D 157. D 158. D 159. D 160. A

二、判断题

161. √ 162. × 163. √ 164. √ 165. × 166. √ 167. × 168. × 169. × 170. √
171. × 172. √ 173. √ 174. √ 175. × 176. × 177. √ 178. √ 179. × 180. √
181. √ 182. × 183. √ 184. × 185. × 186. √ 187. √ 188. √ 189. √ 190. ×
191. √ 192. √ 193. √ 194. √ 195. √ 196. × 197. × 198. √ 199. √ 200. √

参 考 文 献

[1] 杨华春. 汽车电气设备构造维修一体化教材 [M]. 广州：广东科技出版社，2015.
[2] 李文雄. 汽车电气维修理实一体化教材 [M]. 北京：机械工业出版社，2016.
[3] 付百学. 汽车电控技术 [M]. 北京：机械工业出版社，2016.